国家自然科学基金项目（40801106）
教育部人文社会科学基金项目（08JC790050）
江西省自然科学基金项目（2008GQH0057）
江西财经大学鄱阳湖生态经济研究院资助出版

区域土地利用变化的生态效应研究

谢花林　著

中国环境科学出版社 · 北京

图书在版编目（CIP）数据

区域土地利用变化的生态效应研究/谢花林著．—北京：中国环境科学出版社，2011.1

ISBN 978-7-5111-0510-3

Ⅰ．①区…　Ⅱ．①谢…　Ⅲ．①区域—土地利用—生态效应—研究—中国　Ⅳ．①F321.1

中国版本图书馆 CIP 数据核字（2011）第 032456 号

责任编辑　张维平
封面设计　玄石至上

出版发行　中国环境科学出版社
（100062　北京东城区广渠门内大街 16 号）
网　　址：http://www.cesp.com.cn
联系电话：010-67112765（总编室）
发行热线：010-67125803，010-67213405（传真）

印　　刷　北京市联华印刷厂
经　　销　各地新华书店
版　　次　2011 年 1 月第 1 版
印　　次　2011 年 1 月第 1 次印刷
开　　本　787×1092　1/16
印　　张　10.75
字　　数　240 千字
定　　价　35.00 元

前　言

土地是人类生存与发展的根本，是衣食之源、生存之本，是人类进行各种生产、生活等活动的空间载体。土地利用是人类根据土地的自然特点，按一定的经济、社会目的，采取一系列生物、技术手段，对土地进行长期或周期性的经营管理和治理改造。人类所进行各种活动的结果最终还是反映在土地利用的变化上，包括变化的方向和强度等。随着全球变化研究的深入与发展，各国科学家越来越意识到人类活动对环境变化的影响，尤其是人类的生存和发展对土地的开发利用以及引起的土地覆被的变化被认为是全球环境变化的重要组成部分和重要原因。

20世纪90年代以来,全球环境变化研究逐渐加强了对土地利用/覆被变化的研究工作。1990 年，美国国家研究委员会提出了全球性的土地利用/覆被变化研究框架。国际科学联合会和国际社会科学联合会于 1992 年成立 LUCC 研究委员会。国际地圈-生物圈计划（IGBP）与全球环境变化的人文领域计划（IHDP）于 1993 年 2 月委任了正式的核心计划委员会，并于 1995 年联合提出了“土地利用与土地覆被变化”的研究计划，进行土地利用/覆被变化研究。1999 年，IGBP 和 IHDP 又发表了《土地利用/土地覆被变化（LUCC）研究实施策略》，进一步提出将土地利用过程、土地利用/土地覆被变化的人类响应、综合的全球和区域模型作为研究的主题。区域土地利用/覆被变化（LUCC）及其生态效应的研究目前已成为全球变化研究的热点问题之一。我国著名地理学家李秀彬研究员在 1996 年提出 LUCC 的研究成为全球环境变化研究的核心领域。LUCC 的研究目的在于揭示全球及区域土地利用与覆被变化发生及发展的动力学机制，建立模型，提高对土地利用/覆被变化的预测能力。具体的研究包括 4 个目标：①认识土地利用与覆被变化驱动力；②调查和描述土地利用和土地覆盖动力学中的时空可变性；③确定土地利用与可持续性间的关系；④认识 LUCC 与生物地球化学和气候之间的相互关系。

土地利用/土地覆被变化不仅带来了地表景观结构的巨大变化,同时会影响到区域内物质循环和能量流动，影响区域内的生态过程，对于区域内生物安全和生态平衡产生深刻影响。因而，研究区域土地利用/土地覆被变化对区域生态环境的影响过程、机制、结果等，掌握区域生态环境的变化对维持区域生态系统平衡的作用，这对于促进区域人类社会经济和生态环境的协调发展具有重大的理论意义和现实意义。

本书在全面研究土地利用变化对生态环境影响的理论和方法基础上，通过若干典型区域土地利用对生态环境的效应分析，为区域土地资源可持续利用和生态环境建设及土地与环境的协调发展等提供了理论依据，这对于协调人地矛盾，避免土地利用中的短期行为和盲目性开发，实现区域可持续发展具有重要意义。

本书主要分为三部分，第一部分包括第 1 章和第 2 章，主要是阐述区域土地利用变化生态效应研究的有关理论；第二部分主要是第 2 章，主要是对区域土地利用变化的生态效应研究方法进行了探讨；第三部分是方法的应用研究，主要包括第 3 章、第 4 章、第 5 章、第 6 章、第 7 章、第 8 章、第 9 章和第 10 章。各章节的主要内容如下:

第 1 章探讨了区域土地利用变化生态效应研究的背景和意义、国内外研究进展，总结了区域土地利用变化的生态效应研究的主要内容、技术路线和研究方法。

第 2 章探讨了区域土地利用变化生态效应研究的基础理论,具体包括可持续发展理论、景观生态学理论、生态经济学理论、人地协调理论、自然资源价值理论。

第 3 章具体阐述区域土地利用变化的生态效应方法研究，包括景观结构法、生态安全法、生态价值核算法、生态足迹模型法、能值分析法、景观安全格局法、模型模拟法和情景分析法。

第 4 章为了增进对土地利用空间行为变化的理解，以分形理论为指导，在遥感和地理信息技术的支持下，通过分析景观斑块破碎度、稳定性和分形维数等指数的变化，对东江源流域土地利用变化的空间行为特征进行了实证研究。

第 5 章基于景观结构中的景观干扰度指数和景观脆弱度指数，构建土地利用生态风险指数，并借助空间统计学中的空间自相关和半方差分析方法，进行了江西兴国县土地利用生态风险的空间分布和梯度变化特征实证研究。

第 6 章在提出基于生态足迹的可持续性指数测度区域可持续发展程度方法的基础上，对江西兴国县的生态足迹变化进行了纵向分析。在此基础上，选取了 4 个社会经济发展指标进行了相关性和敏感性分析，以揭示人类活动对可持续性指数的驱动因素。

第 7 章运用生态系统服务价值变差贡献率和灰色综合关联度方法，就江西兴国县土地利用变化对生态系统服务价值变化的影响，以及总人口数、城镇化水平、第一产业比重和社会固定资产投资额等社会经济发展因素对生态系统服务价值变化的驱动作用进行了分析。

第 8 章基于 GIS 技术，从区域土壤侵蚀和土地沙化等生态不安全因素出发，通过构建区域土地利用的生态安全综合指数，对农牧交错带的典型区域——内蒙古自治区翁牛特旗土地利用生态安全变化进行了评价研究。

第 9 章针对我国加速新农村建设阶段如何协调好村镇建设与地域生态系统的关系，基于 GIS 技术，从水资源安全、生物保护、灾害防护和人类干扰 4 个方面，构建了空间尺度上的生态重要性综合指数，对兴国县长冈乡生态重要性空间进行了评价，以便从宏观上预防乡村建设可能带来的生态安全问题。

第 10 章提出了区域水土保持安全格局、生物多样性保护安全格局和综合土地利用安全格局的构建方法，并基于蚁群算法，对兴国县长冈乡土地利用安全格局进行了情景模拟研究，并提出了分区管制的措施。

鉴于区域土地利用变化生态效应研究理论本身的复杂性，涉及众多学科的理论和方法，本书所涉及的研究内容也仅仅是区域土地利用变化生态效应评价的粗浅层面。在土地利用变化与生态环境影响相互作用机理、土地利用变化的生态安全评价指标体系、土地利用景观格局变化与生态过程评价、情景分析和模型模拟方法在区域土地利用变化生态效应研究的应用等方面还有待进一步研究。

总之，本书比较系统地介绍了区域土地利用变化生态效应研究的理论、评价的最新方法，并结合部分案例区进行了实践研究。本书可供土地资源管理、地理学、生态学等专业的科研人员阅读，也可作为大学生和研究生的参考书。

目　录

第1章
绪 论

1.1 研究的背景与意义

土地利用是人类为获取所需的产品或服务而进行的对土地自然属性的利用目的、方式和意图。近半个世纪以来，由于经济的发展和工业化进程的加速，环境污染与生态破坏日益严重，温室效应、臭氧层破坏、酸雨区扩展、自然资源短缺、水土流失、土壤沙化、森林减少、草场退化、洪涝灾害、水污染、大气污染等生态环境问题严重威胁着人类的生存和发展，生态环境问题已逐步成为生态安全问题；生态安全研究已经成为当前生态学、地学以及资源与环境科学研究的前沿任务和重要领域。诸多生态安全问题的出现，从根本上看是不合理的土地开发利用活动的结果。由于自然因素与人文社会因素的影响，土地利用结构以及土地资源的质量不断发生变化，从而影响区域生态环境和全球环境的变化。

国际科学联合会和国际社会科学联合会于1992年成立LUCC研究委员会。“国际地圈与生物圈计划（IGBP）”和“全球环境变化中的人文领域计划（IHDP）”两大组织联合于1995年提出《土地利用/土地覆被变化科学研究计划》。区域土地利用/覆被变化（LUCC）及其生态效应的研究目前已成为全球变化研究的热点问题之一。我国著名地理学家李秀彬研究员在1996年提出LUCC的研究成为全球环境变化研究的核心领域。LUCC的研究目的在于揭示全球及区域土地利用与覆被变化发生及发展的动力学机制，建立模型，提高对土地利用/覆被变化的预测能力。具体的研究包括4个目标：①认识土地利用与覆被变化驱动力；②调查和描述土地利用和土地覆盖动力学中的时空可变性；③确定土地利用与可持续性间的关系；④认识LUCC与生物地球化学和气候之间的相互关系（李秀彬，1996）。

土地利用的变化能够直接改变地表的覆盖状况，它一方面改变地球表面物理特征（如粗糙度、反照率、土壤含水量等），影响与气候直接有关的地表与大气之间的能量和水分的交换过程；另一方面又能够改变地球表面的生物地球化学的循环过程，影响地表与大气之间的微量气体交换。而且土地利用变化还通过土地覆盖的改变而直接影响到生物多样性，影响区域的水分循环特征，改变生态系统的组成和结构，从而对生态系统的功能产生影响。因而，研究区域土地利用/土地覆被变化对区域生态环境的影响过程、机制、结果等，掌握区域生态环境的变化对维持区域生态系统平衡的作用，促进区域人类社会经济和生态环境的协调发展，具有重大的理论意义和现实意义。因此，区域土地利用变化过程、规律及其生态效应的分析研究，是生态环境变化研究的重要基础，也是调控人类行为的科学决策依据。

1.2 国内外相关研究进展

1.2.1 土地利用变化的生态环境效应研究进展

1.2.1.1 LUCC 的大气、土壤、水和生物多样性效应

在 LUCC 的大气环境效应方面，Virtuosic（1997）估算在过去 150 年间，土地利用变化和矿物燃料的燃烧已向大气层排放了大量的 CO_2，导致大气中 CO_2 的含量大约增加了 30%。据 Crutzen（1990）估计，大气中 60%的 CO 和 80%的 N_2O 来源于土地利用类型和覆被格局的改变。Kalnay（2003）研究得出土地利用变化导致气温升高。

在 LUCC 的水文环境效应方面，Pereira（1973）对美国 Tennessee 山区的调查报告显示，由于林地面积的扩展减少了这个区域径流量的 50%。Murray K. S.等人在对密歇根州西南部河流流域的研究中发现，土地利用形式的改变，特别是由于工业化的发展，大量的重金属和有机化学物质排入地下，不仅造成浅含水层的污染，而且对整个 Rouge 河流的水质产生了非常恶劣的影响。熊兴（2010）以东莞市为研究区域，采用土地利用变化速率、土地利用转移矩阵及景观指标，分析了近 20 年东莞市土地利用变化过程及其对水体的生态效应。

在 LUCC 的土壤环境效应方面，Likens 等（1970）对美国 Hubbard 地区的研究表明，森林砍伐导致该流域土壤氮流失由 4 kg 增加到 142 kg，森林全部砍伐流域氮的损失是未受干扰地区氮损失的 35 倍。Solomon 等（2000）研究了土地利用/覆被变化对土壤有机质的影响。傅伯杰等（1999）以黄土丘陵沟壑区羊圈沟流域为研究对象，从小流域、坡面和单一土地利用类型三个尺度层次上研究了土地利用变化对流域土壤侵蚀、土壤养分和土壤水分的影响。陈松林（2000）利用 GIS 分析了福建省延平区土地利用与土壤侵蚀程度关系，得出它们之间存在显著关系。朱连奇等（2003）以福建省山区为例，通过对定位观测等资料的对比分析表明，土地利用/土地覆被变化对径流的产生和土壤侵蚀有重要影响，植被的覆盖度与径流系数呈负线性关系，与土壤侵蚀模数呈负指数关系。

在 LUCC 的生物环境效应方面，Houghton（1994）研究认为，农业垦殖区向森林区的延伸改变了边缘区的生态环境，导致微气候条件变化和外来生物入侵，最终导致生态边缘区动植物物种的大量减少。Matson 等（1997）得出土地转化和利用强度增加会改变生态系统生物相互作用和资源可得性的格局。Jenkins 等（2000）分别将土地利用作为一个因子来对未来生物多样性的影响作预测。周启星等（2005）对浙江省绍兴县某镇土地利用变化导致的生态效应进行了定量分析，结果表明，反映在该小城镇发展过程中出现生物多样性降低，局部气候恶化等不良生态效应。

1.2.1.2 LUCC 对区域生态系统服务价值影响及综合评估

土地利用/覆被变化通过改变生态系统的结构和功能，进而影响生态系统服务的价值。同时，土地利用/覆被变化驱动下的生态系统服务价值（ESV）变化，也是 LUCC 环境效应

的一个重要量化指标。刘纪远等（2009）基于联合国新千年全球生态系统评估（MA）概念框架，提出了系统完整的三江源区草地生态系统评估指标体系，提出了退化草地态势遥感分类系统，以实现大型生态工程实施后年际时间尺度草地生态系统退化态势的分析和评估。王佳丽等（2010）引入了生态系统服务对土地利用变化脆弱性评估方法，分析了生态系统服务对土地利用类型转变、土地利用类型渐变、土地管理方式变化的脆弱性响应机理，以江苏省环太湖地区碳储量为例进行实证研究。石龙宇等（2010）以厦门市为例，通过引入土地利用强度指数，分析当地 LUCC 过程；参考已有的研究成果，构建生态系统服务价值评估模型，探讨区域整体服务价值的演变过程；并通过土地系统和生态系统二者的耦合变化关系探讨 LUCC 对生态系统服务的影响过程，以期为城市土地利用规划及生态环境保护工作提供科学支撑。

1.2.1.3 LUCC 的景观生态效应

张银辉等（2005）对内蒙古河套灌区的研究表明，该灌区土地利用变化产生了生境质量下降、边缘效应显著、土地退化和湿地生态环境恶化等景观生态效应。王娟等（2008）在土地利用变化的基础上，以景观干扰指数和土地利用类型的敏感度指数为评价指标，分析了不同研究时段内不同空间范围的景观生态风险变化情况。陈莹等（2009）以太湖上游西苕溪流域为研究区，运用马尔科夫模型和 CLUE-S 模型，模拟了研究区 2020 年土地利用的空间格局；在此基础上，通过对斑块类型和景观水平上格局指数的变化分析，揭示研究区未来土地利用/覆被变化及其景观生态效应。高永年（2010）以太湖流域及其一级水生态功能区为研究对象，从景观尺度计算得到了太湖流域及其不同一级水生态功能区景观生态风险值，并在此基础上对太湖流域及其不同一级水生态功能区景观生态风险差异特征进行了比较分析，进而分析了各区景观生态风险与土地利用变化之间的效应关系。

1.2.2 土地利用生态安全研究进展

1.2.2.1 生态安全研究进展

在生态安全内涵方面，最早将环境变化含义明确引入安全概念的学者是莱斯特·布朗。他早在 1977 年就提出要对国家安全加以重新界定，并在其著作《建立一个持续发展的社会》中指出“目前对安全的威胁，来自国与国之间关系的较少，而来自人与自然之间关系的可能较多”，“土壤侵蚀，地球基本生物系统的退化和石油储量的枯竭，目前正在威胁着每个国家的安全”。Pirages（1997）认为，人类社会与其他物种和微生物在自然环境中协同进化，生态安全是建立在维持人类社会与自然环境的四类平衡之上，即人类需求与自然环境系统可持续的承载力的平衡、不同国家和地区间人口数量和增长率的平衡、人类需求与其他物种需求的平衡以及人类与病源微生物的平衡，只有当这四类平衡得以维持时，人类社会的生态安全才可以最大化。Rogers（1997）认为生态安全就是要创造一种状态，使得社会的自然环境在不损害其天然特性的前提下能够满足人类生存与发展的需求。国内有些学者认为“生态安全”是与人类生存、生活相关的环境及自然资源基础（特别是可更新资源）处于良好的状况或不遭受不可恢复的破坏，能够满足人类生存与可持续发展的需求（曲格平，2002；杨京平，2002）。王如松和欧阳志云（2007）进一步丰富了自然—经济—社会复合生态系统生态安全的内涵，认为生态安全首先是自然子系统为人类活动提供的承载、缓冲、孕育、支持、供给能力的安全，主要是人与水（包括水资源、水环境等要素）、土地、能源、生物、地球化学循环5类生态因子耦合形成的生态过程的安全。其次是作为人类生存发展基础的经济子系统为人类提供的生产、流通、消费、还原和调控5类生态功能的安全。最后是社会生态关系的安全，涉及个体和群体的生理、心理、生殖、发育以及社会关系健康的人口生态安全。

在研究尺度方面，生态安全研究涉及种群、生态系统、流域、区域、国家等多种尺度。其中区域生态安全是区域和国家可持续发展的基础，是生态安全研究的核心。由于不可分割的自然地理单元属性，流域尺度是生态安全研究的重点。种群的生态安全是生态系统、流域、区域乃至国家生态安全的基石，因此种群生态安全研究是其他尺度生态安全研究的基础。从系统理论的角度考虑，各类生态系统因为具有完整的系统属性，对其结构和功能的生态安全进行研究，辨析系统中存在的生态风险因素，将有利于生态安全预警与设计体系的建设，因此其重要性不容忽视，上述尺度的生态安全研究成果可最终服务于国家尺度的生态安全建设。

在生态安全的测度与评价方面，生态风险和生态系统健康曾被认为是生态安全的基本构成要素，生态安全与生态风险互为反函数，与生态健康互为正比关系（王根绪，2003；关文彬，2003）。生态安全评价的研究视角主要基于两个方面：一是以安全状态为出发点，根据模型选取自然、社会、经济中的有关指标构建评价指标体系对生态安全状况进行评价，这是现阶段学者普遍接受的观点，现有的评价研究也是以此为基础；二是以风险因素为出发点，评价自然因素和人类活动或二者共同作用而产生的随时间变化的生态安全隐患因素对生态安全的影响程度，进而再判断生态安全状况。区域生态安全评价是目前生态安全评价的主要方面，常用的方法有：比较法、部门产出法、最优综合评价法、千年生态系统评价等（王如松，2007；王朝科，2003）。“压力—状态—响应（PSR）”概念框架，以及扩展的“驱动力—状态—响应（DSR）”框架、“驱动力—压力—状态—暴露—影响—响应（DPSEIA）”的概念模型、“驱动力—压力—状态—影响—响应（DPSIR）”指标体系，是目前区域生态安全评价的重要工具（王耕，2007）。

在生态安全预警方面，傅伯杰（1993）提出的区域生态环境预警是对区域资源开发利用的生态后果、区域生态环境质量的变化以及生态环境与社会经济协调发展的评价、预测和警报。他提出了以区域发展的能力作为区域生态环境预警的综合指标，进一步用承载力、稳定性、缓冲力、生产力和调控力作为衡量区域持续发展的能力，选取自然资源、生态破坏、环境污染和社会经济指标建立区域生态环境预警的指标体系，并对我国各省区的生态环境质量进行了预警。王耕等（2008）以辽河流域为例提出预警指数测算方法：确立生态安全状态——隐患综合评价指标体系；采用数学方法计算安全状态指数；采用安全评价方法计算隐患指数；根据多目标决策准则，采用状态指数和隐患指数的并合方法计算预警评价的结果指数。张强等（2010）根据生态安全预警多层次、多维度和动态性的要求，利用可拓综合分析方法，建立了区域生态安全的“状态—胁迫—免疫”（state-danger-immunity，SDI）动态预警模型。运用该模型对陕西省历史年份（1990—2007年）生态安全进行定量评估，并对规划年份（2010年）生态环境进行动态预警。刘欣等（2010）采用模糊优选模型和情景分析模型，选取河北省太行山区为研究区域，对其进行土地资源生态安全预警分析，并定量测度了各敏感因子对生态安全警情的影响程度。

1.2.2.2 土地利用生态安全评价研究进展

生态安全是一个区域的可持续发展不致因生存空间和生态环境遭受破坏而受到威胁的状态。在诸多影响区域生态安全的因素与过程中，土地利用/覆盖及其格局的变化是影响区域生态安全最重要的方面（高清竹，2006；谢花林，2008）。

土地利用生态安全评价是土地生态安全格局构建的基础。目前土地利用生态安全评价研究主要体现在评价指标体系和评价方法两个方面。

建立科学的指标体系与评价标准是土地利用生态安全评价的关键环节，现阶段国内外尚无统一标准的土地资源生态安全评价指标体系，但与此相关的土地质量评价指标体系研究已取得了一些成果，土地资源生态安全评价指标体系的构建提供了基础和借鉴。FAO 于 1993 年发表了《可持续土地管理评价大纲》（FAO，1993），其中的生态可持续性（ecological sustainability）也就意味着生态安全性（ecological security）的要求。为了更好地掌握土地质量变化及其驱动力，提供土地退化的早期预警和及时发现出现土地质量问题的地区，1995 年 6 月，世界银行（WB）与联合国粮农组织（FAO）、联合国开发计划署（UNDP）及联合国环境规划署（UNEP）共同发起，建立了土地质量指标体系项目研究的全球联盟基础，并发布了《土地质量指标》（World Bank，1995）。在此基础上，近年来，国内知名学者（如傅伯杰、蔡运龙、陈百明等）从不同角度，选择不同研究区域进行了土地质量指标体系及土地可持续评价指标体系的研究（傅伯杰，1997；陈百明，2002；蔡运龙，2003）。

目前土地生态安全评价指标体系研究尚属起步阶段，Zhao 等基于 P-S-R 框架模型，从土地生态压力、土地生态环境状态和土地生态环境响应三个方面进行指标筛选，构建了土地资源生态安全评价指标体系（Zhao，2006）。李玉平和蔡运龙（2007）则是从土地自然生态安全系统、土地经济生态安全系统和土地社会生态安全系统三个角度选取指标，构建了区域土地资源生态安全评价指标体系。这些研究为区域土地资源生态安全评价指标体系的建立提供了一些思路和尝试。喻锋和李晓兵（2006）在像元水平上对皇甫川流域生态安全进行了综合评价，并重点分析了流域土地利用变化与生态安全的关系，从而为科学地组织人类有序活动、调整和优化土地利用格局，以确保流域生态安全提供理论基础。

目前土地利用生态安全评价方法研究还处在实践和探索阶段，比较常用的方法有以下 2 种：①综合指数评价法（Zhao，2006；李玉平，2007；Zuo，2005）。由于土地资源生态安全的评价标准具有相对性和发展性，不同时期或者不同国家和地区，其评价标准也会不同，这给土地资源生态安全评价指标安全阈值的确定带来困难。②土地承载力分析法。目前常用的是传统的土地资源承载力分析方法和近年来兴起的生态足迹法（Huang，2007）。生态足迹的方法从一个新的角度阐释了人类及其发展与资源环境的关系，其定量化程度高，可用较少的因素定量测算生态承载力状况，但因无法考虑生态承载力复杂因素间的作用，同时单纯以人类对自然资源的占有与利用角度分析系统的承载力水平，因而难免有些缺憾（王根绪，2003）。

综上所述，目前土地利用生态安全评价研究还不够完善，提出的评价指标体系是面向整个区域，有些指标不能在体现像元水平上，评价结果不能较好地为土地生态安全格局服务。此外，针对某些区域（如南方红壤丘陵区、喀斯特地区）的土地利用生态安全评价指标体系和评价标准研究还较少，有待于进一步补充完善。

1.2.2.3 面向生态的土地利用格局研究进展

以土地资源可持续利用为导向的区域土地利用结构优化研究中，生态因素已成为重要的约束条件和优化目标，生态安全的理念也开始在土地利用结构优化中得以体现。

在面向生态的土地利用结构优化方面，Makowski（2000）以欧共体农用土地资源面临的最主要的污染问题为导向，以氮流失量最小为规划目标，建立了欧共体农业土地利用结构优化模型。Herrmann（1999）应用系统工程方法，以土壤肥力、地下水质量、地表水、群落生境和景观五个方面选取指标作为生态约束条件，进行乡村土地利用结构优化设计。结合土地资源可持续利用研究，我国学者也开始了面向生态的土地利用结构优化方法的探讨。徐学选（2001）应用线性规划模型，以土壤侵蚀量作为生态约束条件，探讨了黄土丘陵区生态建设中农林牧土地结构优化模式。林彰平（2002）针对生态脆弱的东北农牧交错带的主要生态问题，提出了生态安全条件下土地利用模式优化研究的概念框架，并采用灰色线性规划模型，以生态效益最佳为目标，探讨了以生安全为目标的农牧交错带土地利用结构优化方法。岳耀杰（2006）基于遥感影像解译和GIS技术，制定并实施了土地利用结构优化技术规程、沙区分步优化判定层次标准、对沙区土地利用分类和生态安全评价等，可以对沙区土地高效利用提供技术支持和优化范例。

另外，刘艳芳等（2002）对基于绿当量的最佳森林覆盖率标准的生态优化方法进行了探讨。对生态标准的量化引入了“绿当量”的概念，在考虑耕地与草地的生态服务价值的基础上，引入森林与耕地、草地之间基于“绿量相当”的面积换算关系，定量测算出该类用地的生态绿当量。针对不同的区域，根据区域降水量、土壤饱和蓄水能力以及土壤自然含水量来计算区域最佳森林覆盖率，并以此作为该地区生态优化的目标，这对于土地利用优化中关于生态标准的量化探讨有着重要的启发意义，但对土地利用结构生态标准的衡量指标只取了森林覆盖率，这种选取还不尽全面，有待进一步完善。

综上所述，我国的土地利用结构优化研究多关注土地利用数量结构的生态优化（如林地覆盖率、坡耕地比例等），却忽视了土地利用空间格局对诸多生态过程的影响，如地表水的径流、侵蚀，物种的多样性，以及干扰的传播或边缘效应等。结构和功能、格局与过程之间的联系与反馈是景观生态学的基本命题（Liu，2002；Turner，1999；Lenz，1995；Vuilleumier，2002）。景观生态学的一个最基本假设是空间格局对过程（物流、能流和信息流）具有重要影响，而过程也会创造、改变和维持空间格局（Wu，2002，2004）。景观生态学中的最优景观格局原理和生态安全格局原理为土地利用结构优化提供了重要的途径（Forman，1995；Yu，1996；Opdam，2002；张虹波，2006；马克明，2004）。

近年来有些学者提出了土地利用安全格局的新概念，它是指能够满足和保障区域土地资源生态安全的土地利用格局（张虹波，2006；马克明，2004）。不同的地区面临的主要生态问题不同，生态安全条件也不同，应该从区域实际生态问题角度出发，探讨土地生态安全格局的构建方法。目前，国际上较多关注的是由化肥所造成的土地污染问题，并多以小流域为研究尺度，Seppelt（2002，2003）以美国南部 Hunting Creek 小流域为试验区，以控制化肥引起的污染问题为目标，应用 GIS 以及景观空间分异模型设计了土地利用空间配置方案和化肥施用量最大标准分布。Allan（2002）以保护区域水质为目标，应用 GIS 和缓冲区设计方法，建立了小流域土地利用格局优化模型。杨子生（2003）在针对山区土地资源面临水土流失严重的生态问题，设计了基于允许土壤流失量条件下的土地生态安全格局。牛振国（2002）应用 GIS 在对主要生态水文过程模拟的基础上，建立了土地利用最小耗费表面模型，为荒漠化地区土地生态安全格局设计提供新的思路。张红旗（2003）针对红壤地区土壤侵蚀严重的问题，将 GIS 技术与线性规划模型有效结合，通过限制某些可能加剧土壤侵蚀的农作物的空间配置来实现土地利用安全目标。刘彦随等（2001）从要素控制、地段设计到系统模式优化的不同层次，提出了三峡库区土地生态设计模式与措施。高清竹等（2006）针对黄河中游砒砂岩地区水土流失、干旱缺水和生物多样性降低等生态问题，运用多目标规划方法和 GIS 手段，进行了丘陵沟壑区土地生态安全格局设计。此外，陈利顶（2007）、马克明（2006）和俞孔坚等（1996）探讨了区域生态安全格局构建的原理和方法，这对于土地利用生态安全格局研究具有重要的借鉴作用。

1.2.2.4 土地生态安全格局构建方法研究进展

由于土地生态安全格局的问题从本质上说是利用景观生态学原理解决土地合理利用的问题，随着景观生态学原理日益渗透到土地合理利用的问题中，格局优化成了土地利用规划的核心内容（Guan，2003）。

传统的直接来自于景观格局优化的土地生态安全格局构建方法，如线性规划、灰色系统规划、层次分析法、系统动力学模型等，缺乏定量的空间处理功能，难以刻画景观要素空间上水平方向的相互作用（张惠远，2000；秦向东，2007）。为了体现景观生态学对格局优化的要求，人们越来越求助于空间直观模型。国外比较成功的案例有 Seppelt 等（2002，2003）对农业土地利用格局优化的研究，其中的优化模型建立了不同管理措施下的养分平衡，构建的优化判别标准考虑到了经济和生态两方面的因素，如农民的农业收入，流域的氮流失。这个优化模型通过计算优化不同土地利用方式和施肥措施下的最大产出值作为判别标准，建立了一个空间直观的动态生态系统模拟模型进行数量模拟，利用基于随机过程的蒙特-卡罗方法来模拟检测优化结果的可信度。

土地生态安全格局的构建方法经历了由定性分析评估到定量计算、由静态优化到动态模拟、由固定条件下的孤立寻优到可变条件下的趋势分析、由数量配置为主到预测空间变化的过程，定量、可变、动态的空间模拟将是土地生态安全格局设计研究的主要方式。

土地利用格局变化与生态过程改变互为因果，了解局部演变时空规律及其演变驱动机制是结合生态过程进行土地利用格局分析和优化的前提与基础。但现阶段对土地利用格局、过程和功能相互作用的研究还不够成熟，还不能满足对土地生态安全格局设计的理论指导要求。

将上述两方面结合起来看：一方面土地生态安全格局对动态的空间模拟提出越来越高的要求；另一方面空间模拟迟迟得不到景观尺度上定量化规律的有力支持，使得传统“自上而下”的优化思路难以依靠模型实现自动化；要在目前景观生态学的基础研究水平上解决这个矛盾，似乎只有采纳复杂性科学所倡导的复杂性研究方法——“自下而上”的构模方法，针对特定的生态过程，将生态过程结合到格局分析中。

在这方面，元胞自动机具有天然优势。基于元胞自动机的空间直观模型不关心景观尺度上定量化的规律，而是直接在较低的一个尺度上，从景观组成单元入手，模拟它们的状态和局部相互作用，即能在总体上表现土地利用格局的演变过程。这也是基于元胞自动机的空间直观模型在模拟土地利用空间格局与过程相互作用的研究中被广泛应用的主要原因（邬建国，2000）。

目前国外已有一些学者基于CA进行土地利用规划的研究。例如，Strange 等（2002）发展了一种基于元胞自动机（CA）的进化优化算法，它能有效解决造林规划的空间决策问题。Mathey 等（2005，2007）通过设计一种基于 CA 的进化算法整合了时间和空间目标，探索了一种协同演化的元胞自动机模型，用于空间显现自然动态过程的森林规划。Mathey 等（2005，2007）整合了时间和空间目标探索了一种协同演化的元胞自动机模型用于空间显现自然动态过程的森林规划。Stevens 等（2007）探讨了基于 GIS 和 CA 的城市规划决策模型。

近年来国内也有部分学者开始尝试运用 CA 探讨土地利用格局的优化问题。Chen（2008）在综合使用“自上而下”的灰色线性规划（GLP）方法和“自下而上”的元胞自动机（CA）方法的基础上，建立了土地利用格局优化模拟模型，进行了中国北方农牧交错带生态安全条件下的土地利用格局优化模拟研究。刘小平等（2007）提出了基于“生态位”的元胞自动机（CA）的新模型，并探讨了如何通过“生态位”元胞自动机和 GIS 的结合进行城市土地可持续利用的规划。该模型可方便地探索不同土地利用政策下城市土地利用发展情景，能够为城市规划提供有用的决策支持。杨小雄等（2007）探讨了元胞自动机模型在政策及相关规划约束、邻域耦合、适宜性约束、继承性约束及土地利用规划指标约束下的土地利用规划布局的元胞自动机模型，并以广西东兴市为例进行了模型的仿真研究。

综上所述，传统的土地生态安全格局设计方法大多停留在指标相互作用关系的静态设计上，且难以定量地考虑格局的空间优化。以空间显式模型为核心的格局模式，真正触及了土地利用格局的形成机制，并体现了景观生态学强调水平方向生态学过程的特征。因此，通过模拟格局演化来进行设计的客观性和自动化程度较高，而且模拟演化过程本身就验证了生态安全方案的效果和可实现性。

1.2.2.5 区域土地安全格局研究展望

（1）面向生态安全格局设计的生态安全评价方法与模型研究

近年来提出土地利用系统的生态安全评价指标体系构建问题，但是相应的以此为基础的基于生态安全评价的土地利用安全格局设计并不多见。根据土地利用和生态安全之间的关系，在像元水平上选取体现空间特征的评定指标，量化生态安全指标标准，建立面向生态安全格局设计的土地利用生态安全评价方法和模型，为土地生态安全格局构建提供服务。

（2）不同类型生态脆弱地区的土地生态安全格局研究

根据黄土高原区、南方红壤丘陵区、西北干旱区、沙区和喀斯特地区等不同类型生态脆弱地区的特点，对区域生态安全问题进行诊断和分析，找出区域生态安全所面临的关键问题和影响因素，探求维护区域生态安全的关键性要素和过程，进行不同类型生态脆弱地区的土地生态安全格局研究。

（3）土地生态安全格局的空间显式模型研究

土地利用安全格局的设计方法经历了由定性分析评估到定量计算、由静态设计到动态模拟、由固定条件下的孤立寻优到可变条件下的趋势分析、由数量配置为主到预测空间变化的过程，定量、可变、动态的空间模拟将是土地利用安全格局设计研究的主要方式。通过模拟格局演化可验证生态安全方案的效果和可实现性。基于元胞自动机的空间直观模型不关心景观尺度上定量化的规律，而是直接在较低的一个尺度上，从景观组成单元入手，模拟它们的状态和局部相互作用，即能在总体上表现土地利用格局的演变过程。因此，基于元胞自动机和多自主体模型进行土地生态安全格局的构建，将是未来发展的主流方向。

（4）区域土地生态安全格局情景模拟研究

区域土地安全格局不仅仅要注重生态环境的保护，在一定程度上要特别关注区域的经济和社会的可持续发展。不同阶段和不同历史时期由于受到多种因素的制约，区域土地安全格局也并不是一成不变的。因此在考虑区域耕地保护、退耕还林还草、经济发展和人口政策等不同政策情景下，如何建立一定的模拟模型，模拟区域土地生态安全格局，并利用基于随机过程的蒙特-卡罗方法来模拟检测结果的可信度，将是未来区域土地生态安全格局研究的主要内容。

1.3 研究目的和研究内容

1.3.1 研究目的

（1）通过系统地总结和分析区域土地利用变化生态效应研究的基础理论和方法，为开展区域土地利用变化生态效应研究提供理论和技术支撑。

（2）通过若干案例区的应用研究，掌握区域生态环境的变化对维持区域生态系统平衡的作用，为区域土地利用变化生态效应研究提供可供参考的案例。

（3）为区域土地利用规划方案提供理论依据，促进区域人类社会经济和生态环境的协调发展。

1.3.2 研究内容

区域土地利用变化的生态效应研究是一项复杂的系统工程，需要综合应用土地科学、景观生态学、地理学、地球信息科学、可持续发展等相关学科的理论和方法，结合我国土地资源状况、土地利用变化及其生态环境影响状况，建立比较系统、全面的区域土地利用变化生态效应研究的理论和方法，并通过实证研究对其进行说明和检验。其主要研究内容包括：

（1）区域土地利用变化生态效应研究的基础理论研究。具体包括可持续发展理论、景观生态学理论、生态经济学理论、人地协调理论、自然资源价值理论。

（2）区域土地利用变化的生态效应方法研究。具体包括景观结构法、生态安全法、生态价值核算法、生态足迹模型法、能值分析法、景观安全格局法、模型模拟法和情景分析法。

（3）区域土地利用变化生态效应的实践研究。具体包括基于分形理论的东江源流域土地利用空间行为变化特征分析、基于景观结构的兴国县土地利用生态风险研究、基于生态足迹模型的兴国县可持续性水平测度及其敏感性研究、基于土地利用变化的兴国县生态系统服务价值响应及其驱动因素研究、基于GIS的翁牛特旗土地利用变化生态安全评价研究、基于GIS的兴国县长冈乡土地利用生态重要性空间评价研究、基于GIS和蚁群算法的兴国县长冈乡土地利用安全格局情景模拟研究。

1.4 技术路线与研究方法

1.4.1 研究方法

区域土地利用变化的生态效应研究技术路线遵循理论→方法→实践应用的过程（图1-1）。

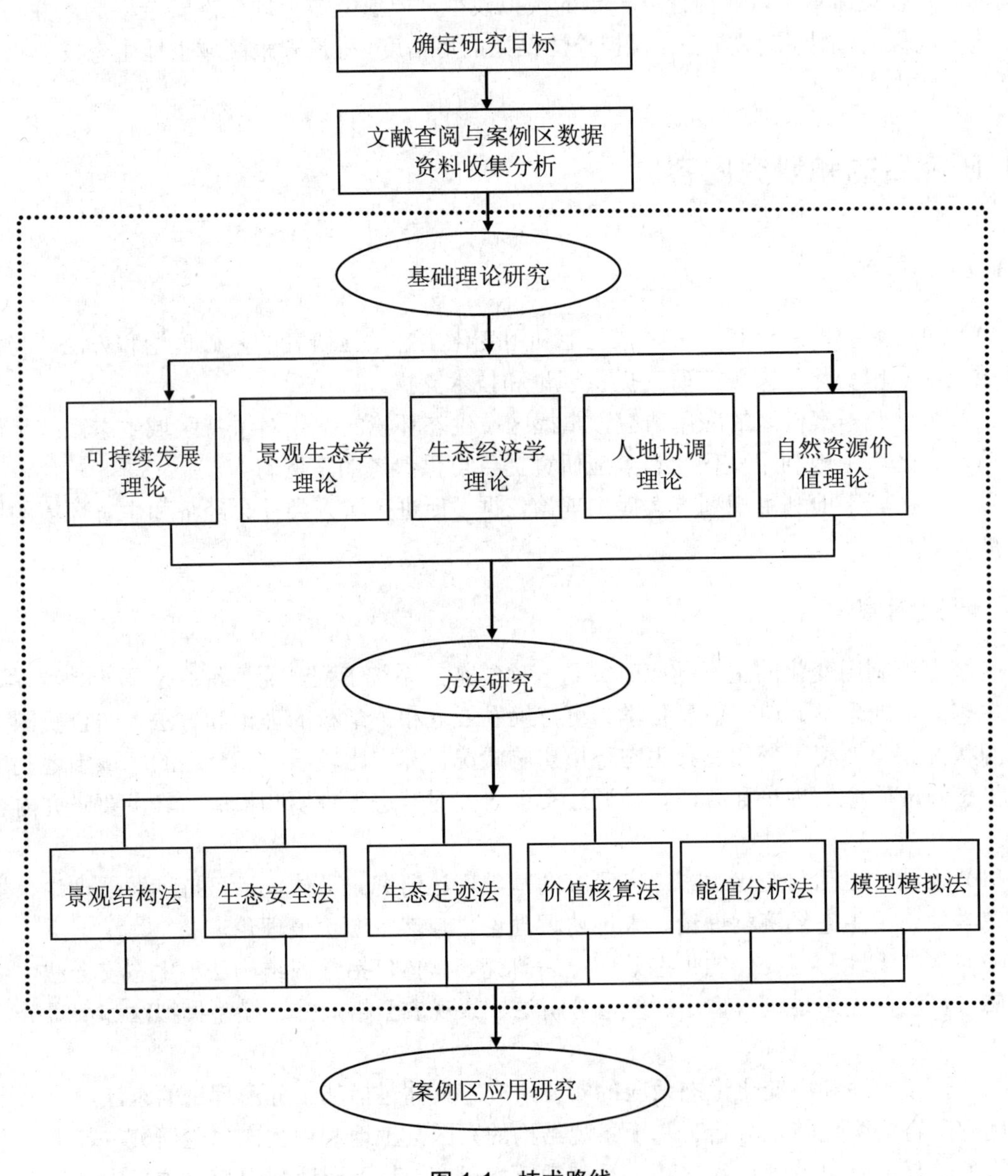

图 1-1　技术路线

1.4.2 研究方法

结合土地科学、地理学和生态学理论的最新成果和发展动态，力求站在土地利用变化生态效应评价理论和实践的前沿，研究和探讨区域土地利用生态效应问题。依据上述思路进行研究时采用了比较严谨的科学方法，这些方法主要包括：

（1）系统分析法

系统分析（system analysis）是把研究对象视为系统的一种研究和解决问题的方法。根据系统分析的一般原理，土地利用系统的目标，应是多目标的综合，是经济效益、社会效益、生态效益三者之间矛盾的统一。同时土地利用规划环境影响的发生机理及其评价的技术方法研究面对的问题非常复杂，既需要面对土地利用及其规划的问题，又要面对土壤、水环境、区域气候效应、生物多样性等环境问题；既需要熟悉土地利用规划的理论方法，又需要环境科学、可持续发展理论、生态经济学、景观生态学、地理信息科学等基础知识，在研究的过程中，针对土地利用产生的环境影响机理及其评价的技术方法的问题，基本上做到了充分吸收相关学科的研究成果，并对其进行细致的分析和综合。

（2）比较分析法

本研究用比较分析的方法，对土地利用变化的生态效应历程进行比较，在区域土地利用生态安全综合指数的基础上，选取历史不同阶段的数据，对区域土地利用生态安全状况进行数量分析，评价不同时期的生态安全状况水平。

（3）统计学分析法

在基于生态足迹的可持续性指数测度基础上，选取了总人口数、GDP、城镇化水平和第一产业产值比重 4 个社会经济发展指标，运用统计学中的相关分析法，进行了相关性和敏感性分析，以揭示人类活动对可持续性指数的驱动因素。运用生态系统服务价值变差贡献率这一指标分析了区域各土地利用变化对生态系统服务价值变化的影响；运用灰色综合关联度探讨了总人口数、城镇化水平、第一产业比重和社会固定资产投资额 4 项指标对生态系统服务价值的贡献测度，并进行了相关性分析和线性拟合。

（4）调查研究—定性定量分析—综合集成—充分沟通的方法

采用深入调查研究—定性定量相结合的分析—分头研究—综合集成—充分协调沟通的研究手段。

参考文献

[1] 李秀彬. 全球环境变化研究的核心领域：土地利用/土地覆盖变化的国际研究动向[J]. 地理学报，1996，51（5）：553-558.

[2] 高清竹，许红梅，江源，等. 黄河中游砒砂岩地区长川流域土地利用/覆盖安全格局初探[J]. 农业工程学报，2006，22（3）：51-56.

[3] 谢花林. 基于 GIS 的典型农牧交错区土地利用生态安全评价[J]. 生态学杂志，2008，27（1）：135-139.

[4] FAO. FESLM：An International Framework for Evaluating Sustainable Land Management. World Soil Resources Report，FAO，Rome，Italy，1993.

[5] World Bank. Land Quality Indicators，World Bank Discussion Papers 315. The World Bank，Washington

D.C. 1995.

[6] 傅伯杰，陈利顶，马诚. 土地可持续利用评价的指标体系与方法[J]. 自然资源学报，1997，12（2）：112-118.

[7] 陈百明. 区域土地可持续利用指标体系框架的构建与评价[J]. 地理科学进展，2002，21（3）：204-215.

[8] 蔡运龙，李军. 土地利用可持续性的度量：一种显示过程的综合方法[J]. 地理学报，2003，58（2）：305-313.

[9] Zhao Y Z，Zou X Y，Cheng H，et al. Assessing the ecological security of the Tibetan plateau：Methodology and a case study for Lhaze County. Journal of Environmental Management，2006，80（2）：120-131.

[10] 李玉平，蔡运龙. 河北省土地生态安全评价[J]. 北京大学学报（自然科学版），2007，2（3）：1-6.

[11] Zuo W，Zhou H Z，Zhu X H，et al. Integrated evaluation of ecological security at different scales using remote sensing[J]. Pedosphere，2005，15（4）：456-464.

[12] 喻锋，李晓兵. 皇甫川流域土地利用变化与生态安全评价[J]. 地理学报，2006，61（6）：645-653.

[13] Huang Q，Wang R H，Ren Z Y，et al. Regional ecological security assessment based on long periods of ecological footprint analysis. Resources，Conservation and Recycling，2007，51（1）：24-41.

[14] 王根绪，程国栋，钱鞠. 生态安全评价研究中的若干问题[J]. 应用生态学报，2003，14（9）：1551-1556.

[15] Makowski D.，Eligius M.T. Hendrix et al. A framework to study nearly optimal solutions of linear programming models developed for agricultural land use exploration[J]. Ecological Modelling，2000，131：65-77.

[16] Herrmann S.，Osinski E. Planning sustainable land use in rural areas at different spatial using GIS and modeling tools[J]. Landscape and Urban Planning，1999，46：93-101.

[17] 徐学选，张世彪，王栓全. 黄土丘陵区生态建设中农林牧土地结构优化模式探讨[J]. 干旱地区农业研究，2001，19（2）：95-99.

[18] 林彰平. 东北农牧交错带土地利用生态安全模式案例研究[J]. 生态学杂志，2002，21（6）：15-19.

[19] 岳耀杰，周洪建，王静爱，等. 生态安全条件下亚洲沙区土地利用结构研究[J]. 地球科学进展，2006，21（2）：131-137.

[20] 刘艳芳，明冬萍，杨建宇. 基于生态绿当量的土地利用结构优化[J]. 武汉大学学报·信息科学版，2002，27（5）：493-498.

[21] Liu Y F，Ming D P，Yang J Y. Optimization of Land Use Structure Based on Ecological Green Equivalent. Editoral Board of Geomatics and Information Science of Wuhan University，2002，27（5）：493-498.

[22] Turner，M.G.，et al. Predicting the spread of disturbance in heterogeneous landscape. Oikos，1989，55：1221-1229.

[23] Lenz，R.J.M.，Stery，R. Landscape diversity and land use planning：a case study in Bavaria[J]. Landscape and Urban Planning，1995，31：387-398.

[24] Vuilleumier，S.，Prélaz-Droux，R. Map of ecological networks for landscape planning[J]. Landscape and Urban Planning，2002，58：157-170.

[25] Wu，J.，Hobbs，R. Key issues and research priorities in landscape ecology：An idiosyncratic synthesis[J]. Landscape Ecology，2002，17：355-365.

[26] Wu，J.，Jones，B.，Li，H.，et al. Spatial Scaling and Uncertainty Analysis. Ecology：Methods and Application[M]. Calumbia University Press，New York，2004.

[27] 马克明，傅伯杰，黎晓亚，等. 区域生态安全格局：概念与理论基础[J]. 生态学报，2004，24（4）：761-768.

[28] Forman，R. T. T. Some general principles of landscape ecology[J]. Landscape Ecology，1995，10（3）：133-142.

[29] Yu，K. J. Security pattern and surface model in landscape ecological planning[J]. Landscape Urban Planning，1996，36：1-17.

[30] Opdam，P.，Foppen，R.，Vos，C. Bridging the gap between ecology and spatial planning in landscape Ecology[J]. Landscape Ecology，2002，16：767-779.

[31] 张虹波，刘黎明. 土地资源生态安全研究进展与展望[J]. 地理科学进展，2006，25（5）：77-85.

[32] Seppelt R.，Voinov A. Optimization methodology for land use patterns using spatially explicit landscape models. Ecological Modelling，2002，151：125-142.

[33] Seppelt，R.，Voinov A. Optimization methodology for land use patterns—evaluation based on multiscale habitat pattern comparison[J]. Ecological Modelling，2003，168：217-231.

[34] Allan I.，Peterson J. Spatial modeling in decision support for land- use planning：a demonstration from the Lal Lal catchment，Victoria，Australia[J]. Australian Geographical Studies，2002，40（1）：84-92.

[35] 杨子生，王云鹏. 基于水土流失防治的云南金沙江流域土地利用生态安全格局初探[J]. 山地学报，2003，21（4）：402-409.

[36] 牛振国，李保国，张凤荣. 基于区域土壤水分供给量的土地利用优化模式[J]. 农业工程学报，2002，18（3）：173-177.

[37] 张红旗，李家永，牛栋. 典型红壤丘陵区土地利用空间优化配置[J]. 地理学报，2003，58（5）：668-676.

[38] 刘彦随，方创琳. 区域土地利用类型的胁迫转换与优化配置——以三峡库区为例[J]. 自然资源学报，2001，16（4）：334-340.

[39] 陈利顶，吕一河，田惠颖，等. 重大工程建设中生态安全格局构建基本原则和方法[J]. 应用生态学报，2007，18（3）：674 -680.

[40] Guan W B，Xie C H，Ma KM，et al. Landscape ecological restoration and rehabilitation is a key approach in regional pattern design for ecological security[J]. Acta Ecological Sinica，2003，23（1）：64-73.

[41] 张惠远，王仰麟. 土地资源利用的景观生态优化方法[J]. 地学前缘，2000，7（8）：112-120.

[42] 秦向东，闵庆文. 元胞自动机在景观格局优化中的应用[J]. 资源科学，2007，29（4）：85-94.

[43] 邬建国. 景观生态学——格局、过程、尺度与等级[M]. 北京：高等教育出版社，2000.

[44] Strange，N.，Meilby，H.，Thorsen，B.J. Optimization of land use in afforestation areas using evolutionary self-organization[J]. For. Sci. 2002，48：543-555.

[45] Mathey，A.H.，Krcmar，E.，Vertinsky，I.B. Re-evaluating our approach to forest management planning：a complex journey[J]. For. Chron. 2005，81：359-364.

[46] Mathey，A.H.，Krcmar，E.，Tait，D.，et al. Forest planning using co-evolutionary cellular automata[J]. For. Ecol. Manage. 2007，239：45-56.

[47] Mathey，A.H.，Krcmar，E.，Tait，D.，Dragicevic S.，et al. An object-oriented cellular automata model for forest planning problems[J]. Ecol. Model.（2007），doi：10.1016/j.ecolmodel.2007.11.003.

[48] Stevens D.，Dragicevic S.，Rothley K. iCity：A GIS-CA modelling tool for urban planning and decision making[J]. Environmental Modelling & Software，2007，22：761-773.

[49] Chen Y H，Li X B，Su W，et al. Simulating the optimal land-use pattern in the farming-pastoral transitional zone of Northern China[M]. Computers，Environment and Urban Systems，2008，doi：10.1016/j.compenvurbsys.2008.01.001.

[50] 刘小平，黎夏，彭晓鹃. "生态位"元胞自动机在土地可持续规划模型中的应用[J]. 生态学报，2007，27（6）：2391-2402.

[51] 杨小雄，刘耀林，王晓红. 基于约束条件的元胞自动机土地利用规划布局模型[J]. 武汉大学学报・信息科学版，2007，32（12）：1164-1167.

[52] Pirages D. Demographic change and ecological insecurity. In：Environmental Change and Security Project Report 3. Washington，D.C.：Woodrow Wilson International Center for Scholars，1997：37-46.

[53] Rogers K S. Ecological security and multinational corporations. In：Environmental Change and Security Project Report 3. Washington，D.C.：Woodrow Wilson International Center for Scholars，1997：29-36.

[54] 杨京平. 生态安全的系统分析[M]. 北京：化学工业出版社，2002：139-143.

[55] 史培军，宋长青，景贵飞. 加强我国土地利用/覆盖变化及其对生态环境安全影响的研究[J]. 地球科学进展，2002，17（2）：161-168.

[56] 王如松，欧阳志云. 对我国生态安全的若干科学思考[J]. 中国科学院院刊，2007，22（3）：223-229.

[57] 曲格平. 关注生态安全之一：生态环境问题已经成为国家安全的热门话题[J]. 环境保护，2002（5）：3-5.

[58] 王朝科. 生态安全评价的方法论[J]. 统计与咨询，2003（1）：40-41.

[59] 王耕，王利，吴伟. 区域生态安全概念及评价体系的再认识[J]. 生态学报，2007，27（4）：1627-1637.

[60] 傅伯杰. 区域生态环境预警的理论及其应用[J]. 应用生态学报，1993，4（4）：436-439.

[61] 王耕，吴伟. 区域生态安全预警指数——以辽河流域为例[J]. 生态学报，2008，28（8）：3535-3542.

[62] 张强，薛惠锋，张明军，等. 基于可拓分析的区域生态安全预警模型及应用——以陕西省为例[J]. 生态学报，2010，30（16）：4277-4286.

[63] 刘欣，赵艳霞，葛京凤，等. 河北省太行山区土地资源生态安全预警与调控研究[J]. 生态与农村环境学报，2010，26（6）：534-538.

[64] Virtuosic P M，Mooney J L，Lichens J，et al. Human domination of earth's ecosystems[J]. Science，1997，277：494.

[65] Cruzan P J，Andresen M O. Biomass burning in the tropics：Impact on atmospheric chemistry and biogeochemical cycles [J]. Science，1990，250：1669-1678.

[66] Kalnay E.，Cai M. Impact of urbanization and land-use change on climate [J]. Nature，2003，423：528-531.

[67] Pereira H C. Land- use and Weather Resources[M] . Cambridge：Cambridge University Press，1973.

[68] Likens G E. Effects of forest cutting and herbicide trepans on nutrient budgets in the Hubbard Brook watershed- ecosystem[J] . EcoManager，1970（40）：23-27.

[69] Solomon D.，Lehmann J.，Zech W. Land use effects on soil organic matter properties of chromic luvisols in semi—arid northern Tanzania：carbon，nitrogen，ligning and carbohydrates [J]. Agriculture，Ecosystems and Environment，2000，78：203-213.

[70] 傅伯杰，陈利项，马克明.黄土丘陵区小流域土地利用变化对生态环境的影响——以延安市羊圈沟流域为例 [J]. 地理学报，1999，54（3）：241-246.

[71] 陈松林. 基于 GIS 的土壤侵蚀与土地利用关系研究［J］. 福建师范大学学报：自然科学版，2000，16（4）：106-109.

[72] 朱连奇，许叔明，陈沛云. 山区土地利用覆被变化对土壤侵蚀的影响[J]. 地理研究，2003，22（4）：432-438.

[73] Houghton R A. The worldwide extent of land- use change [J]. Bioscience，1994，44（5）：305-513.

[74] Matson P.A.，Parton W.J.，Power A. G.et al. Agriculture intersification and ecosystem properties [J].Science，1997，277：504-509.

[75] Jenkins M. Prospects for biodiversity [J].Science，2000，289：248-250.

[76] Sliva L.，Williams D. Buffer zone versus whole catchments approaches to studying land use impact on river water quality [J]. Water Research，2001，35（4）：3462-3472.

[77] 周启星，王美娥，张倩茹，等.小城镇土地利用变化的生态效应分析[J].应用生态学报，2005，16（4）：651-654.

[78] 刘纪远，邵全琴，樊江文 . 三江源区草地生态系统综合评估指标体系[J]. 地理研究，2009，28（2）：273-283.

[79] 张银辉，罗毅，刘纪远，等 .内蒙古河套灌区土地利用变化及其景观生态效应 [J].资源科学，2005，27（2）：141-146.

[80] 陈莹，尹义星，陈爽. 典型流域土地利用/覆被变化预测及景观生态效应分析——以太湖上游西苕溪流域为例[J]. 长江流域资源与环境，2009，18（8）：765-769.

[81] 高永年，高俊峰，许妍. 太湖流域水生态功能区土地利用变化的景观生态风险效应[J]. 自然资源学报，2010，25（7）：1088-1096.

[82] 王娟，崔保山，刘杰，等. 云南澜沧江流域土地利用及其变化对景观生态风险的影响[J]. 环境科学学报，2008，28（2）：269-277.

[83] 熊兴，江源，任斐鹏，等. 东江下游河网区土地利用变化及其对水体的生态影响[J]. 自然资源学报，2010，25（8）：1320-1331.

[84] 王佳丽，黄贤金，陆汝成，等. 区域生态系统服务对土地利用变化的脆弱性评估——以江苏省环太湖地区碳储量为例[J]. 自然资源学报，2010，25（4）：556-563.

[85] 谢花林. 土地安全格局研究进展[J]. 生态学报，2008，28（12）：6305-6311.

第2章

区域土地利用变化生态效应研究的基础理论

2.1 景观生态学理论

景观生态学起源于20世纪60年代的欧洲，土地利用格局变化一直是其主要的研究内容。直到20世纪80年代初，景观生态学在北美才受到重视。景观生态学是一门横跨自然和社会科学的综合学科，其最突出的特点是强调空间异质性、生态学过程和尺度以及它们相互之间的关系。景观生态学的发展从一开始就与土地规划、管理和恢复等实际问题密切联系。自80年代以来，随着景观生态学概念、理论和方法的不断扩展和完善，其应用也越来越广泛。其中最突出的包括在保护生物学、景观规划、自然资源管理等方面的应用。传统的生态学思想强调生态系统的平衡性、稳定性、均质性、确定性以及可预测性。这一自然均衡模式在自然保护和资源管理的应用中长期以来占有重要地位。但是，生态系统并非处于“均衡”状态，时间和空间上的缀块性或异质性才是它们的普遍特征。不断增加的人为干扰使这些特征越为突出。因此，强调多尺度上空间格局和生态学过程相互作用，以及等级结构和功能的景观生态学观点，为解决实际环境和生态学问题提供了一个更合理、更有效的概念结构。景观生态学是借鉴生态学与地理学的概念、理论和方法综合研究地表景观的学科，是一门能够直接架起生态学理论研究与社会生产实践之间沟通桥梁的交叉学科。从景观生态环境的角度看，土地利用的结果实质上就是增加或减少了一些景观元素，导致了景观结构的变化，进而影响到景观生态功能的变化。

土地利用变化及其生态环境响应研究的指导思想、研究尺度、工作内容、技术手段等方面上都与景观生态学有着共同的基础，景观生态学的理论和技术在土地利用变化及其生态环境响应研究中也有着广泛与深入的应用。所以，景观生态学的基本理论也是土地利用变化及其生态环境响应研究的基本的、主要的理论基础，主要体现在评价方法、技术的理论方面。景观生态学的主要原理主要包括景观系统综合整体性和景观要素异质性、景观结构的镶嵌性、边缘效应原理、景观的自然性与文化性、景观演化的不可逆性与人类主导性、景观价值的多重性、景观生态安全格局理论和集中与分散原理等（傅伯杰，2000）。

2.1.1 景观系统综合整体性和景观要素异质性

景观生态系统由不同的生态系统以斑块镶嵌的形式构成，在自然等级系统中处于一般生态系统之上，与其他生态系统一样，景观生态系统具有特定的结构、功能，可以作为一个整体来进行研究和管理。在景观生态系统中，由于各组分间的有机结合，使得“整体大于部分之和”这个系统论的核心思想得以真正体现，同时，景观生态系统的复杂多样性和不同层次的稳定性也体现了这一系统思想。

景观是由景观要素（elements）有机联系组成的复杂系统，含有等级结构，具有独立的功能特性和明显的视觉特征。一个健康的景观系统具有功能上的整体性和连续性，从系统的整体性出发来研究景观的结构、功能和变化，将分析与综合、归纳与演绎互相补充，可深化研究内容，使结论更具逻辑性和精确性。

景观是由异质性要素组成，景观异质性一直是景观生态学的基本问题之一。因为异质性同干扰能力、恢复能力、系统稳定性和生物多样性有密切的关系，景观异质性程度高有利于物种共生，异质性增加，即输入负熵，有利于景观生态系统的稳定。景观格局是景观异质性的具体表现，通过对外界输入能量的调控，可以改变景观的格局使之更适宜于人类的生存。

2.1.2 景观结构的镶嵌性

自然界普遍存在着镶嵌性，即一个系统的组分在空间结构上互相拼接而构成整体。景观和区域的空间异质性有两种表现形式，即梯度与镶嵌。土地镶嵌性是景观和区域生态学的基本特征。Forman 提出的斑块—廊道—基质模型即是对此的一种表述。即景观由斑块（patch）、廊道（corridor）、基质（matrix）三种类型组成。斑块的大小、形状不同，有规则和不规则之分；廊道曲直、宽窄不同，连接度也有高有低；而基质更为多样，从连续状到孔隙状，从聚集态到分散态，构成了镶嵌变化、丰富多彩的景观格局。对景观镶嵌性的测定，可以从多样性、边缘、中心斑块和斑块总体格局等方面进行，包括多样度、优势度、均匀度、破碎度、分维数等多种指标。由于景观结构的镶嵌性，其中若干空间要素（廊道、障碍和高异质性区域）的组合，决定了物种、能量、物质和干扰在景观中的流动或运动，表现为景观的抗性作用。

2.1.3 边缘效应原理

边缘效应指斑块与基质等边缘部分有不同于内部的物种及物种丰富度，边缘带越宽越有利于保护其内部的生态系统。对于边缘效应的进一步论述可由内缘比得出：

$$K=N/B \tag{2-1}$$

式中：N——边缘带包围的内部区面积；

B——边缘带面积；

K——内缘比。

内缘比低，有利于斑块与基质环境的生态系统，内缘斑块容易融入基质中；内缘比高，则有利于保存斑块中的资源，对外界的干扰有较大阻抗性。景观的边缘效应对生态流有重要影响，景观要素的边缘部分可起到半透膜的作用，对通过它的生态流进行过滤。斑块和基质等边缘部分有不同于内部的物种及物种丰富度，边缘带越宽越有利于保护其内部的生态系统。而且从信息美学角度看，不同质的两种构景元素的边缘带，信息容量大，在构图上易于产生魅力。这正是景观规划设计中应当注意并可以巧妙利用的地方。

2.1.4 景观的自然性与文化性

景观不是一种单纯的自然系统，而是被人类注入了不同的文化色彩的综合体。按照人类活动对景观的影响程度可划分出自然景观、经营景观和人工景观。当今地球上不受人类影响的纯粹自然景观日渐减少，而以各类不同的人工自然景观或人工经营景观（统称经营景观）占据了陆地表面的主体。人工景观或称人类文明景观是一种自然界原先不存在的景观，如：城市、工矿和大型水利工程等，大量的人工建筑物成为景观的基质而完全改变了原有的景观外貌，人类成为景观中重要的生态组分。这类景观多以高效率的功能和通过景观的高强度能流、物流为特征，以规则化的空间布局为表现。人类对景观的感知、认识和判别直接作用于景观，同时也受景观的影响；文化习俗强烈地影响着人工景观和经营景观的空间格局；景观外貌可反映出不同民族、地区人民的文化价值观。景观的多样性更多地表现为景观的文化性。由于景观的这种特性，景观评价的研究更多地涉及了自然科学与人文科学的交叉。

2.1.5 景观演化的不可逆性与人类主导性

景观系统的宏观运动过程是不可逆的，它通过开放的系统，从环境引入负熵而向有序方向发展。景观系统演化遵循从混沌到有序再到混沌的循环发展形式。景观演化的动力机制有自然干扰与人为活动影响两个方面。由于当今世界上人类活动影响的普遍性和深刻性，对于作为人类生存环境的各类景观而言，人类活动无疑对景观的演化起着主导作用，通过对变化方向和速率的调控可实现景观的定向演变和可持续发展。

在人类活动对生物圈的持续性作用中，景观破碎化与土地形态的改变是其重要表现。景观破碎化包括斑块数目、形状和内部生境的破碎化三个方面，它不仅常常会导致生物多样性的降低，而且将影响到景观的稳定性。“通常把人为活动对自然景观的影响称为干扰（disturbance）；对于管理景观的影响由于其定向性和深刻性则称为改造（reform）；对人工景观的影响更具决定性的，可称为构建（build）”（肖笃宁，1991）。在人与自然界的关系上有着建设和破坏两个侧面，共生互利才是积极的发展方向。应用人与自然共生原理进行景观生态建设，是景观演化中人类主导性的积极体现。

2.1.6 景观价值的多重性

景观兼具经济、生态和美学价值，这种多重性价值判断是景观评价、规划和管理的基础。景观的经济价值主要体现在生物生产力和土地资源开发等方面，景观的生态价值体现在生物多样性与环境功能等方面，而景观美学价值却是一个范围广泛、内涵丰富，比较难以评定的问题。随着时代的发展，人们的审美观也在随之变化：比如本来人工景观的创造是工业社会强大生产力的体现，然而在久居高楼如林、车声嘈杂的城市之后，人们又企盼着亲近自然、返回自然，返璞归真又成为了新的时尚追求。

2.1.7 景观生态安全格局理论

McHarg 在其《自然设计》（Design With Nature）一书中，系统地提出了尊重自然过程进行景观改变的设计思想，并在世界范围内广泛应用。各种景观类型在景观中代表着不同的生态过程和功能，针对一个景观来讲，维护生态过程和改善生态功能，首先要求分析景观的过程和机制，甄别各种景观单元在整体生态功能中的作用和地位，另外在景观改变中对于维持生态过程特别重要的景观单元予以保护或加强，这是因为，土地是非常有限的，在景观改变中，如要维护特定景观所具有的过程和功能，不可能也没有必要使用大量的土地维护、加强或控制某种过程。如何用尽可能少的土地来最有效地维护、加强或控制景观特定的过程，成为在景观改变中一个关键性的问题（俞孔坚，2001）。景观安全格局的理论和方法的提出，为上述问题解决提供了方法和理论支持。

景观安全格局理论系由俞孔坚博士在其博士论文（Security Patterns in Landscape Planning with a Case Study in South China）中提出的。景观安全格局理论认为，不论景观是均相还是异相，景观中的各组分生态过程的并不是同等重要，其中一些战略性的组分及其相互之间的空间联系构成安全格局，对景观过程和功能有着至关重要的作用和影响。在一个景观中，一些景观安全格局组分可以凭经验直接判断，如一个盆地的水口、廊道的断裂处或瓶颈、河流交汇处的分水岭，而一些并不能凭经验判断，但可从以下三个方面进行考虑：①是否有利于对全局和局部的景观控制；②是否有利于孤立景观元素之间建立空间联系；③一旦改变，是否对全局或局部景观在物质和能量的效率和经济性，以及景观资源保护和利用产生重大影响。

从实质上来看，景观安全理论强调通过控制景观或区域中关键点和局部或空间关系，在不同层次上维护、加强或控制景观中某种过程（俞孔坚，1998）。按照在景观中维护、加强或控制的过程或目标，景观安全格局可分为生态安全格局、视觉安全格局和文化安全格局等。而根据景观或区域的主导景观过程分析，可以进行景观安全格局的分析和设计。判别景观安全格局有赖于安全指标的确定（俞孔坚，2001），如生态保护过程中的最小面积、最低安全标准、最小阻力曲线的门槛值等。

2.1.8 集中与分散原理（aggregate-with-autliers）

集中与分散原理是进行景观空间格局评价的主要依据之一。该原理认为土地利用在景观和区域上的生态最佳配置应该是：土地利用集中布局，一些小的自然斑块与廊道散布于整个景观中，同时人类活动在空间上沿大斑块的边界散布（Forman，1995）。土地利用集中布局，使得景观整体呈粗粒结构，可保持景观总体结构的多样性和稳定性，有利于作业专业化和区域化，并可抵御自然干扰和保护内部物种。小斑块和廊道可提高立地多样性，有利于基因与物种多样性的保护，并可为严重干扰提供风险扩散。大斑块之间的边界区，是粗粒景观中的细粒区，这些细粒的廊道和结点对多生境物种（包括人类）来说是非常有用的。因此，景观上的这种大集中与小分散相结合的模型具有多种生态优点和人类便利，是景观空间格局评价的理论标准。

2.2 可持续发展理论

20 世纪 80 年代初期，由联合国授权成立的世界环境与发展委员会提出了可持续发展的理论，1992 年联合国召开的环发大会以此为方针制定了关于可持续发展的《21 世纪议程》。该议程得到了世界各国的普遍认同和共鸣，成为制定国家宏观经济发展战略的一种选择。我国于1994年制定了《中国21世纪议程》。

可持续发展的概念来源于生态学，最初应用于林业和渔业，主要是指一种对于资源的管理战略，如何仅将全部资源中的合理部分加以收获，使得资源不受破坏，而新增长的资源数量足以弥补所收获的数量。经济学家由此提出了可持续产量的概念，标志着对可持续性进行分析的开始。随后，这一理念被广泛地应用到农业、开发和生物圈，而且不限于考虑一种资源的情况。目前人们最关注的是人类活动对多种资源的管理实践之间的相互作用和积累效应。由于可持续发展的概念最初从生态学范畴延伸而来的，随着在经济学和社会学的广泛应用，其内涵有了较大的扩展。

从生态属性来看，可持续发展旨在说明自然资源及其开发利用程度间的生态平衡，以满足社会经济发展所带来的对生态环境资源的不断增长，寻求一种最佳的生态系统以支持生态的完整性和人类愿望的实现，使人类的生存环境得以持续；从社会属性来看，可持续发展应该是建立在社会公平上的一种发展模式，1987年世界环境与发展委员会认为，可持续发展是一种既满足当代人需求又不危及后代人满足其需求的发展，1992年进一步阐述为可持续发展必须让人类享有以自然和谐的方式过健康而富有成果的生活权利，并公平地满足今世后代在发展和环境方面的需要。从社会公平而言，普郎克和哈克（1992）认为，可持续发展是为全世界而不是少数人的特权而提供公平机会的经济增长，不进一步消耗世界自然资源的绝对量和涵容能力；从社会文化而言，必须保持社会和文化体系的多样性，减少它们之间毁灭性的碰撞；从经济属性上来讲，要用最小量的资本获取最大量的收益，但要走可持续发展之路，必须完全摒弃以损害环境和过度消耗资源换取经济的快速增长，可持续发展必须建立在成本效益和审慎的经济分析基础上的发展和环境政策，加强环境保护，从而导致福利增加和可持续水平增加（世界银行，1992）。

可持续发展与传统的发展有着明显的不同，主要体现在如下五个方面：①在生产上，要把生产成本同其所造成的环境后果同时考虑；②在经济上，把眼前利益同长远利益结合起来综合考虑，在计算经济成本时，要把环境损害作为成本计算在内；③在哲学上，在“人定胜天”与“人是自然的奴隶”之间，选择人与自然和谐共存的哲学思想，类似于中国古代的“天人合一”；④在社会学上，认为环境意识是一个高层次的文明，要通过公约、法规、文化、道德等多种途径，保护人类赖以生存的自然基础；⑤在生产目标上，不是单纯以生产的高速增长为目标，而是谋求供求平衡下的可持续发展（王宏广，1995）。

因此，从总体上来讲，可持续发展从环境和自然资源角度提出了关于人类长期发展的战略和模式，不是在一般意义上所指出的一个发展进程在时间上连续运行，不被中断，而是特别指出环境和自然资源的长期承载能力对发展进程的重要性以及发展对改善生活质量的重要性。可持续发展概念从理论上结束了长期以来把发展经济同保护环境与资源相互对立起来的错误发展思路，并明确指出了经济发展与资源和环境保护是相互联系和互为因果的。

可持续发展将环境保护提到了一个前所未有的重要位置，其思想将影响到环境保护的各个方面，其宏观战略势必导致逐渐形成可持续发展战略下的新的环境保护体系。环境影响评价是环境保护体系的一个组成部分，在此背景下，亦存在着重新审视自身体系和确立可持续发展战略下的新的环境影响评价体系的必要性和必然性。这种新的环境影响评价体系的确立将伴随着可持续发展战略下的新的环境影响评价理念的树立。

可持续发展提供了一种新的宏观经济发展模式，其核心思想为追求人与自然的和谐，强调经济与环境的协调发展。其含义大致为：发展是第一位的，对于发展中国家，发展权尤为重要；环境保护和经济发展相协调，是经济发展的一个重要组成部分；代际之间机会均等；改变传统的生产方式和消费方式；树立人与自然和谐的观念。

可持续土地利用的思想是 1990 年 2 月在新德里由印度农业研究会（ICAR）、美国农业部（USDA）和美国 Rodale 研究中心共同组织的首次国际可持续土地利用系统研讨会（International Workshop on Sustainable Land Use System）上正式确认的。该会议主要评价了世界不同地区的可持续土地利用系统的现状和问题，建议建立全球可持续土地利用系统研究网。之后，于 1991 年 9 月在泰国德迈举行了“发展中国家可持续土地管理评价”研讨会，1993 年 6 月在加拿大 Lethbridge 大学举行了“21 世纪持续土地管理”的国际学术讨论会。这两次会议的主要结果是提出了可持续土地利用管理（management）的明确概念、五大基本原则和评价纲要。其五大基本原则如下：①保持和加强生产 / 服务（生产性），即保证土地资源的合理利用和加强生产服务而提高其生产潜力。②减少生产风险程度（稳定性），改善土地生产的生态条件进而保证生产的稳定性。③保护土地资源的潜力和防止土壤与水质的退化（保护性），即不能因生产或高产而破坏水土资源。所以也有把持续发展定义为：满足现在的需要，而又不损害后代的满足其自身需要的能力。④具有经济活力（可行性），即生产与经济要双向持续发展，绝不能“高产”出“穷村”。⑤社会可以承受（可承受性），如要持续，则必须考虑社会的可承受性，发展中国家目前首要考虑的是解决人民的温饱，在解决温饱的过程中逐步加强其生态环境的保护措施，最后达到生产与生态的高度结合。上述五个原则同等重要，被称为可持续土地利用的五大支柱。持续土地利用的重要任务是保持和加强生产及其有关服务，但是要使生产具有一定的稳定性，而且在高产与稳产的同时要注意保护土地与水资源，不能因为高产与稳产而造成土地资源退化、水资源枯竭、污染或富营养化。同时，不能因高产而出现“穷村”，必须保证生产者的生产与经济同时按比例的增长，而且在持续土地利用的模式方面必须考虑社会的可承受性。如发展中国家目前首先要考虑的是解决人民的温饱，其次在这过程中逐步考虑其生态环境的改善与保护，最后达到生产与生态的高度结合。因此，持续土地利用对于不同发达水平的区域有其相应的具体含义，没有一个统一的模式。

根据上面的阐述，可持续土地利用包括自然系统和经济系统的持续发展，具体可表达为通过技术与行政手段使一个区域的土地利用类型的结构、比例、空间分布与本区域的自然特征和经济发展相适应，使土地资源充分发挥其生产与环境功能，既满足人类经济生活与环境要求，又不断改善资源本身的质量特性，所以，可持续土地利用是一个由行政管理与科学技术相结合的区域综合生态系统工程（刘黎明，2004）。

因此，区域土地利用变化的生态效应研究是实现土地可持续利用的重要手段，它从环境角度衡量土地利用变化后资源的可持续性，并提出符合可持续发展要求的减缓、补救措施或替代方案，为最终实施土地利用规划提供环境依据并提高土地利用规划的社会可接受性。因此，可持续发展理论是区域土地利用变化生态效应评价的最重要的理论基础。

2.3 生态经济学理论

生态经济学是20世纪50年代产生的由生态学和经济学相互交叉的而形成的一门边缘学科，它是从经济学角度，研究生态经济复合系统的结构、功能及其演替规律的一门学科，为研究生态环境和土地利用经济问题提供了有力的工具。其理论基础除经济学和生态学原有的理论基础之外，还涵盖了当前自然和社会领域中独立存在的一些学科（地理学、社会学）和一些交叉学科（环境经济学）的理论。根据内容的差异，可将生态经济学的基本理论归纳为以下几个部分。

2.3.1 生态适宜理论

生态经济系统有着明显的地域性。不同的地域，从自然资源的形成条件到各种资源的数量、质量、性质及其组合都有很大差别，在空间上构成不同类型的资源地域组合。这就要求在资源开发利用前，必须通过全面系统的调查研究，查明资源地域分异的规律，并在进行适宜性评价的基础上分门别类，因地制宜地制定生态经济的规划和实施这些规划的政策，使生态建设和经济建设同步实施，在良性循环中协调发展。

2.3.2 食物链理论

食物链理论又称循环转化论。物质循环和能量转化是生物有机体内部的两种有规律的运动形式，前者指物质的循环运动规律，即生产者吸收无机物质通过光合作用组成有机物质，有机物质经过消费者利用，最终再经过还原分解成可被生产者吸收的无机物重返环境，进行物质再循环。后者指能量的转化运动规律，能量在生态系统中流动，是沿食物链营养级向金字塔顶部单方向流动转化，每流向一个营养级，能量只有 1 110 左右转化为新有机体的能量，而大部以热的形式损耗，从而熵值增加。能量在生态系统各成分之间消耗、转移和分配，一切物质的合成与分解，所有生物的生长与繁殖，都伴随着能量的转化和物质循环。因此，按照循环转化理论，对生产中的废弃有机物质充分开发利用，多层次循环利用，可以获得经济增值。

2.3.3 系统闭值理论

生态系统本身具有一种内部的自我调节能力，即负反馈效能，依靠这种效能，系统才能保持稳定和平衡。但是，这种自我调节能力不是无限度的，每一种生态系统都由于结构不同，而具有某种数量限度，这个数量限度称为临界值，或称闭值或容受力。当生态系统中的某个组成部分由于外界的干扰，包括人类不适当的干预，而使系统受到的伤害超过这个临界值，生态系统的自我调节功能就不能再起作用，从而引起系统功能的退化和结构的破坏，最终导致生态系统的溃乱和经济系统的衰落。生态经济临界值包括资源承载力和环境容量两方面。

2.3.4 生态平衡理论

生态环境质量的优劣，是以生态是否平衡作为主要标准的。生态平衡就是一个地区的生物与环境在长期适应的过程中，生物与生物、生物与环境成分之间建立了相对稳定的结构，整个系统处于能够发挥其最佳功能的状态。主要表现在：生态系统的物质输入与输出维持平衡，生物与生物、生物与环境之间在结构上保持相对稳定的比例关系；生态系统食物链的能量转化、物质循环保持正常运行。即生态系统的物质收支平衡、结构平衡和功能平衡。

随着人类社会的发展，产生的各种环境问题已经严重影响了生态环境系统各部分的结构和功能，生态系统的平衡和稳定也受到了威胁，不但给人类自身带来了损害，也给社会经济系统带来了损害，甚至在部分国家和地区，生态环境恶化已经深刻影响到了社会经济的持续发展。在土地资源的开发利用过程当中，要充分认识到各种土地利用行为可能对环境所造成的影响，坚持从土地资源的适宜性出发，结合区域环境质量现状和潜在的环境问题，确定科学合理的土地利用目标，在保障社会经济持续发展的同时，加强环境问题的治理，有效改善环境质量，实现社会、经济和环境效益最大化，确保人口、资源、环境和发展的和谐统一（王智平，1999；毕宝德，2001；陈之荣，1997）。上述理论在社会经济发展提供重要理论指导的同时，也为土地利用规划环境影响评价提供了重要理论基础。

土地利用本身就是由土地自然生态系统与土地生态经济系统组合而成的复杂系统，内部要素之间相互联系、相互制约，其中任何一种因素的变化都会引起其他因素的相应变化，影响系统的整体功能。生态经济学理论认为，当前的资源环境问题，如土地沙化、水土流失、土壤污染、自然灾害频繁等，是由于不合理的土地利用，使生态环境遭到破坏所致。因此，人类利用土地资源时，必须要有一个整体观念、全局观念和系统观念，考虑到土地生态经济系统的内部和外部的各种相互关系，不能只考虑对土地的利用，而忽视土地的开发、整治和利用对系统内其他要素和周围生态环境的不利影响。

对此，应在结构管理方面，按土地生态系统的功能来建立土地生态系统的最佳结构，确定土地利用最佳结构，同时注重土地利用方式的生态适宜性；在土地资源开发、利用方面，不能超过资源的可更新能力与生态系统阈值，以保持区域生态系统的稳定性。同时，要以生态平衡理论为指导，在能量和资源的利用上，要做到有取有补，开发与保护并重，维持生态平衡；在效益追求方面，生态效益与经济效益并重，不能单纯追求经济的增长和利润，而忽视了经济效益。

土地是重要的基础性资源，土地开发利用既不是纯粹的经济过程，也不是纯粹的生态过程，而应该是经济过程和生态过程的有机统一，其实质是生态经济、社会的协调发展（周毅，1998）。生态经济协调发展理论是依据社会发展的基本原理，对客观存在的问题进行科学分析，对经济社会因素和整个自然因素相互作用的发展历程进行客观分析（刘树臣，1996）。所以说生态经济协调理论在资源、环境的开发利用中具有重要的指导作用。

2.3.5 生态经济系统的演化机制理论

（1）生态经济系统的进化反馈机制。该机制是指系统具有自组织、自加速生长的能力。用系统结构与功能的关系来说，生态经济系统某种结构的形成，能够促使系统功能的强化，而功能的强化又回过头来促进结构的拓展，如此反馈循环的过程。与进化反馈相反的情形，我们可以称它为退化反馈。退化反馈使生态经济系统的结构朝相反方向发展，偏离人们的目标，像黄土高原生态经济存在的恶性循环，形成越垦越穷、越穷越垦的势态，便是退化反馈的集中体现。但是，退化反馈可以使生态经济系统的生长受到某种“极限”的限定，不可能无限制生长。进化反馈与退化反馈机制是生态经济系统长期演化的重要机制，在生态经济系统演化生长期，多以进化反馈占主导地位，以后进化反馈逐渐衰退并遇到退化反馈，两者交替作用的结果就是所谓的“顶极”（廖明辉，1990）。

（2）熵作用原理。根据耗散结构理论，系统熵的变化 dS 是由两部分组成：

$$dS=dS_e+dS_i$$

dS_e 是系统通过与外界物能交换而引起的熵流；dS_i 是系统内部不可逆过程产生的熵增加，由于 $dS_i \geqslant 0$，对于孤立系统，有 $dS_e=0$，故 $dS \geqslant 0$，系统将发生不可逆熵增加，直至达到最大熵道即系统的热力学平衡状态，此时系统处于高熵无序状态。而对于生态经济这样的开放系统而言，系统熵变 dS 可以小于零，因为系统在与外界质能交换的同时引入负熵流，正是这种负熵流的引入抵消系统内热力学过程的熵增从而形成整个系统的低熵有序状态。生态经济系统靠的就是外界物质、能量的输入将系统推离远离平衡区域，在非线性作用下，形成有序的结构并具有相对稳定性（廖明辉，1990）。

（3）结构稳定性原理。生态经济系统的结构稳定性是指系统在一段时期里保持内部结构的基本不变或结构稳定扩张的特性。它赋予系统抗御外来冲击和内部混乱的能力。生态经济系统结构的形成是由于进化反馈的作用，系统获得了一种自组织的机制，在生物与生物之间、生物与环境、人与环境之间发生功能、结构的相互耦合。反馈形成网络，结构造成适宜结构生存、扩张的内环境，系统便因而具有整体的抗逆性、稳定性、扩张性。结构稳定性原理告诉我们，要在短时期内人为主观地去改变某种结构往往是得不偿失，因为结构的改变实际上意味着系统整体性质的改变，是一个长期的过程。同时结构稳定性原理还告诉我们，生态经济系统除具有一系列内部特征外，还具有向外扩张的特性（廖明辉，1990）。

（4）生态经济系统涨落作用机制。涨落机制说明的是生态经济系统的微观行为何以导致宏观结构的变化，宏观结构又怎样影响微观行为的过程。生态经济系统的结构虽然在一定时期是稳定的，但并不是系统微观行为都符合这种结构，促进结构的生长和扩张。相反，微观行为存在着大量的与主体结构差异。比如，某地农村产业结构变革时期，由于政策、方针的改变，农民可以自由地从事农、工、商、连、运、服等各产业，农户或家庭最终就业行业则受其自身的生产技术经验和手艺、外界提供的社会服务条件、市场价格、地区传统、择业风险诸多因素的影响，微观行为可能各不相同，因而“就业”具有涨落和随机性。这种偏离系统总体均值的涨落对于生态经济系统中的进化是有着极为重大意义的。某些局部地域的、微观的、个体的涨落（区涨落）甚至可以导致整个生态经济系统宏观结构的改观。即微观涨落被引发、被放大，这种情形产生于新结构取代旧结构的变革时期，像“多米诺骨牌”倒塌一样。涨落放大成为宏观特征的过程是：最初的微观涨⟶初始结构⟶结构生长⟶稳定态（或“顶极”）。此过程中的临界和通信是生态经济管理中的重要概念。涨落达不到一定临界就会衰退下去，而系统的内外开放程度，通信效率越高，临界点也就越易达到，涨落被放大的可能性就大。生态经济系统微观涨落放大成为宏观特征必须具备以下条件：①客观上存在着涨落；微观个体行为的自主性、多样性。②形成有高的通信效率。③涨落能达到临界。④正反馈形成网络。涨落机制可以很好地说明开放改革的重大决策，同时也给管理提供了有效的途径，如发展交通、能源、教育事业（廖明辉，1990）。

（5）环境容量的有限性。在涨落放大的过程中，新结构的诞生往往伴随着系统内环境的改善，亦即“小生境”的出现。生物群落的演替，优势种群的出现，必然改变生物生存的小环境，适宜的环境促进生物的生长，通过结构与环境的进化反馈便完成生物群落由“小生境”到“大气候”的演变。然而，在涨落放大的同时，会出现负反馈的机制。在新的结构不断生长过程中，逐渐会遇到其他结构的竞争、旧结构本身的发展远景和系统环境的种种限制。从人类生态学而言，种群增长亦呈现出该特征。人类智慧、生产力、科学技术上的不断进步使人类成为生物圈中增长速度最快的种群，毫无节制地追求物质财富、盲目乐观地征服大自然极大地限制了其他生物，特别是动物的增长。资源枯竭，环境恶化，能源短缺，生存空间拥挤的困境，环境容量有限性的作用终于爆发出来，成为人类生存发展的一大障碍（廖明辉，1990）。

2.4 人地关系协调理论

2.4.1 人地相互作用机制

人类社会的发展，是人类与自然（环境）相互作用、互相转化的结果。单纯的自然规律和社会规律都不能体现出人地关系的本质和规律性，只有从对自然规律和社会规律整合机制的探讨中，才有可能透彻地把握人地关系的本质属性。

从人对地的作用看，它体现在人类通过各种经济、社会活动对自然资源、环境系统施加影响，这种影响可以分为三个层次（龚胜生，2000）：直接利用、改造利用和适应。直接利用指人类消费环境生产提供的可再生性生活资源并在生活资源消费过程中返还环境消费废弃物；改造利用指人类对环境生产提供的非再生性生产资源的间接利用，它在人的生产和环境生产之间插入了一个中间环节——物质生产，通过物质生产将环境生产提供的生产资源转变成生活资料以供消费，将无法利用的加工废弃物返回环境；适应指人类对不能直接利用和改造利用的环境要素和自然规律自觉或不自觉的顺从与适应，如适应不同自然条件形成不同的生产方式，适应季节变化发展季节农业等。

从地对人的作用看，它体现在自然资源、环境系统对人类本身及其经济、社会活动的影响，可以分为两个层次：固有影响和反馈作用（龚胜生，2000）。固有影响指自然（环境）系统固有的，不以人的意志为转移的影响，如地震、火山喷发等；反馈作用指自然（环境）系统对施加于其上的人类行为进行的反馈，地对人的反馈作用往往具有消极性和滞后性。

人类社会的发展，正是这种双向生成、关联互动、循环扩展的统一，它构成了人地相互作用的内部机制。一方面，人的本质力量不断聚集并体现在作为活动对象的客体环境上，从而形成兼具人类特征的新的自然过程，使自然规律包含了社会规律的作用成分；另一方面，人类是自然界的一部分，是自然环境发展的产物，自然规律在人类社会的发展中始终起着基础作用。

2.4.2 人地相互协调的原理

人地系统的复杂性和多反馈性，决定了人地相互协调的复杂性和多路径选择性，其中，有四个原理是我们协调人地关系时必须遵循的：

（1）能动调控原理。在人地关系相互作用的过程中，人具有主观能动性，可以按照客观规律调整自身与自然（土地）之间的关系，从而达到同步协调、和谐相处的目标。

（2）约束优化原理。人地关系的优化是有条件的。不同时期，不同地域的人地关系存在差异性。同时，人类要规范、控制和约束自身的行为才能达到优化的目的。

（3）主量支配原理。人地系统尽管复杂，涉及因素很多，但在临界点附近起关键作用的变量不多，可通过消除一些次要变量，由主变量支配整个系统。

（4）关联性原理。人地系统的非线性反馈作用，导致人类与自然（土地）相互依存，相互关联，这是人地关系可调控的基础。

2.4.3 人地关系协调发展的主要内容

（1）人地关系协调目标的综合性。人地关系协调目标是由多元指标构成的综合性战略目标，有别于传统发展模式中追求单一经济增长速度的弊端，强调社会经济发展的同时，要把改善生态条件、合理利用自然资源、提高环境质量以及由此涉及的生态、社会指标都纳入社会经济发展的指标体系中。

（2）经济增长与生态环境建设同步发展的模式。经济发展是主导，只有经济的发展，才能提高人类保护环境的能力；但经济发展的同时，必须重视生态环境建设，以生态系统的总体制约力为限度。

（3）区域自然资源的合理开发和充分利用。资源是经济发展的物质基础，人类对资源的利用，应在利用与保护、消费与增值的统一中进行。在经济发展中考虑不同性质自然资源的特殊性，采取有利于维护自然资源总体使用价值的开发、利用方式，并创造有益于自然资源再生产的条件，合理利用可更新资源，科学利用不可更新资源，因地制宜，取长补短，使自然资源充分和永续利用。

（4）整治生态环境，使生态系统实现良性循环。人类在社会经济活动中所需要的物质和能量，都直接或间接地来源于生态环境系统，人类对生态环境的干预和影响，不能超越生态环境系统自我调节机制所允许的限度。同时，采取措施，整治生态环境，引导生态系统实现良性循环。

2.5 自然资源价值理论

自然资源是人类赖以生息繁衍的物质基础。人类文明发展史实质也是一部认识自然资源、利用自然资源、改造自然资源的历史。然而人类在对自然资源进行利用和改造的过程中，往往只注重对自然资源的掠夺性索取，而忽略了自然资源中各自然要素的生态作用及其内在价值。不合理地利用和开发已对地球生态环境造成了一定的危害（吴新民，2003）。

2.5.1 自然资源价值的形成

2.5.1.1 自然资源价值论的理论依据

自然资源价值论的依据是马克思的劳动价值论。马克思的劳动价值论认为，商品的价值表示人和人之间的社会经济关系“是凝结在商品中的一般人类劳动”。商品价值的实质是社会必要劳动时间。社会必要劳动时间是“在现有的社会正常生产条件下，在社会平均的劳动熟练程度和劳动强度下，创造某种使用价值所需要的劳动时间决定的”。即再生产某种使用价值需要的社会必要劳动时间决定的。随着人们对自然资源认识的积累越来越多，自然资源变得越来越有用，自然资源价值表现为人类劳动积累程度。随着人类社会人口数量的增加和生产力水平的提高，人们利用自然资源的能力和数量都在不断增加，自然资源变得越来越稀缺，自然环境负荷越来越大，完全依靠自然再生是不可能的，环境供需矛盾越来越紧张。为了保持平衡，人类必须在自然资源的再生产过程中投入劳动，于是现存有用的稀缺自然资源又有了可比价值，其数值大小等于人们在自然资源再生产过程中投入的社会必要劳动时间（吴新民，2003）。

2.5.1.2 自然资源的价值形成

价值有使用价值和交换价值两种形式。自然资源的使用价值是由于人类几千年劳动认识史的积累形成的。人类通过不断认识掌握自然规律，积累利用自然的经验，创造了自然资源的使用价值。地球各圈层中一切自然资源都以其被人类认识和掌握的程度来表现其使用价值。人类对阳光的认识是通过取暖、光合作用到驱动全球循环的基本能量这一过程逐步提高而提高的，阳光的使用价值也随认识的提高而提高。黄山风景区的旅游价值是几千年人类美学修养淀积形成的。矿藏之所以有价值在于人类掌握了它的提炼技术和加工使用技术，如果没有人类技术积累，矿藏始终是一个自然物。人类劳动历史的淀积，形成了自然资源的使用价值。任何自然资源都有其使用价值。自然资源的交换价值反映了自然资源的商品特性，是人类社会生产力发展到一定水平的产物。在人类社会初期，社会生产力很低，谈不上社会分工，生产资料、产品和自然资源属于社会共有，不具备商品生产产生和存在的条件。因此自然资源（包括生产、生活等所需的自然资源）不可能成为商品。具有使用价值但不具有交换价值。正是这个原因，20 世纪 50 年代以前，很少有人考虑资源的交换价值。随着社会的进步，人类逐渐认识到自然资源的交换价值，或者说商品价值。人类根据地域差异，充分利用地域优势资源开发所得的资金来弥补其劣势资源，改善区域居住环境和生活质量。利用地域自然资源的差异形成不同的区域自然经济，如高效农业经济区、牧业经济区、林业经济区、生态经济区、旅游经济区、矿业经济区等。各经济区为了保持社会和经济的稳定持续发展，使经济发展和自然资源的再生产保持平衡，必须在自然资源的生产过程中投入额外劳动，这些额外劳动加上人类对该资源历史认识的淀积就构成了该自然资源的交换价值，其货币化表现为价格（吴新民，2003）。

2.5.2 自然资源的价值体现

2.5.2.1 自然资源具有天然价值

自然资源的天然价值是自然资源本身所具有的，未经人类劳动参与的价值。其所以未经劳动而有价值，原因在于它具有使用价值而且稀缺。作为主要的生产要素之一的自然资源，其使用价值是不言而喻的，例如未经人类勘测、开发、改造、利用、整治、保护过的自然资源，或已经被人类勘测、开发、改造、利用、整治、保护过的自然资源的原始部分，虽然都未曾凝结人类的活劳动或者物化劳动，也是具有价值的。这种价值主要取决于自然资源的富饶度和质量及其自然地理分布。

2.5.2.2 自然资源具有附加的人工价值

现在我们生活周围的能够称为自然资源的要素或多或少都有人类劳动的烙印，不论是从动植物的分布还是这些生物所栖息的生境都有所改变，更有甚者改变了这些动植物本身。由于人类所知并不是历史的完全写照，那么我们今天就无法判断哪些资源是原始的，哪些会蕴涵着人类劳动；还有如今我们勘测到的矿产资源，从表征上看，似乎没有什么人类劳动，可是人类为了发现它，不知道花费了多少直接和间接的物力、财力和人力；原始森林对于我们来说是一种非常宝贵的资源，在科学研究、环境保护、生态平衡、自然界物质能量流动循环等方面都有十分重要的意义，但是从其表征上看，其好像没有附加什么人类劳动，而我们仔细分析，人类为了保护原始森林，他们的世世代代都付出了大量的劳动。自然资源所附加的上述劳动，就是自然资源的劳动价值，即马克思经济学中的价值，附加的人类劳动越多，价值就越大。

2.5.2.3 自然资源具有稀缺价值

物以稀为贵。资源越稀缺，其价值就越高。正是自然资源的稀缺性，构成了自然资源的天然价值和劳动价值相联系但又相对独立的另一类价值，即稀缺价值。其联系主要表现在自然资源的稀缺性是以其必须有使用价值为前提的，而稀缺又构成了自然资源具有价值的必要要素；稀缺价值的独立性主要表现为在市场流通过程中，它往往脱离开了使用价值和劳动价值，由当时的供求关系来决定。

2.5.3 自然资源的价值评价方法

2.5.3.1 能量（值）评价法

该方法认为自然资源价值是指生态环境中自然资源的物质和能量的总储备。20 世纪中叶，研究者就开始尝试用能量来评价自然资源价值。Odum 等（1996）用能量方法对农业生态系统和沼泽进行了评价。由于不同有效能之间的不可加和性，Odum 在 1983 年提出了能值的概念，解决了这一问题，显示其在生态经济领域的巨大作用。其优势在于：①自然资源、商品、劳务等都可以用能值衡量其真实价值，能值方法使不同类别的能量可以转换为统一客观标准；②能值分析方法把生态系统和人类社会经济系统统一起来，有助于调整生态环境与经济发展的关系，为人类认识世界提供了一个重要的度量标准。自然资源价值的能值评价法是指用太阳能值计量生态系统为人类提供的服务或产品，也就是用生态系统的产品或服务在形成过程中直接或间接消耗的太阳能焦耳能量表示（Brown，1999）。Brown 和 Ulgiat（1999）用能值方法分析全球生态系统，表明地球每年财富的 2/3 来自燃料的使用能值，1/3 来自自然可更新能源的能值。

2.5.3.2 物质量评价法

赵景柱等（2000）从物质量的角度对自然资源价值进行了评价分析，认为如果自然资源提供服务的物质量不随时间的推移而减少，那么通常认为该自然资源是处于比较理想的状态，设 t 为时间，Δt 为时间增量，自然资源在 t 时刻提供的 n 种服务分别为 $Q_1(t)$，Q_2

(t)，…，$Q_n(n)$，$Q(t)=[(Q_1(t), Q_2(t), \cdots, Q_n(n)]$为自然资源在 t 时刻提供的服务向量，则上述文字叙述可表达为：如果 $Q(t+\Delta t) \geqslant Q(t)$（$\Delta t \geqslant 0$），那么认为该自然生态系统是处于比较理想的状态。其优势有两点：①运用物质的量评价方法对自然资源价值进行评价的结果比较客观、恒定，不会随生态系统提供的服务的稀缺性增加而大幅度增加；②运用物质量评价方法能够比较客观地评价不同的自然资源所提供的同一项服务能力的大小。

2.5.3.3 **价值量评价法**

该方法主要从货币价值量的角度对自然资源提供的服务进行定量评价。认为自然资源效益价值是指自然资源对环境的贡献能力，即生态环境中某类自然资源对天气、气候干扰、水分调节、水分供应、土壤形成、养分循环、生物生产、休闲文化等方面的效益通过一定的换算折合成币值，构成某类自然资源的环境效益价值。Edwards-Jones（2000）依据生态系统服务于自然资本的市场发育程度，将生态系统服务价值评估技术有 3 大类：①常规市场评估技术（conventional market approaches），它是直接市场价值计算生态系统产品和服务及其变化的经济价值，包括：生产率变动法或生产函数法、剂量-反应法、机会成本法、防护费用或防御性支出法、重置或恢复成本法（影子工程法）、替代成本法、有效成本法；②隐含/替代市场评估技术（implicit/surrogate market approaches），包括：旅行成本法（TCM）、享乐价格法（HPM）等；③假想（创建）市场评估技术（hypothetical/created market approaches），包括：条件价值评估法（Contingent Valuation Method，CVM）、选择实验法（Choice Experiments，CE）。

对于用常规市场评估技术和替代市场评估技术对自然资源价值进行评估，国内外有大量的文献报道，这些评估方法主要是对自然资源的利用价值进行评估。对于自然资源的非利用价值（存在价值和遗产价值），主要是运用 CVM 和 CE。而且到目前为止，CVM 和 CE 是能用于评估非利用价值的唯一方法。CVM 由 Davis 于 1963 年提出并首次应用于研究缅因州林地宿营、狩猎的娱乐价值。20 世纪 70 年代以来，CVM 逐渐地被用于评估自然资源的休憩娱乐、狩猎和美学效益的经济价值。CVM 可用于评估环境物品的利用价值和非利用价值，是近几十年来国外生态与环境经济学中最重要和应用最广泛的关于公共物品价值评估的方法（Loomis，1997）。

参考文献

[1] 刘黎明．土地资源学[M]．北京：中国农业大学出版社，2004．

[2] 傅伯杰，陈利顶，马克明，等．景观生态学原理及其应用[M]．北京：科学出版社，2000．

[3] 俞孔坚．景观：文化、生态与感知[M]．北京：科学出版社，1998．

[4] Forman，R. T. T. Some general principles of landscape ecology[J]. Landscape Ecology，1995，10（3）：133-142.

[5] 王智平．村落与农田及土地利用关系的生态学探讨[J]．生态学杂志，1999，18（1）：73-77．

[6] 毕宝德．土地经济学[M]．北京：中国人民大学出版社，2001．

[7] 陈之荣．最新的地球圈层——人类圈[J]．地理研究，1997，16（3）：95-100．

[8] 周毅．人的自然与自然的人——21 世纪人口与资源环境可持续发展[J]．地球科学，1998，19（3）：

325-334.

[9] 刘树臣，肖庆辉. 可持续发展——地质学家的作用与地位. //中国地质矿产信息院. 走向 21 世纪的地学与矿产资源[M]. 北京：地质出版社，1996.

[10] 廖明辉. 生态经济系统演化机制初探——兼论生态经济耗散结构性[J]. 生态经济，1990（2）：40-41.

[11] 吴新民，潘根兴. 自然资源价值的形成与评价方法浅议[J]. 经济地理，2003（3）：323-326.

[12] 丁勇，李秀萍，刘朋涛，等. 自然资源价值新论——Ⅰ自然资源有价论[J]. 内蒙古科技与经济，2005，10：194-195.

[13] Odum，H. T. Environmental accounting：Emergy and environmental decision making[J]. New York：John Wiley，1996.

[14] Brown. M. T.，Ulgiati，S. Emergy evaluation of the biosphere and natural capital[J]. Ambio. 1999，28（6）：468-493.

[15] 赵景柱，肖寒，吴刚. 生态系统服务的物质量与价值量评价方法的比较分析[J]. 应用生态学报，2000，11（2）：290-292.

[16] Edwards-Jones，G.，Davies，B.，Hussain，S. Ecological economics：an introduction[M]. Oxford：Blackwell Science Ltd.，2000.

[17] Loomis，J. B.，Walsh，R. G. Recreation Economic Decisions：Comparing Benefits and Costs. 2nd edition[M]. Pennsylvania：Venture Publishing Inc. 1997：159-176.

[18] 谢花林. 土地利用规划环境影响评价理论、方法与实践研究[M]. 北京：经济科学出版社，2009.

第 3 章

区域土地利用变化的生态效应研究方法

3.1 景观结构分析法

3.1.1 区域景观格局变化分析

3.1.1.1 景观格局动态度分析

景观动态度是研究区一定时间范围内某种景观类型的数量变化情况，采用单一景观类型动态度（K），其表达式为：

$$K = \frac{U_{\mathrm{b}} - U_{\mathrm{a}}}{U_{\mathrm{a}}} \times \frac{1}{T} \times 100\% \tag{3-1}$$

式中：K——研究时段内某一景观类型动态度；

U_{a}，U_{b}——研究初期和研究末期某一景观类型的面积；

T——研究时段长，当 T 的时段设定为年时，K 的值就是该地区的某一景观类型的年平均变化率。

3.1.1.2 景观类型转移概率矩阵

在景观类型转移矩阵的基础上，建立景观类型转移概率矩阵描述景观类型的变化剧烈程度，公式为：

$$D_{ij} = \sum_{ij}^{n} [\frac{dS_{i-j}}{S_i}] \times 100\% \tag{3-2}$$

式中：S_i——研究初期第 i 类景观类型总面积；

dS_{i-j}——研究时段内第 i 类景观类型转化为第 j 类景观类型的面积总和；

n——研究区发生变化的景观类型数量；

D_{ij}——研究时段内第 i 类景观类型转化为第 j 类景观类型的转移概率。

3.1.1.3 景观类型转入/转出贡献率

转移矩阵的方法描述了不同景观类型自身变化的情况，为了充分地体现出景观格局中不同类型景观的地位和作用信息，对比分析各景观类型转入和转出的空间格局和数量特征，本研究采用景观类型转入/转出贡献率。

（1）景观类型转入贡献率

$$L_{ii}=\sum_{j=1}^{n}S_{ji}/S_t \quad (3\text{-}3)$$

式中：L_{ii}——除第 i 类外的其他景观类型向第 i 类景观类型转入面积占景观总转移发生的比例；

S_{ji}——第 j 种景观类型向第 i 种景观类型转移的面积；

S_t——景观类型转移的总面积；

n——景观类型的数量（下同）。

L_{ii} 可以用于比较不同景观类型在景观动态变化的转入过程中面积增量分配的差异。

（2）景观类型转出贡献率

$$L_{0j}=\sum_{j=1}^{n}S_{ij}/S_t \quad (3\text{-}4)$$

式中：L_{0j}——第 i 类景观向除第 i 类外的其他景观类型转移的面积占景观总转移发生量的比例；

S_{ij}——第 i 种景观类型向第 j 种景观类型转移的面积。

L_{0j} 可用于比较不同景观类型在景观动态变化的转出过程中面积减量分配的差异。

3.1.2 区域景观格局指数计算

应用景观格局分析软件 FRACSTATS 3.3，对区域土地利用景观空间格局特征参数进行分析，并计算相关的景观指标。计算方法参照了《FRAGSTATS 3.3 操作手册》，因 FRAGSTATS 可以计算 60 多种景观指标，且许多指标之间具有高度的相关性。因此，本研究在景观类型级别上分析景观指标时，重点选用了斑块数量（NP）、斑块密度（PD）、最大斑块指数（LPI）、边缘密度（ED）、周长-面积分维数（PAFRAC）、散布与并列指数（IJI）、斑块结合度指数（COHESION）、分离度（SPLIT）、聚集度（AI）9 个指标；在景观级别上分析景观指标时，选取斑块数量（NP）、斑块密度（PD）、最大斑块指数（LPI）、边缘密度（ED）、周长-面积分维数（PAFRAC）、蔓延度指数（CONTAG）、分离度（SPLIT）、香农多样性指数（SHDI）、香农均度指数（SHEI）、聚集度（AI）10 个指标，各指标的具体计算公式及其生态学含义如下（邬建国，2000）。

（1）斑块数量（NP）

斑块数量（NP）反映景观的空间格局，经常被用来描述整个景观的异质性，其值的大小与景观的破碎度也有很好的正相关性，一般规律是 NP 大，破碎度高；NP 小，破碎度低。NP 在类型级别上等于景观中某一斑块类型的斑块总个数；在景观级别上等于景观中所有的斑块总数。

$$\mathrm{NP}=N \quad (3\text{-}5)$$

式中：NP——斑块数量；

N——某一斑块类型的斑块总个数或景观中所有的斑块总数。

（2）斑块密度（PD）

斑块密度（PD）反映了景观破碎程度，PD 值越大，则破碎化程度越高。

$$\mathrm{PD}=\frac{n_{ij}}{A} \tag{3-6}$$

式中：n_{ij}——斑块数目；

A——斑块面积之和。

（3）最大斑块指数（LPI）

最大斑块指数（LPI）反映了最大斑块对整个景观类型或者景观的影响程度。取值范围：0＜LPI≤100，是优势度的一个简单测度。其值的大小决定着景观中的优势种、内部种的丰度等生态特征；其值的变化可以改变干扰的强度和频率，反映人类活动的方向和强弱。

$$\mathrm{LPI}=\frac{\max(a_1,\cdots,a_n)}{A} \tag{3-7}$$

式中：a_{ij}——斑块 ij 的面积；

A——景观总面积。

当每种景观类型中都只有一个斑块时，最大斑块指数取最大值 100%。当每种景观类型的最大斑块面积越小，它的值越趋近于 0。

（4）边缘密度（ED）

边缘密度（ED）表示单位面积的斑块边界数量，反映景观中异质性斑块之间物质、能量和物种交换的潜力及相互影响的强度，可直接表征景观整体的复杂程度。

$$\mathrm{ED}=\frac{\sum_{k=1}^{m}e_{ik}}{A} \tag{3-8}$$

式中：e_{ik}——斑块边界数；

A——景观面积。

（5）周长-面积分维数（PAFRAC）

分维数反映了在一定尺度上的斑块边界的复杂程度，同时也反映了人类活动干扰的强弱。受人类活动干扰小的自然景观的分数维值高，而受人类活动影响大的人为景观的分数维值低。

$$\ln(P/4)=k\ln(A)+c,\mathrm{FD}=2k \tag{3-9}$$

式中：P——斑块周长；

A——斑块面积；

k——回归方程的斜率；

FD——包含多个斑块的某一景观的“平均”分形维数，也是统计意义上的景观分形维数。

FD 值的理论范围为[1.0，2.0]，FD=1.0 时代表形状最简单的正方形斑块；FD=2.0 时表示等面积下周长最复杂的斑块。

（6）散布与并列指数（IJI）

散布与并列指数（IJI）是描述景观空间格局最重要的指标之一。IJI 对那些受到某种自然条件严重制约的生态系统的分布特征反映显著。IJI 取值小时表明斑块类型 i 仅与少数几种其他类型相邻接；IJI=100 表明各斑块间毗邻的边长是均等的，即各斑块间的毗邻概率是均等的。

$$\mathrm{IJI}=\frac{-\sum_{k=1}^{m}\left[\left(\frac{e_{ik}}{\sum_{k=1}^{m}e_{ik}}\right)\ln\left(\frac{e_{ik}}{\sum_{k=1}^{m}e_{ik}}\right)\right]}{\ln(m-1)}(100) \tag{3-10}$$

式中：IJI——散布与并列指数；

e_{ik}——斑块边界数；

m——景观类型的总数。

（7）斑块结合度指数（COHESION）

$$\mathrm{COHESION}=\left[1-\frac{\sum_{j=1}^{m}P_{ij}}{\sum_{j=1}^{m}P_{ij}\sqrt{a_{ij}}}\right]\left[1-\frac{1}{\sqrt{A}}\right]^{-1}(100) \tag{3-11}$$

式中：P_{ij}——斑块 ij 的周长；

a_{ij}——斑块 ij 的面积；

A——景观的总面积。

（8）分离度（SPLIT）

分离度（SPLIT）描述斑块在空间分布上的分散程度，值越大表明该类型元素分布越分散。

$$\mathrm{SPLIT}=\frac{A^2}{\sum_{j=1}^{m}a_{ij}{}^2} \tag{3-12}$$

式中：P_{ij}——斑块 ij 的周长；

a_{ij}——斑块 ij 的面积；

A——景观的总面积。

（9）聚集度（AI）

$$\mathrm{AI}=\left[\frac{g_{ii}}{\max\to g_{ii}}\right](100) \tag{3-13}$$

（10）蔓延度指数（CONTAG）

蔓延度指数反映景观中不同斑块类型的聚集程。一般来说，高蔓延度值说明景观中的某种优势斑块类型形成了良好的连接性；反之则表明景观是具有多种要素的密集格局，景观的破碎化程度较高。

$$\mathrm{CONTAG} = 1 + \frac{\sum_{i=1}^{m}\sum_{k=1}^{m}[(P_i)(\frac{g_{ik}}{\sum_{k=1}^{m} g_{ik}})][\ln(P_i)(\frac{g_{ik}}{\sum_{k=1}^{m} g_{ik}})]}{2\ln(m)} \tag{3-14}$$

式中：P_i ——斑块面积百分比；

g_{ik}——与斑块相邻的网格单元数。

（11）香农多样性指数（SHDI）

香农多样性指数（SHDI）能反映景观异质性，特别对景观中各斑块类型非均衡分布状况较为敏感，即强调稀有斑块类型对信息的贡献，这也是与其他多样性指数不同之处。在比较和分析不同景观或同一景观不同时期的多样性与异质性变化时，SHDI 也是一个敏感指标。

$$\mathrm{SHDI} = -\sum_{i=1}^{m}[P\ln_i(P_i)] \tag{3-15}$$

式中：m——景观中斑块类型的总数；

P_i——斑块类型在景观中出现的概率，通常以该类型占有的栅格数量或像元数占栅格总数的比例来估算。

（12）香农均度指数（SHEI）

香农均度指数（SHEI）描述景观镶嵌体中不同景观类型在其数目或面积方面的均匀程度。SHEI 值较小时优势度一般较高，可以反映出景观受到一种或少数几种优势斑块类型所支配；SHEI 趋近 1 时优势度低，说明景观中没有明显的优势类型且各斑块类型在景观中均匀分布。

$$\mathrm{SHDI} = -\sum_{i=1}^{m}[P\ln_i(P_i)]/\ln(m) \tag{3-16}$$

式中：m——景观中斑块类型的总数；

P_i——斑块类型在景观中出现的概率，通常以该类型占有的栅格数量或像元数占栅格总数的比例来估算。

3.1.3 区域景观生态风险指数构建

景观的空间格局是若干生态过程与非生态过程长期作用的产物，景观的空间结构影响着干扰的扩散和能量的转移，尤其是景观中某些具战略性的结构退化或破坏将对整个区域生态环境产生致命的影响（王根绪，1999）。目前表征景观格局的指数有多样性指数、镶嵌度指数、距离指数及其景观破碎度指数等（傅伯杰，1995）。在基本判别指标的基础上，构建了干扰度指数和景观脆弱度指数；并通过景观格局与生态环境之间的经验关系，建立景观格局指数与区域生态风险之间的定量化表达，借助空间统计学空间化变量的方法，研究区域土地利用生态风险的空间特征。

3.1.3.1 景观干扰度指数

不同的景观类型在维护生物多样性、保护物种、完善整体结构和功能、促进景观结构自然演替等方面的作用是有差别的；同时，不同景观类型对外界干扰的抵抗能力也是不同的。以景观格局分析为基础，构建一个景观干扰度指数 E_i，通过各个指数简单叠加用来反映不同景观所代表的生态系统受到干扰（主要是人类开发活动）的程度。景观干扰度指数E_i表达式为：

$$E_i = aC_i + bS_i + cDO_i \tag{3-17}$$

式（3-17）中各参数的生态学含义为：

（1）景观破碎度C_i：景观破碎化是由于自然或人为干扰所导致的景观由单一、均质和连续的整体趋向于复杂、异质和不连续的斑块镶嵌体的过程，景观破碎化是生物多样性丧失的重要原因之一（陈利顶，1996），它与自然资源保护密切相关，公式为：$C_i=n_i/A$，式中C_i为景观i的破碎度，n_i为景观i的斑块数，A为景观的总面积。

（2）景观分离度S_i：指某一景观类型中不同斑块数个体分布的分离度，公式为：$S_i=D_i/P_i$；式中S_i为景观类型i的分离度，D_i为景观类型i的距离指数，P_i为景观类型i的面积指数。

（3）景观优势度DO_i：是衡量斑块在景观中重要地位的一种指标，其大小直接反映了斑块对景观格局形成和变化影响的大小。景观优势度由斑块的频度、密度和比例决定。其公式为：DO_i=（斑块的频度+斑块的密度+斑块的比例）/3，其中，频度=斑块i出现的样方数/总样方数；密度=（斑块i的数目/斑块的总数目）；比例=斑块i的面积/样方的总面积。

（4）根据以上公式计算出C_i、S_i、DO_i等指标后，由于量纲不同，进行归一化处理。a，b，c为各指标的权重，且$a+b+c=1$。三者在不同程度上反映出干扰对景观所代表的生态环境的影响，根据分析权衡，认为破碎度指数最为重要，其次为分离度和优势度。以上三个指数分别赋予0.5、0.3、0.2的权值。

3.1.3.2 景观脆弱度指数

不同的景观类型在维护生物多样性、保护物种、完善整体结构和功能、促进景观结构自然演替等方面的作用是有差别的；同时对外界干扰的抵抗能力也不同，这种差异性与自然演替过程中所处的阶段有关（许学工，2001）。由于人类活动是该区生态系统的主要干扰因素之一，而土地利用程度不仅反映了土地利用中土地本身的自然属性，而且反映了人为因素与自然因素的综合效应。本区6种景观类型所代表的生态系统，以未利用土地最为脆弱，其次是水域，而村镇及工矿最稳定。分别对6种景观类型赋予脆弱度指数：未利用地=6、水域=5、耕地=4、草地=3、林地=2、居民点及工矿地=1，然后进行归一化处理（许学工，2001），得到各自的脆弱度指数F_i。

3.1.3.3 景观生态风险指数

利用上述所建立的景观干扰度指数和景观脆弱度指数，构建景观生态风险指数，用于描述一个样地内综合生态损失的相对大小，以便通过采样方法将景观的空间格局转化为空间化的生态风险变量。景观生态风险指数ERI计算公式如下：

$$\mathrm{ERI} = \sum_{i=1}^{N} \frac{S_{ki}}{S_k} \sqrt{E_i \times F_i} \tag{3-18}$$

式中：ERI——景观生态风险指数；

N——景观类型的数量；

E_i——景观类型i的干扰度指数；

F_i——景观类型i的脆弱度指数；

S_{ki}——第 k 个风险小区 i 类景观组分的面积；S_k 为第 k 个风险小区的总面积。

3.2 生态足迹分析法

环境与发展问题是新世纪全人类所面临的重大挑战，而环境的不断恶化直接影响到人类的生存和可持续发展。区域的可持续发展必须以生态环境的可持续发展作为前提和保障，生态环境不仅是区域社会经济活动的承载空间，而且为区域发展提供自然物质基础和废弃物消纳空间，因而成为区域发展的决定性因素。要实现区域的可持续发展，就必须综合考虑区域资源的再生与替代能力、生命支持系统的循环与净化能力和生物多样性的保护（谢花林，2009）。并且，随着经济的持续增长，区域对自然资源的需求也不断上升。如果区域要实现可持续发展，它就必须同其他地方一样，对自己正在消耗多少自然资源有个清晰准确的了解。因此，测量人类对自然生态服务的需求与自然所能提供的生态服务之间的差距具有重要的意义，其研究呈现了管理国家和区域自然资产账户的一个简单框架。通过跟踪国家或区域的能源和资源消费，将它们转化为提供这种物质流所必需的生物生产土地面积，并同国家和区域范围所能提供的这种生物生产土地面积进行比较，能判断一个国家或区域的生产消费活动是否处于当地生态系统承载力范围内。

3.2.1 生态足迹模型

人类社会必须生存于生态系统的承载力范围内。一方面，发展的可持续性主要取决于人类利用与耗费生态系统资源的状况以及生态系统资源的生命支持能力；另一方面地球上人人享有同等利用生态系统资源的权利，定量测度区域发展的可持续性并进行比较，明确全球生态责任的承担，有利于促进生态伦理公平的实现。生态足迹模型比较好地回答了上述问题。因此，生态足迹模型自 1992 年提出以来迅速得到了学者们的广泛关注和推广应用。它从一个全新的视角描述人类所面临的世界现状与未来，并告诉人们"是否接近或者远离了可持续发展目标"（李利锋，2000；谢花林，2009）。

自从 1987 年世界环境与发展委员会（WCED）提出可持续发展的概念以来，定量测度可持续发展便成为重要的研究内容之一。人类经济活动，依赖于提供所有生态服务和自然资源的地球自然资本，人类所消费的各种资源以及人类活动所排放的各种废弃物，均与自然生态密不可分。人地关系的和谐是可持续发展的本质要求。目前，可持续发展已经从理论走向实践成为各国各级政府制定政策的基本出发点和一种普遍的政策目标。要实现可持续发展目标，实施可持续发展管理，需要定量测度全球与区域发展的可持续性状态。为此，一些国际组织及有关研究人员从 20 世纪 80 年代就开始探讨定量测度国家或地区发展的可持续性指标，如联合国开发计划署（1990）的人文发展指数（HDI），绿色 GDP，Cobb 等的"真实发展指标"（GPI）模型等（Hardi，1997）。这些指标体系和计量方法已经在一些国家和地区得到了广泛应用。

生态足迹模型应用于人类可持续发展定量评价的理论来源和基础，主要体现在三个方面：①可持续发展与生态经济学理论；②人地关系理论；③承载力理论。其中，可持续发展及生态经济理论和人地关系理论为生态足迹理论提供了研究的方向和研究的对象，并阐述了研究对象之间的关系，从而为生态足迹理论的创立和发展提供了理论依据。而承载力理论则为生态足迹的理论发展提供了方法论，是生态足迹理论的验证工具（苏小红，2008）。

3.2.1.1 生态足迹内涵

生态足迹（Ecological Footprint，EF），或称生态空间占用，最早是由加拿大生态经济学家 Williams Rees 等在 1992 年提出，并在 1996 年由其博士生 Wackernagel 完善的一种衡量人类对自然资源利用程度以及自然界为人类提供的生命支持服务功能的方法。该方法通过估算维持人类的自然资源消费量和同化人类产生的废弃物所需要的生态生产性空间面积大小，并与给定人口区域的生态承载力进行比较，来衡量区域的可持续发展状况（李利锋，2000）。Williams Rees 曾形象地比喻说，生态足迹是“一只负载着人类与人类所创造的城市、工厂……的巨脚踏在地球上留下的脚印”。1996 年以后 William E.R 和 Wackernagel 又从不同的角度对生态足迹进行了定义：“一个国家范围内给定人口的消费负荷”、“……用生产性土地面积来度量一个确定人口或经济规模的资源消费和废物吸收水平的账户工具”、“能够持续地提供资源或消纳废物、具有生物生产力的地域空间”。生态足迹模型是区域可持续发展定量评价的工具，它提供了一套测算人类利用资源和影响环境程度的综合性评价指标体系。该模型将区域的生物资源和能源的消费与供给，用“全球性公顷”进行标准化处理后折算为一定的生物生产性面积需求（生态足迹）与自然供给（生态承载力），然后通过比较分析这种供需状况，定量判断研究区域过去或现在发展的可持续性。它主要用来计算一定的人口和经济规模下，人类为了维持自身生存而利用的自然资源和吸纳所产生废物所必需的生物生产面积（包括陆地和水域）。

综上所述，生态足迹可定义为：“用生态空间面积来衡量人类对自然资本的消费，及自然系统能够持续提供的生态服务功能，从而对人类活动的可持续性进行评价的一种工具。”它既可以从不同尺度范围确定人类对自然资产利用的程度，又可测度某个地区或国家的可持续发展状况。生态足迹既能反映出个人或地区的资源消耗强度，又能反映出区域的资源消耗总量，也揭示了人类持续生存的生态阈值。它通过相同的单位比较人类的需求和自然界的供给，使可持续发展的衡量真正具有区域可比性，评估的结果清楚地表明在所分析的每一个时空尺度上，人类对生物圈所施加的压力及其量级，从而间接地反映出一个国家或地区生态经济发展的协调状况。

3.2.1.2 生态足迹模型的基本假设

为了将生态足迹模型应用于全球、国家或地区以至个人活动对自然生态的影像评价，Wackernagel 等提出了科学合理的理论和计算假设，主要体现在以下 7 个方面：

（1）人类活动消费的资源和排放的废弃物，其绝大部分是可以确定的。也就是说，通过统计指标记录和相关的文献记载，可以较为完整和准确地反映出人类消费自然资源与产生废弃物的具体数量情况。

（2）对人类消费的这些资源和排放的废弃物等物质流的测度，可以通过计算维持产生这些资源和吸纳废弃物所必需的、相应的生物生产性土地面积来实现，而那些不能转化为生物生产性面积的资源和废弃物，则暂不纳入模型评估。

（3）通过测度与每种生物生产性面积成比例的可用生物量生产力（即年可用生物量产量），不同的生物生产性土地类型即可用代变全球平均生产力水平的面积单位进行标准化处理。这个面积单位称为“全球性公顷”，其代表的可用生物量生产力等值于当年的全球平均生产力水平。

（4）因为不同的生物生产性土地意味着相互排斥的资源用途，即一块土地被用来作为耕地，就不能同时用做森林或其他用地，而且每一单位的全球性公顷都表示等量的给定年份的可用生物生产量，因此，将这些全球性公顷数汇总，即可得到人类活动对自然生态的需求总量。

（5）自然提供的产品和服务，也可以经折算而统一表述为生物生产性土地面积，从而得到自然生态供给的总量水平。

（6）用生态足迹计算并经标准化处理的人类活动对自然资源的生态需求，与经标准化处理的自然生态供给，可以直接进行比较分析的。

（7）生物生产性面积需求可能会超出其供给。例如，如果森林砍伐的速度是森林再生率的两倍，那么在生态足迹模型账户中就反映为对林地面积的需求是自然供给的两倍，这种现象被称为“生态超载或过度（ecological overshoot）”。

基于上述七个方面的合理假设，那么任何给定年份里人类活动对自然的生态影像就可以量化为：生产人类消费的资源和吸收人类产生的废弃物所必需的相应的生物生产性土地面积与水域面积。于是，生态足迹模型就将人类异常复杂的影像自然的状况简化成了适当的生物生产性面积，从而提供了一种可能不完全但却是简洁有效的人类活动可持续性定量评价方法。

3.2.1.3 生态足迹模型中的相关概念

生态足迹模型的具体应用是生态足迹账户的计算分析过程，它涉及生物生产性土地（biologically productive area）、生态足迹（ecological footprint）、生态承载力（ecological capacity）、生态盈余（ecological deficit）和生态赤字（ecological reserve）等概念。

（1）生态足迹的生物生产土地类型

生物生产性土地是指具有生态生产能力的土地或水域，是提供各类自然资源的基础。它是指具有显著的光合作用活动和生物量生产的土地或水域（海洋），也即具有生物生产能力、资源再生能力和自净能力的土地或水域，而其他不具有生物生产能力或人类目前还无法利用的土地面积则不计入生物生产性面积中，如沙漠、深海等。生态足迹理论的指标也是基于这一概念来定义，用各类土地面积来定量衡量可持续发展的程度，既方便计算，又便于不同的国家、地区进行比较。根据生产力大小，生物生产土地主要考虑以下6种类型：化石燃料用地、可耕地、林地、草地、建筑用地和水域。①耕地，生物生产性土地中生产力最大的一类土地，聚集的生物量最多；②化石能源用地，为保证自然资本总量不减少而应储备的土地，用来补偿因化石能源消耗而损失的自然资本存量；③牧草地，适于发展畜牧业的土地；④林地，可产出木材产品的人造林或天然林；⑤建筑用地，人居设施及道路所占用的土地；⑥水域，包括可以提供生物产出的淡水水域和海洋。

由于上述6种类型生物生产面积的生态生产力不同，要将这些具有不同生态生产力的生物生产面积转化为具有相同生态生产力的面积，以便加总计算生态足迹，需要对计算得到的各类生物生产面积乘以一个均衡因子。某类生物生产面积的均衡因子等于全球该类生物生产面积的平均生态生产力除以全球所有各类生物生产面积的平均生态生产力。均衡处理后的6类生态系统的面积即为具有全球平均生态生产力的、可以相加的世界平均生物生产面积（生态足迹）12 716 类生态生产性土地的均衡因子见表3-1。

表 3-1 生态足迹测度中的均衡因子说明

土地类型	化石燃料用地	耕地	林地	牧草地	建筑用地	水域
均衡因子	1.1	2.8	1.1	0.5	2.8	0.2

（2）生态容量与生态承载力

Hardin（1986）明确定义生态容量为在不损害有关生态系统的生产力和功能完整的前提下，可持续被利用的最多资源量和可持续被分解的最大废物产生率。生态足迹的研究者接受了 Hardin 的思想，并将一个地区所能提供给人类的生态生产性土地的面积总和定义为该地区的生态承载力，以表征该地区生态容量。

（3）人类负荷与生态需求

人类负荷（human load）指的就是人类对环境的影响规模，它由人口自身规模和人类对环境的影响规模共同决定。生态足迹分析法用生态需求来衡量人类负荷。它的设计思路是：人类要维持生存必须消费各种产品、资源和服务，人类的每一项最终消费的量都追溯到提供生产该消费所需的原始物质与能量的生态生产性土地的面积。所以，人类系统的所有消费理论上都可以折算成相应的生态生产性土地的面积。在一定技术条件下，要维持某一物质消费水平下的一定人口的持续生存必需的生态生产性土地的面积即为生态需求面积，它既是既定技术条件和消费水平下特定人口对环境的影响规模，又代表既定技术条件和消费水平下特定人口持续生存下去而对环境提出的需求。在前一种意义上，生态需求面积衡量的是人口目前所占用的生态容量；从后一种意义讲，生态需求面积衡量的是人口未来需要的生态容量。由于考虑了人均消费水平和技术水平，生态需求面积涵盖了人口规模与人均对环境的影响力。

（4）生态赤字/盈余

一个地区的生态赤字/盈余（ecological deficit/remainder），其大小等于生态承载力减去生态占用面积的差数/余数。生态赤字表明该地区的人类负荷超过了其生态容量，要满足其人口在现有生活水平下的消费需求，该地区要么从地区之外进口欠缺的资源以平衡生态需求，要么通过消耗自然资本来弥补收入供给流量的不足。这两种情况都说明地区发展模式处于相对不可持续状态，其不可持续的程度用生态赤字来衡量。相反，生态盈余表明该地区的生态容量足以支持其人类负荷，地区内自然资本的收入流大于人口消费的需求流，地区自然资本总量有可能得到增加，地区的生态容量有望扩大，该地区消费模式具相对可持续性，可持续程度用生态盈余量来衡量。

3.2.1.4 生态足迹模型计算

生态足迹的主要计算步骤如下：

（1）划分消费项目，计算各主要消费项目的年人均消费量；

（2）计算出各主要消费项目人均占用的生物生产性土地面积，即生态足迹组分，在建宁县主要是计算生物资源消费对应的足迹和能源消费对应的足迹以及建筑用地对应的足迹；

（3）汇总各生态足迹组分，并用均衡因子加以调整，求出 6 种类型生物生产性用地的生态足迹及总生态足迹；

（4）通过均衡因子和产量因子计算出生态承载力，并与生态足迹比较。如果生态足迹

“大于”生态承载力，区域处于生态赤字状态；生态足迹“小于”生态承载力，区域处于生态盈余状态。

生态足迹的计算公式如下：

$$\mathrm{EF} = \mathrm{ef} \times N = \sum (C_i / \mathrm{EP}_i) \times \mathrm{EQ}_i = \sum (P_i + I_i - E_i) \times \mathrm{EQ}_i / \mathrm{EP}_i$$

（i=1，2，3，…，6）　　(3-19)

式中：EF——总生态足迹；

ef——人均生态足迹；

N——区域内人口总数；

EP_i——生态生产力（全球平均值）；

C_i——资源消费量；

P_i——资源生产量；

I_i——资源进口量；

E_i——资源出口量；

i——生态生产性土地类型；

EQ——等量化因子，一般取值为：化石能源地 1.1，耕地 2.8，牧草地 0.5，森林 1.1，建筑用地 2.8，水域 0.2（以上数值分别表示不同类型土地生物生产量为全球生态系统生物生产量平均值的倍数）。

生态承载力的计算公式如下：

$$\mathrm{EC} = N \times \mathrm{ec} = N \times \sum a_j r_j y_j \quad (j=1，2，3，…，6) \qquad (3\text{-}20)$$

式中：EC——区域总生态承载力；

N——人口数；

ec——人均生态承载力；

a_j——人均生物生产面积；

r_j——均衡因子；

y_j——产量因子，$y_j=y_{1j}/y_{uj}$，y_{1j} 指某国家或区域的 j 类土地的平均生产力；

y_{uj}——j 类土地的世界平均生产力。

3.2.1.5 生态足迹模型修正

虽然目前生态足迹模型发展成熟，但是它和其他的评判方法一样，也存在着缺陷（Roth，2000；蒋依依，2005；Lenzen，2001）。比如，生态足迹分析是一种静态分析法，强调的只是人类发展对环境系统的影响及其可持续性，没有考虑人口、技术、物质消费水平的变化性，其指标体系不能预测未来的可持续趋势，而且不能提供改进目前不可持续状况的方法和手段；如 Wackernagel 所言，生态足迹分析没有把自然系统提供资源、消纳废弃物的功能描述完全，另外，现有的生态足迹分析中有关污染的生态影响这一点也很少涉及；从各国的生态足迹计算中可以发现，化石能源地的消费占生态足迹的很大一部分，而生态足迹分析法强调资源的再生性，故在区域生态承载力的计算中忽略了化石能源地等地下资源，这是生态赤字的一个重要原因，这种计算方法是否合理还有待研究；生态足迹并没有考虑到各种土地类型的多种功能。生态足迹法由于其简明的以生物物理量为标准进行区域可持续发展研究成为国内外广大学者研究的焦点（王书华，2003）。它在理论上可以解释经济与社会的发展，但实践中会出现地区越不发达，人们生活水平越低，可持续性越强的结论。事实上生态足迹法着重反映的是持续性，而不是发展程度，忽略了地区人口的现有消费水平和生活质量的差异，因而缺乏对发展的公平性的周密考虑（秦耀辰，2003）。针对这种情况，本节结合了生态足迹指标引入了一个综合发展度（GIR）来全面反映可持续发展程度，其表示式为：

$$\mathrm{GIR}=k_1\left(D_i-D\right)/D+k_2\left(G_i-G\right)/G+k_3\left(S_i-S\right)/S \tag{3-21}$$

式中：D_i——区域的生态赤字；

D——全国的生态赤字；

G_i——区域人均国内生产总值；

G——全国人均国内生产总值；

S_i——区域基尼系数，这里用区域城镇居民人均收入与乡村居民人均收入的差再除以全国城镇居民人均收入与乡村居民人均收入的差来代替基尼系数，S 为 1；

k_i（i=1，2，3）——权重系数，分别取 0.3，0.4，0.3。如果 GIR 为正值，则说明在国家尺度上，区域为可持续发展；反之则说明在国家尺度上区域为不可持续发展。

同时，为了研究区域生态环境安全与社会反战存在的问题和对策，本节在生态足迹原理的基础上，提出生态压力指数（ETI）、生态占用指数（EOI）两个概念来研究建宁县生态环境安全问题。生态足迹中除了能源为不可更新资源外其余的都为可更新资源，考虑到生态足迹方法中没有对应能源的生态承载力，加之化石能源的贸易流通和所排放气体的扩散性，某一国或地区所消费的化石能源足迹所带来的生态压力不可能只由消费国或地区所承担，更多的是由全球来负担（赵先贵，2007）。所以将生态压力指数定义为某一国家或地区可更新资源的人均生态足迹与人均生态承载力的比率，该指数代表了区域生态环境的承压程度，其模型为：

$$\mathrm{ETI}=\mathrm{ef}'/\mathrm{ec} \tag{3-22}$$

式中：ef′——区域可更新资源的人均生态足迹；

ec——人均生态承载力。

生态占用指数定义为某一国家或地区人均生态足迹与全球人均生态足迹的比率，该指数反映了一个国家或地区占全球生态足迹的份额，代表了社会经济发展的程度和人均消费水平，其模型为：

$$\mathrm{EOI}=\mathrm{ef}/\mathrm{ef}'' \tag{3-23}$$

式中：ef″——同期全球人均生态足迹。

由于数据资料限制，这里同期全球人均生态足迹选用 2001 年全球人均生态足迹的数据。

3.2.2 生态足迹模型评价区域可持续发展的指标体系

生态足迹模型指标，测量了人类维持一定的消费水平所必需的生物生产性土地面积，并将人类消费的资源和能源折算成全球统一的具有同等生物生产力的生物生产性土地面积（生态足迹），再将其同研究区域范围内所能提供的生物生产性土地面积（生态承载力）进行对比，就能定量评价和判断一个国家或区域的人类活动是否处于当地生态系统的承载力范围内。区域的生态赤字或生态盈余，反映了区域人口对自然资源的消费利用状况，显示出人类过去和当前活动的可持续性状况。因此，生态足迹模型评价指标体系主要包括了生物生产性土地类型、生态足迹、生态承载力、生态盈余与生态赤字等指标，具体指标内容如图 3-1 所示。

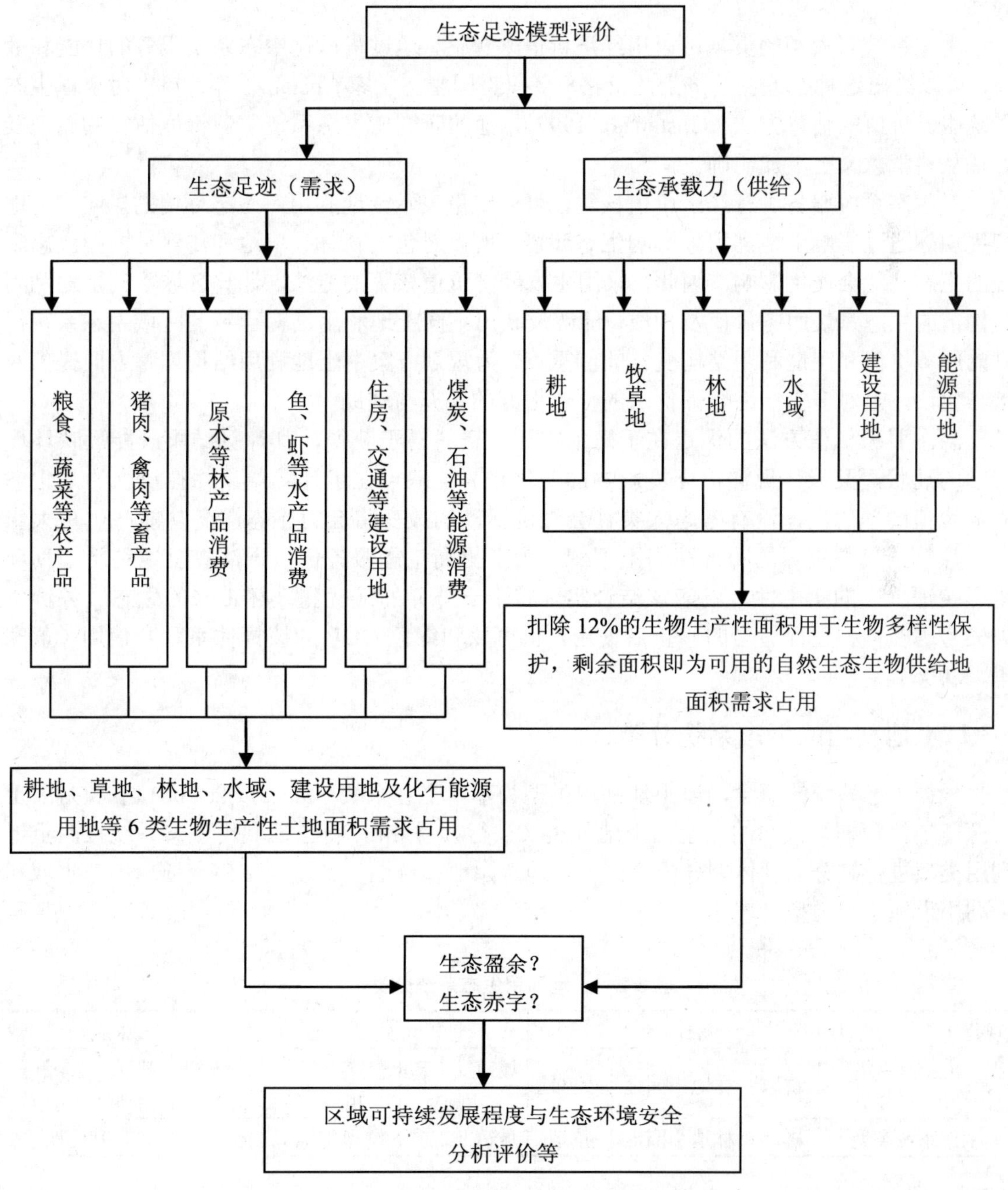

图 3-1　生态足迹模型指标评价体系

3.3 生态经济价值核算法

土地作为各种陆地生态系统的总称，土地利用结构的变化引起各类生态系统类型、面积以及空间分布格局的变化（吴次芳，2003）。以经济利益为目的的土地利用结构调整导致自然生态系统面积在土地利用结构中所占比重越来越小，而人工系统中工矿、交通和建设用地面积比重却不断上升。自然环境的恶化制约了经济发展，造成经济生态双重滞后的局面。

生态系统对人类的贡献可以用经济价值来评估，通过货币化生态系统服务的功能和效益，可以给出这种服务在经济上的价格标签。美国生态学家 Costanza 等人提出对全球生态系统服务价值的估算方法（Costanza，1997），他的研究使生态系统服务价值估算的原理及方法从科学意义上更加明确。

对生态系统服务进行经济价值核算，可以定量表示土地利用对生态环境的影响。土地利用规划通过影响土地利用来影响生态环境，所以对包括森林、草地和耕地在内的生态系统的生态功能会产生影响，因此，采用生态经济价值核算的方法，计算区域不同土地利用结构下的生态系统服务价值及构成，能够反映出不同土地利用结构导致的区域生态系统提供的服务价值和土地利用结构变化的侧重点，为规划方案中土地利用结构调整方向提供对策与建议，是对多指标综合评价法的一个很好的补充与辅助。

生态服务价值方法的优点在于简单实用，资料易于获得，其计算结果既能反映环境影响的现状，又能体现评价环境影响的变化趋势。缺点在于计算结果往往反映的是生态服务价值的理想值，没有考虑人类社会经济活动的改变将会对生态服务功能产生重大影响，计算结果与实际的吻合性尚不理想。为了提高生态服务价值方法在土地利用规划环境影响评价中的实用性，就应该结合实际将由于外界的干扰和破坏带来的生态服务价值损失考虑在内，进行适当的修正后使用，也可以和绿色 GDP 的核算体系联合使用（董家华，2006）。

3.3.1 土地利用的生态系统分类

根据生态系统的概念，以土地利用类型为基本生态系统单元，按照 2001 年 8 月国土资源部地籍管理司颁布的《全国土地分类（试行）》标准，将土地利用生态系统按照土地利用类型进行划分。具体划分为耕地、林地、园地、草地、城镇及工矿交通用地、水域和未利用土地 7 个类型（表 3-2）。

表 3-2　土地利用生态系统分类表

<table>
<tr><td rowspan="2">现行土地分类标准</td><td>一级分类</td><td colspan="4">农用地</td><td colspan="3">建设用地</td><td colspan="2">未利用地</td></tr>
<tr><td>二级分类</td><td>耕地</td><td>林地</td><td>园地</td><td>牧草地</td><td>城镇及工矿用地</td><td>交通用地</td><td>水利设施用地</td><td>其他用地</td><td>未利用地</td></tr>
<tr><td colspan="2">生态系统类型</td><td>耕地</td><td>林地</td><td>园地</td><td>草地</td><td colspan="2">城镇及工矿、交通用地</td><td>水域</td><td colspan="2">未利用地</td></tr>
</table>

3.3.2 各土地利用类型单位面积生态系统服务功能价值

谢高地等（2003）总结了气体调节、气候调节、水源涵养、土壤形成与保护、废物处理、生物多样性保护、食物生产、原材料生产、休闲娱乐在内的 9 项生态系统服务功能，并对我国 200 位生态学者进行问卷调查，得到了下面的“中国生态系统服务价值当量因子表”（陈仲新，张新时，2000）（表 3-3）。

表 3-3　中国陆地生态系统单位面积生态服务价值当量表

项目	森林	草地	农田	湿地	水域	难利用地
气体调节	1.31	0.8	0.5	1.8	0	0
气候调节	2.7	0.9	0.89	17.1	0.46	0
水源涵养	3.2	0.8	0.6	15.5	20.4	0.03
土壤形成与保护	3.9	1.95	1.46	1.71	0.01	0.02
废物处理	1.31	1.31	1.64	18.18	18.2	0.01
生物多样性保护	3.26	1.09	0.71	2.5	2.49	0.34
食物生产	0.1	0.3	1	0.3	0.1	0.01
原材料生产	2.6	0.05	0.1	0.07	0.01	0
休闲娱乐	1.28	0.04	0.01	5.55	4.34	0.01
合计	19.66	7.24	6.91	62.71	46.01	0.42

表 3-3 中定义 1 hm^2 全国平均产量的农田每年自然粮食产量的经济价值为 1，其他生态系统生态服务价值当量因子是指生态系统产生该生态服务的相对于农田食物生产服务的贡献大小。采用了该当量因子表，针对研究区的具体情况对单位面积农田每年自然粮食产量的经济价值作了如下修改：以研究区平均粮食产量为基准单产（kg/hm^2），粮食单价按所计算年份省的报价（元/kg），再考虑在没有人力投入的自然生态系统提供的经济价值是现有单位面积农田提供的食物生产服务经济价值的 1/7（陈东景，2002），得出研究区农田自然粮食产量的经济价值[元/（$hm^2 \cdot a$）]。

8 大类土地在计算生态服务价值时当量因子按以下原则操作：耕地对应农田，园地取森林和草地的平均值，未利用地对应难利用地；对居住地、工矿用地及交通用地按照 Costanza 等学者的方法，不估算其生态系统服务功能经济价值。据此可测算出各土地利用类型单位面积年度生态系统服务功能经济价值量 C_{Vi}。

$$C_{Vi}=E\times Y\times P/7 \tag{3-24}$$

式中：E——当量因子；

Y——粮食单产；

P——粮食价格。

3.3.3 土地利用类型生态服务功能价值的计算模式

具体各年土地利用类型生态系统服务功能经济价值总量和规划目标年相对于基准年

的生态系统服务功能经济价值增量，计算公式如下：

$$V_j = \sum_{i=1}^{n} P_i \times C_{Vi}$$

$$\Delta V_j = V_j - V_0 \tag{3-25}$$

式中：V_j——研究区第 j 年生态系统服务功能经济价值年度总量；

P_i——研究区第 j 年第 i 类土地的面积；

C_{Vi}——研究区第 i 类土地单位面积年度生态系统服务功能经济价值量；

V_0——研究区基准年生态系统服务功能经济价值年度总量；

ΔV_j——第 j 年相对基准年的生态系统服务功能经济价值增减量。

3.4 生态安全评价法

3.4.1 土地利用变化的生态安全评价流程

土地利用变化的生态安全评价主要是从区域的生态环境安全为出发，构建空间上操作性强的土地利用生态安全评价指标体系，对多期土地利用方式进行评价，比较土地利用的生态安全变化状况，从而提出相应的对策和措施。具体的流程见图 3-2。

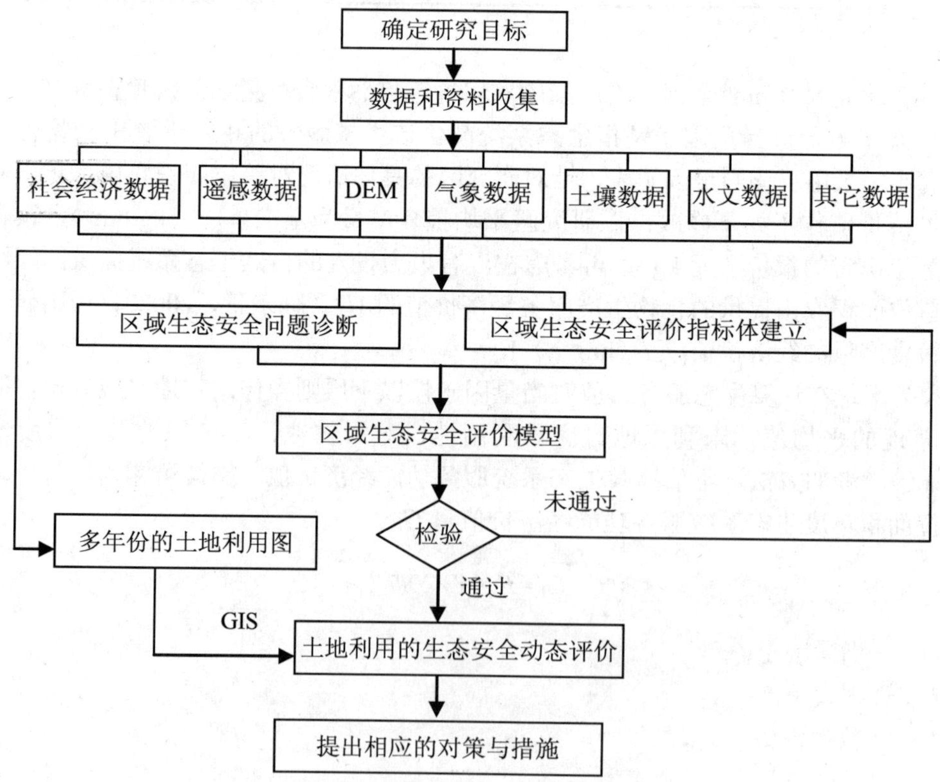

图 3-2 区域土地利用变化的生态安全评价流程

3.4.2 生态安全评价模型

3.4.2.1 土壤侵蚀安全性评价

区域土壤侵蚀受到多种因素的影响和制约。影响因素包括气候、水文、地貌、土壤和植被等自然因素，以及土地利用、水土保持措施等人为因素。一般来说，在自然状况下，降水、土壤质地、地形和植被因子对土壤侵蚀有重要的影响。根据国内对土壤侵蚀影响因子和土壤侵蚀敏感性评价的研究成果（王效科等，2000），选择降雨侵蚀力值、土壤质地、地形起伏度、植被与土地利用类型作为主要影响因子的评价指标，并确定各影响因子的安全性等级。在 GIS 软件支持下，完成评价指标的数据提取和集成，并按照生态安全等级标准（表 3-4）进行区域土壤侵蚀安全性评价。

表 3-4　土壤侵蚀安全性的指标及分级标准

分级	安全	较安全	欠安全	不安全	极不安全
R 值	＜25	25～100	100～400	400～600	＞600
土壤质地	石砾、沙	粗砂土、细砂土、黏土	面砂土、壤土	砂壤土、粉黏土、壤黏土	砂粉土、粉土
地形起伏度/m	0～20	20～50	51～100	101～300	＞300
植被	水体、草本沼泽、稻田	阔叶林、针叶林、草甸、灌丛和萌生矮林	稀疏灌木草原、一年二熟粮作、一年水旱两熟	荒漠、一年一熟粮作	无植被
分级赋值（*C*）	1	3	5	7	9
分级标准（SS）	1.0～2.0	2.1～4.0	4.1～6.0	6.1～8.0	＞8.0

资料来源：《生态功能区划》暂行规程。

从单因子分析得出的土壤侵蚀安全性只反映了某一因子的作用程度。要将土壤侵蚀安全性的区域差异综合地反映出来，则根据上述各项因子的安全性分级赋值，通过以下计算公式来计算土壤侵蚀安全性指数：

$$\mathrm{SS}_i = \sqrt[4]{\prod_{i=1}^{4} C_i} \tag{3-26}$$

式中：SS_j——j 空间单元土壤侵蚀安全性指数；

C_i——i 因素安全性等级值。

然后根据表中的分级标准（SS）来确定土壤侵蚀安全性分布。

根据上式利用地理信息系统软件中的空间叠加分析功能把区域降雨侵蚀力、土壤质地、地形起伏度和植被类型个单因子安全性图层进行叠加，计算每一个空间单元上的土壤侵蚀安全性指数，最后根据表 3-4 中的分级标准得到区域土壤侵蚀安全性评价图。

3.4.2.2 土地沙漠化安全性评价

土地沙漠化可以用湿润指数、土壤质地及起沙风的天数等来评价区域沙漠化安全性程度，具体指标与分级标准见表 3-5。

土地沙漠化安全性指数计算方法：

$$\mathrm{DS}_i = \sqrt[4]{\prod_{i=1}^{4} D_i} \tag{3-27}$$

式中：DS_j——j 空间单元沙漠化安全性指数；

D_i——i 因素安全性等级值。

表 3-5 土地沙漠化安全性分级指标及分级标准

指 标	安全性				
	安全	较安全	欠安全	不安全	极不安全
湿润指数	>0.65	0.5～0.65	0.20～0.50	0.05～0.20	<0.05
冬春季大于 6m/s 大风的天数	<15	15～30	30～45	45～60	>60
土壤质地	基岩	黏质	砾质	壤质	沙质
植被覆盖（冬春）	茂密	适中	较少	稀疏	裸地
分级赋值（D）	1	3	5	7	9
分级标准（DS）	1.0～2.0	2.1～4.0	4.1～6.0	6.1～8.0	>8.0

资料来源：《生态功能区划》暂行规程。

3.4.2.3 土地石漠化安全性评价

土地石漠化安全性主要根据其是否为喀斯特地形及其坡度与植被覆盖度来确定的，具体指标与分级标准见表 3-6。

土地石漠化安全性指数计算方法：

$$\mathrm{MS}_i = \sqrt[3]{\prod_{i=1}^{3} M_i} \tag{3-28}$$

式中：MS_j——j 空间单元石漠化安全性指数；

M_i——i 因素安全性等级值。

表 3-6 土地石漠化安全性评价指标及分级标准

安全性	安全	较安全	欠安全	不安全	极不安全
喀斯特地形	不是	是	是	是	是
坡度/°		<15	15～25	25～35	>35
植被覆盖/%		>70	50～70	20～30	<20
分级赋值（M）	1	3	5	7	9
分级标准（MS）	1.0～2.0	2.1～4.0	4.1～6.0	6.1～8.0	>8.0

资料来源：《生态功能区划》暂行规程。

3.4.2.4 生境安全性评价

评价生境安全性，可根据生境物种丰富度，即评价地区国家和省级保护野生动植物的数量进行评价。因此，本评价以自然保护区为基本评价单元，采用评价地区国家一、二级重点保护野生动植物数量占全区国家一、二级重点保护野生动植物总数的比例，对生境安全性划分等级（见表 3-7）。此外，考虑到野生动物的活动性，对属于国家级自然保护区的评价单元，其周边乡镇均划为比该评价单元生境安全性等级次一级的安全性等级。最后，应用 GIS 生成全区陆域生境安全性分布图。

表 3-7　生境安全性分级指标及赋值

生境安全性等级	国家一、二级保护物种占全区比例/%	分级赋值
安全	＞30	9
较安全	15～30	7
欠安全	5～15	5
不安全	＜5	3
极不安全	其他区域	1

资料来源：《生态功能区划》暂行规程。

3.4.2.5 生态安全综合评价

对单一型生态安全类型区域，根据其生态环境问题安全性程度确定生态安全程度；对复合型生态安全类型，采用最大限制因素法确定影响生态安全的主导因素，根据主导因素的生态环境问题安全性程度确定生态系统安全性程度。这样可以根据上述土壤侵蚀安全性、土地沙漠化安全性、土地石漠化安全性和生境安全性单因子的评价结果，利用以下公式进行综合评价：

[生态安全综合评价]=max｛[土壤侵蚀安全性]，[沙漠化安全性]，[石漠化安全性]，[生境安全性]｝

3.5 能值分析法

20 世纪 80 年代 Odum 基于生态系统和经济系统的特征以及热力学定律，将能值作为生态经济系统的“系统语言”，把系统中不同种类、不可比较的能量转换为同一标准的太阳能值。通过这一标准，结合能路语言来衡量分析生态经济系统的特征和可持续性（Odum，1996；Ulgiati，1998；蓝盛芳，2002）。经济学家把自然资源和人类经济活动加以币值化，以货币衡量一切财富，但货币实际上不能衡量真正的财富，更不能反映自然的本质和规律。能值计算分析为环境资源和经济的评估提供了客观标准。运用能值还可以进行环境资源的评估、能源利用评估、对外贸易评估。美国国家计量局称能值分析方法为“生产力能学”，在致力于最大限度地度量劳动、环境系统和太阳能的体系能方面，生产力能学有着更大的吸引力（Odum，1996）。

3.5.1 能值理论的产生、概念及原理

3.5.1.1 起源及产生

能值分析法的前身是能量生态学，能量生态学被认为是研究生命系统与环境系统之间能量关系及其能量运动规律的科学，是生物能量学和生态学相互渗透而形成的一门交叉学科，是生态学中的一个分支学科（Odum，1986）。

能量生态学起源于 19 世纪后半叶。1887 年，S.A.Forbes 首次描述了美国伊利诺斯湖

的能量动态。1926 年，E. N. Transeau 对植物群落的能量动态进行分析，提出“能量积累”的概念。1927 年，C. Elon 创立“食物链”术语并提出著名的“生态金字塔”的概念。1942 年，R. Lindeman 提出著名的能量转化的“十分之一定律”。1966 年，J. Philipson 明确提出“能量生态学”这一术语，并对生态学中能量学研究成果进行概括和总结，使能量生态学作为一门独立的学科在生物能量学和生态学的相互渗透中应运而生（尚清芳，2006）。

自然生态系统和人类社会经济系统各组分及其作用，均涉及能量的流动、转化与储存，因此能量可用于表达和了解生命和环境、人与自然的关系。我国于 20 世纪 80 年代将能量生态学引进到农业生态经济系统的研究中。

但是长期以来，人们对农业生态系统结构、功能的分析采用能量分析法，把各种性质和来源根本不同的能量均以能量单位表示后进行比较和数量研究，忽略了不同类别的能量存在的质与价值的根本差异。由于不同类别的能量具有不同来源，不可做简单的加减和比较。例如农业生态系统输入的工业能（无机能、石化能）与生物能两大类别能量就有根本性的差异。另外，过去的能量分析主要是计算系统能量的产投比，通常也不计算太阳能、雨水等自然资源能量投入，分析得出的各种产投比并不反映自然的巨大作用和贡献，不能表示生态效益，只是显示投入能对产出能形成的效率，也不能表达出生态与经济效益的关联（尚清芳，2006）。

能量分析先驱 H. T. Odum 于 20 世纪 50 年代就对生态系统能量学进行了系统而深入的研究，并提出了一系列概念和开拓性的重要观点，其中包括七八十年代提出的能量系统（energy system）、能质（energy quality）、能质链、体现能（embodied energy）、能量转化率及信息等观点（刘巽浩，1982），这是第一次将能量流、信息流与经济流的内在关系联系在一起。20 世纪 80 年代后期 90 年代初创立了“能值”（emergy）概念理论，以及能值转换率（solar transformity）等一系列概念（Odum，1983）。并于 1996 年出版了世界上第一本能值专著《Environmental Accounting: Emergy and Environment Decision Making》（Odum，1983），系统地阐述了能值理论的科学内涵、换算方法、运动机理和概念模型体系。能值分析方法，以同一标准的能值为量纲，把不同种类、不可比较的能量转换成同一标准的能值来衡量和分析，从而评价其在系统中的作用和地位，综合分析系统的能、物流及其他生态流，得出一系列反映系统结构、功能和效率的能值综合指标，定量分析系统的功能特征和生态、经济效益，表明自然与人的作用和贡献。从能量到能值，从能量分析到能值分析，在理论和方法上都是一个重大飞跃。

3.5.1.2 基本概念与原理

（1）能值（emergy）

H. T. Odum（1987）将能值（emergy）定义为一流动或储存的能量所包含另一种类别能量的数量，称为该能量的能值（蓝盛芳，2002）。他还进一步解释能值为：产品或劳务形成过程中直接或间接投入应用的一种有效能（available energy）总量，就是其所具有的能值，实际上就是包被能（embodied energy）。

在实际应用中，以“太阳能值”（solar emergy）衡量某一能量的能值：任何流动或储存的能量所包含的太阳能之量，即为该能量的太阳能值。由于任何能量均始于太阳能，故可以太阳能值为标准，衡量任何类别的能量。太阳能值的单位为太阳能焦耳（solar emjoules，缩写为 sej）。

以能值为基准，可以衡量和比较不同类别、不同等级的能量的真实价值，可以把不同种类、不可比较的能量转换成可进行比较的同一标准——能值。此概念能让我们以同一种能量类别（太阳能）单位，同时比较系统中流动或储存的不同类别的能量及其在该系统中的贡献。

（2）能值转换率

从生态系统食物链概念与热力学原理，引申出又一新的概念一能值转换率，即每单位某种类别的能量（焦耳）或物质（克）所含能值的量（蓝盛芳，2002）。用以表示能量等级系统中不同类别能量的能质（energy quality）。在任何一个能量转换过程中，低质量的能量通过相互作用和做功，转换成高质量的能量。形成 1 J 高质量、高等级的能量，需要许多焦耳低质量、低等级的能量。

在实际应用中通常使用的是太阳能值转换率（solar transformity），即单位能量或物质所含太阳能值之量。单位为太阳能焦耳/焦耳或克，即 sej/J 或 sej/g。通俗地讲，太阳能值转换率就是每焦耳某种能量（或每克某种物质）相当于由多少太阳能焦耳的能值转化而来。在能量转化链中，随着能量流动和转化，其数量逐步减少，能质逐渐增高，能值转换率增加。某种能量的能值转换率越高，表明该能量的能质越高，也就是说在能量系统中的等级阶层越高。可见能值转换率是衡量能量等级的标准。

各种生态系统的能流，从量多而能质低的等级（如太阳能）向量少而能质高的等级如生物质能、电能流动和转化；能值转换率随着能量等级的提高而增加。能量系统中较高等级者具有较大的能值转换率，需要输入较大量的能量来维持，具有较高能质和较大控制力，起着中心功能作用。人类劳动、科技文化资料、高级技术与设备、复杂的生命等均属高能质、高能量转换率和高能值的高等级阶层能量。

太阳能值转换率有几种计算方法：由地球生物圈能量等级计算地球主要能流的能值转换率；通过环境—经济生产系统能值分析实例研究；通过资源储存再生周期计算；通过合并其他能值转换率计算；利用能流网络图计算分析；应用计算机处理系统的各种能值来源计算；通过能量系统能源追踪估算；通过能量分布曲线图分析计算；通过能量等级变化周期计算。

（3）能值/货币比率（sej/J）

能值与货币的数量关系，可用能值/货币比率（sej/J）表示，即一个国家（地区）当年全年的能值应用总量与当年该国（地区）国民生产总值（GNP）的比。亦可看作衡量货币实际购买力和劳动力实际能力的标准。用太阳能值除以该国当年能值/货币比率即得能值-货币价值（Emdollar Value，即 EM $），也就是将能值折算成市场货币时能值相当于多少货币。通过能值-货币价值解决了在分析评价中自然环境资源与经济社会的对接难题。它是从宏观上探讨经济的理想尺度，能取得能值-货币价值最大的系统必然是具有最大产出的系统，它可以持续发展并具有竞争力。

能值分析以能量为基础，把生态系统或生态经济系统中不同种类、不可比较的能量转化成统一标准的能值来衡量和分析，评价不同种类能量在整个系统中的作用和功能；综合分析系统中各种生态流和经济流的能值指标，定量分析系统的结构功能与生态经济效益。其理论依据是：生态经济系统是一个自组织系统，其中所有的任何形式的能都来自太阳能，随着能值在系统中的流动，一部分散失掉（熵），而同时形成具有较高能量等级的新形式的能。通过追溯研究，任何一种形式的能都可以用同一种形式的能来表示（Brown，1996）。

3.5.2 能值分析与能量分析的区别

能值分析与能量分析的主要区别在于：

（1）以往能量分析把各种性质和来源根本不同的能量均以能量单位表示后进行比较和数量研究。然而，不同类型能量并不可比较和加减（严茂超，2001），例如，同是石化能的煤炭燃烧产生的1J能与1J电能存在极大差异，不可做简单相加和比较。以能值为共同的度量标准，则可将各种原本不可相加和比较的能量，通过其能值相加和比较，使系统分析建立在太阳能值为共同标准的基础上（李凤民，1989）。

（2）能量分析主要计算系统能量的产投比，无非是为了显示投入能对产出能形成的效率。然而，生态系统能量分析通常却不计算太阳能、雨水能等自然资源能量投入，分析结果得出的各种产投比并不反映自然的巨大贡献与作用，不能表示生态效益。而能值分析不但分析系统内各组分之间的能值流，而且分析系统内外的能值交流；分析结果得出的综合能值指标体系，既反映生态效益，又体现经济效益，表明自然与人的作用和贡献。

（3）由于能量不能表达和衡量人与自然、环境与经济的本质关系，故难以对生态经济系统（包括社会—经济自然复合生态系统）进行分析。能值分析则可把自然生态系统与人类经济系统统一起来进行定量分析。此外，能量分析无法对系统的物流、货币流、人口流、信息流进行综合分析，能量单位也不能用于表达生态与经济效益的关联；而能值分析以能量为共同量纲，对系统各种生态流综合分析，定量分析系统的结构功能特征与动态变化。

（4）人类与自然界创造的所有财富均包含着能值，都具有价值，所以，能值是财富实质性的一种反映，是客观价值的一种表达；自然资源、商品、劳务和科技信息均可以能值衡量其固有的真实价值，评价它们的贡献。能量则不可能用于衡量自然和经济的价值。

表 3-8　能量分析和能值分析的简单比较

	能量分析	能值分析
衡量标注	能量	能值
单位	焦耳（J）	太阳能焦耳（sej）
能值	不能体现	能体现
能量投入内容	主要是化石能	环境资源、化石能及其他
能流	部分能流	所有能流
评价指标	能量的产投比	能值综合指标体系

3.5.3 能值分析的重要作用

利用能值理论可以进行如下方面的分析：

（1）估计生态环境承载力。假定人类处于一定的消费水平上，根据单位时间的净能值就可以计算出所研究时段的承载力状况，并能与现状进行比较和分析。

（2）可持续发展研究。它启示我们要不断给系统输入能值，使得系统不断向前发展演化；最有效地利用可利用能值，所释放的熵应控制在适宜的范围内；保持系统中经过长期进化而形成的约束关系（如为人类提供巨大服务功能的湿地、森林和草地的面积应保持一定的数量。

（3）环境资源估价（Odum，1981）。这是应该大力开展研究的一个新领域。环境资源的价值计算是一个世界性的难题，能值理论为研究环境资源的定价提供了一个新途径。

3.5.4 能值分析的方法和步骤

H.T.Odum 建立的能值分析理论，是从总体经济角度出发，综合考虑生态系统与经济系统，以能值为衡量单位建立的一套价值理论体系（严茂超，2001）。它可以对不同尺度、不同类型的系统进行综合研究。能值的应用并不是要取代货币的市场功能，而是用来评估自然资源对生态经济系统的作用，是政策分析和决策研究的有力手段（严茂超，2001）。对于不同类型和尺度的系统进行能值分析研究时，方法有所差别，若以分析对象而言，有国家或地区生态经济系统能值分析方法、亚系统能值分析方法（如农业、林业系统）、具体生产系统（如农作物、工艺品生产）能值分析方法等。但若以手段与步骤而言，主要包括能量系统图的绘制、能值分析表的制定、能值计算与评估、能值转换率和其他各种能值指标的计算、系统分析等。能值分析把农业系统作为复合的生态系统来分析，重视研究系统的自然属性和经济特征及其相互关系，对系统的能流、物流、价值流进行流量综合分析，是典型的系统分析。

能值分析的具体方法和步骤因研究对象和研究者而有所不同，但基本上可以分为 7 步：

（1）资料收集。收集与研究对象相关的自然环境、地理及经济等各种资料，并存入微机贮存处理。

（2）能量系统图的绘制。运用 H.T.Odum 的“能量语言”符号图例，绘一详细的能量图，以组织上一步收集的资料。形成包括系统主要组分和相互关系及能物流、货币流等流向的系统能量图解，概括研究对象各组分和环境的关系。

（3）能值分析表的编制和数据计算。能值分析表一般包括编号、项目、原始数据、太阳能值转换率、太阳能值、能值-货币价值 6 项。其中“太阳能值”等于“原始数据”乘以“太阳能值转换率”，“能值-货币价值”等于“太阳能值”除以当年的该国“能值/货币比率”。

（4）构建能值综合系统图。即集结性系统图，是将（3）、（2）步骤所绘的复杂的能量系统图中重要的、性质类似的项目集结和综合，形成表示系统基本能值结构、输入与输出的综合简图，以利系统整体分析评价。

（5）建立能值指标体系及分析。在完成各类能值分析表及集结性能值综合图的基础上，建立并计算一系列反映生态环境与经济特征和效率的能值指标，进行深入分析评价。H.T.Odum 创立的能值指标体系虽因所分析系统的具体差异而不同，但整体而言，其中几个主要指标是目前各系统分析中通用的，即能值产出率、能值投资率、能值自给率、能值负载率等。

（6）动态模拟。自编程序或采用能量系统动态模型进行动态模拟，预测系统功能与空间结构变化和发展趋势。

（7）系统发展评价和策略分析。通过能值指标分析、系统模拟和系统结构功能的能值定量分析，为指定正确的系统管理调控措施和发展策略提供科学依据，指导生态系统的良性运作和可持续发展。

3.5.5 常用能值指标

各种生态系统和复合生态系统的能值分析，包括生态经济系统及各种生态工程系统的能值分析，均可得出一系列能值综合指标。这些指标综合反映生态系统的结构、功能与效率，它们是反映自然环境和资源的价值并衡量人类社会的经济发展，以及环境与经济、人与自然界关系的指标体系。这些指标可为社会经济发展的决策提供重要参考。通过系统能值分析得出的一系列能值指标，可把复合生态系统的各种能流、物流、货币流、信息流、人口流或生物物种流等在尺度上统一起来，定量分析系统的结构和功能，正确处理人与自然资源、环境与经济的关系，走可持续发展的道路。常用的基本能值指标有：

（1）能值/货币比率（emergy dollar ratio，EDR）

能值/货币比率即一个国家或地区单位货币相当的能值量，它等于该国或地区全年利用总能值除以当年货币流通量。该比值从某种程度上体现了系统的货币购买能力，比值越大表明单位货币可得到的能值越多，同时说明该系统的经济发达程度越低，越需要投入高能质的科技来提高资源的综合效益。发展中国家和地区往往具有较高的比率，因为在这些国家或地区，大部分环境资源的取得是无须付费、无偿使用的。而发达国家由于 GDP 基数较大、货币回笼快，并且大量从国外购买廉价资源，这一比值通常较低。

（2）净能值产出率（net emergy yield ratio，EYR）

净能值产出率为经济过程产生的能值量与来自经济过程的反馈输入能值的比值。它是衡量系统产出对经济贡献大小的指标。EYR 值越高，表明系统获得一定的经济投入，生产出来的产品能值（产出能值）越高，即系统的生产效率越高。但是具有过高净能值产出率的产品在交换时处于不利的地位，因为购买者只支付人类劳动所付出的代价，而不支付环境代价，产品供应一方面临自然资源耗尽的危险。

（3）能值投资率（emergy investment ratio，EIR）

能值投资率为来自经济的反馈能值与来自环境的无偿能值的比值。这个比率指数是衡量开发单位本地区资源而需要的能值投入，也是衡量经济发展程度与环境负载程度的指标。其值越大则表明系统经济发展程度越高；其值越小说明经济发展水平越低而对环境的依赖越强。太低的能值投资率将不利于吸引域外资金，进而影响本地资源的开发。当这一比值较大时，几乎所有的投入都是有偿的，价格上涨，系统的竞争力较低。这一指数大小常受政治或社会经济因素的制约。

（4）能值利用强度和人均能值利用量（emergy density，ED；emergy percapita，EPC）

能值利用强度又称能值密度，等于系统的能值投入总量除以系统的土地面积。是评价系统经济发展程度和发展水平的指标。该值越大，表明系统经济开发程度越高，发展等级越高；同时也表明系统的环境压力越大。人均能值利用量是从生态学的角度来评价人民生活水平的指标。它比传统的人均收入更具科学性和全面性，因为个人拥有的真正财富除了可由货币体现的经济能值外，还包括没有被市场货币化的自然环境无偿提供的能值、与他人物物交换而未参与任何货币流的能值等，这些财富仅以经济收入不能全面体现。人均能值量较高的地区人均生活水平也较高。

（5）能值自给率（ESR）

能值自给率为无偿自然环境与系统能值使用量之比，是用来评价自然环境对系统生产支持能力的指标。它一方面说明系统对自然环境的依赖程度和自然环境资源能值对经济发展所作的贡献。能值自给率越高，说明自然环境的支持能力越强，另一方面也说明经济发展程度不高。

（6）环境负荷率（environmental loading ratio，ELR）

环境负荷率为购买的和不可更新的本地能值与无偿的环境能值（可更新资源能值）之间的比值。较大的比率数值表明在经济系统中存在高强度的能值利用，同时对环境系统保持着较大压力。ELR 是对经济系统的一种警示，若系统长期处于较高的环境负荷率，将产生不可逆转的功能退化或丧失。从能值分析角度来看，外界大量的能值输入以及过度开发本地非更新资源是引起环境系统恶化的主要原因。

（7）基于能值分析的可持续发展指数（emergy-based sustainability index，ESI）

美国生态学家 Brown. M. T 和意大利生态学家 Ulgiati. S 提出了系统可持续发展指数 ESI，定义为系统能值产出率与环境负载率之比，即 EYR/ELR。很显然，如果一个国家或地区的生态经济系统能值产出率高而环境负荷率又相对较低，则它是可持续的，反之是不可持续的。但并不是 ESI 值越大，可持续性越高，ESI 值在 1～10 之间表明经济系统富有活力和发展潜力，ESI＞10 则是经济不发达的象征，当 ESI＜1 时，为消费型经济系统。

3.6 景观安全格局研究方法

3.6.1 景观安全格局理论的提出

1995 年，Forman 在他的《Land Moasic》一书中，主要针对景观格局的整体优化，系统地总结和归纳了景观格局的优化方法。其方法的核心是将生态学的原则和原理与不同的土地规划任务相结合，以发现景观利用中所存在的生态问题和寻求解决这些问题的生态学途径。该方法主要围绕如下几个核心展开（傅伯杰，2000；黎晓亚，2004）：

（1）背景分析：在此过程中，景观的生态规划主要关注景观在区域中的生态作用（如“源”或“汇”的作用），以及区域中的景观空间配置。区域中自然过程和人文过程的特点及其对景观可能影响的分析也是区域背景分析应关注的主要方面。另外，历史时期自然和人为扰动的特点，如频率、强度及地点等，也是重要的内容。

（2）总体布局：以集中与分散相结合的原则为基础，Forman 提出了一个具有高度不可替代性的景观总体布局模式。在该模式中：Forman 指出，景观规划中作为第一优先考虑保护和建设的格局应该是几个大型的自然植被斑块作为物种生存和水源涵养所必需的自然栖息环境，有足够宽和一定数目的廊道用以保护水系和满足物种空间运动的需要，而在开发区或建成区里有一些小的自然斑块和廊道，用以保证景观的异质性。这一优先格局在生态功能上具有不可替代性，是所有景观规划的一个基础格局（Forman，1995）。

（3）关键地段识别：在总体布局的基础上，应对那些具有关键生态作用或生态价值的景观地段给予特别重视。如具有较高物种多样性的生境类型或单元、生态网络中的关键节点和裂点、对人为干扰很敏感而对景观稳定性又影响较大的单元，以及那些对于景观健康发展具有战略意义的地段等。

（4）生态属性规划：依据现时景观利用的特点和存在的问题，以规划的总体目标和总体布局为基础，进一步明确景观生态优化和社会发展的具体要求，如维持那些重要物种数量的动态平衡、为需要多生境的大空间物种提供栖息条件、防止外来物种的扩散、保护肥沃土地以免被过度利用或被建筑、交通所占用等，这是格局优化法的一个重要步骤，根据这些目标或要求，调整现有景观利用的方式和格局，将决定景观未来的格局和功能。

（5）空间属性规划：将前述的生态和社会需求落实到景观规划设计的方案之中，即通过景观格局空间配置的调整实现上述目标，是景观规划设计的核心内容和最终目的。为此，需根据景观和区域生态学的基本原理和研究成果，以及基于此所形成的景观规划的生态学原则，针对前述生态和社会目标，调整景观单元的空间属性。这些空间属性主要包括这样几个方面：①斑块及其边缘属性，如斑块的大小、形态、斑块边缘的宽度、长度及复杂度等；②廊道及其网络属性，如裂点（gap）的位置、大小和数量、“暂息地”的集聚程度、廊道的连通性、控制水文过程的多级网络结构、河流廊道的最小缓冲带、道路廊道的位置和缓冲带等。通过对这些空间属性的确定，形成景观生态规划在特定时期的最后方案。之后，随着对景观利用的生态和社会需求的进一步改变，仍会对该方案进行不断的调整和补充。

为进一步将景观生态学应用于景观规划的实践，我国学者俞孔坚以 Forman 所倡导的景观生态规划方法为理论基础，1995 年在其哈佛大学设计学院博士毕业论文中提出了“景观安全格局理论”（傅伯杰，2001）。该理论从围棋中得到启示，认为景观中各个点、线、面在景观过程中所起的作用是不同的，因此在存在着某些关键点（或称战略点）以及某些特定格局能对景观过程起到潜在的决定性影响，从而构成了控制景观的安全格局。不同的安全格局（例如农业生产安全格局、景观质量安全格局、生态安全格局的等）之间通过博弈，可以以最小的代价实现多赢的结果。

俞孔坚所提出的景观安全格局理论从景观生态学中所研究的景观格局入手，以地理信息系统作为技术手段，建立景观要素或物种扩展的阻力面，并根据生态过程或扩展趋势确定不同层次的安全格局。通过这些不同层次、不同要素的景观安全格局组合，就能对景观空间结构进行有效控制（黄国平，1999）。因此，该理论在生物保护、景观规划、区域管理等方面都有着重大的理论和实践意义。

3.6.2 景观安全格局组分

不论景观是均质的还是异质的，景观中的各点对某种生态的重要性都不是一样的。其中有一些局部、点和空间关系对控制景观水平生态过程起着关键性的作用，这些景观局部、点及空间联系构成景观生态安全格局，它们是现有的或是潜在的生态基础设施（ecological infrastructure）（俞孔坚，1999）。

在景观安全格局理论中，生态安全的景观格局应包含如下组分（Yu，1995）：

（1）源地（source）：指作为物种扩散源的现有自然栖息地。

（2）缓冲区（buffer zones）：指围绕源地或生态廊道周围较易被目标物种利用的景观空间。

（3）源间联结（inter-source linkage）：指源地之间可为目标物种迁移所利用的联系通道。

（4）辐射道（radiating routes）：指目标物种出种源地向周围扩散的可能方向，这些路径共同构成目标物种利用景观的潜在生态网络。

（5）战略点（strategic point）：指景观中对于物种的迁移或扩散过程具有关键作用的地段。

在一个明显的异质性景观中，景观安全格局组分是可以凭经验判别到的，如一个盆地的水口，廊道的断裂处或瓶颈，河流交汇处的分水岭（Harris，1984；Forman，1986，1995 ；Merriam，1984）。但是在许多情况下，景观安全格局组分并不能直接凭经验识别。在这种情况下，对景观战略性组分的识别必须通过对生态过程动态和趋势的模拟来实现。

景观安全格局组分对控制生态过程的战略意义可以体现在以下 3 个方面（俞孔坚，1999）：

（1）主动优势（initiative）：景观安全格局组分一旦被某种生态过程占领后就有先入为主的优势，有利于过程对全局或局部的景观控制。

（2）空间联系优势（co-ordination）：景观安全格局组分一旦被某种生态过程占领后有利于在孤立的景观元素之间建立空间联系。

（3）高效优势（efficiency）：某景观安全格局组分一旦被某生态过程占领后，就使生态过程控制在全局或局部景观时，在物质、能量上达到高效和经济。从某种意义上讲，高效优势是景观安全格局的总体特征，它也包含在主动优势和空间联系优势之中（Yu，1995）。

3.6.3 景观生态安全格局识别步骤

3.6.3.1 源的确定

在大多数情况下，景观生态规划的保护对象是多个物种和群体，而且它们应具有广泛的代表性，能充分反映保护地的多种生境特点。在区系成分调查的基础上，可以确定作为主要保护对象的物种和相应的栖息地（源）。

3.6.3.2 建立阻力面

物种对景观的利用被看做是对空间的竞争性控制和覆盖过程。而这种控制和覆盖必须通过克服阻力来实现。所以，阻力面反映了物种空间运动的趋势。如前所述，有多种模型可以用于阻力面（趋势面）的建立。本文的研究中以最小累积阻力模型（minimun cumulative resistance，MCR）（Yu，1995；Knaapen，1992）来建立阻力面。该模型考虑三个方面的因素，即源、距离和景观基面特征。基本公式如下：

$$\mathrm{MCR} = f\min\sum_{j=n}^{i=m}(D_{ij}\times R_i) \tag{3-29}$$

这一公式根据 Knaapen 等人的模型和地理信息系统中常用的费用距离（cost-distance）修改而来。其中 f 是一个未知的正函数，反映空间中任一点的最小阻力与其到所有源的距离和景观基面特征的相关关系。D_{ij} 是物种从源 j 到空间某一点所穿越的某景观的基面 i 的空间距离；R_i 是景观 i 对某物种运动的阻力。尽管函数 f 通常是未知的，但（$D_{ij}\times R_i$）之积累值可以被认为是物种从源到空间某一点的某一路径的相对易达性衡量指标。其中从所有源到该点阻力的最大值被用来衡量该点的易达性。因此，阻力面反映了物种运动的潜在可能性及趋势。

3.6.3.3 根据阻力面来判别安全格局

阻力面是反映物种运动的时空连续体，类似地形表面。阻力面可以用等阻力线表示为一种阻力图。用理论地理学家 Warntz 的术语，这一阻力表面在源处下陷（dip），在最不易达到的地区阻力面呈峰（peak）突起，而两陷之间有低阻力的谷线（course）相联，两峰之间有高阻力的脊线（ridge）相联（Warntz，1957，1966，1967）。每一谷线和脊线上都各有一鞍（在这里我们不妨把 pass 和 dale 两者都称为鞍），它们是谷线或脊线上的极值（最大或最小）。

根据阻力面，进行空间分析可以判别缓冲区、源间联接、辐射道和战略点。

（1）缓冲区的判别

这里的缓冲区可被理解为自然栖息地恢复或扩展的潜在地带，它的范围和边界通过耗费表面中耗费值突变处的耗费等值线确定，而不是传统的规划做法中围绕核心区的一个简单等距离区域。

到目前为止，对缓冲区的划分国际上没有一个科学的方法，景观安全格局理论则为解决此问题提供了一个新的途径。

首先可以用发展阈限（development thresholds）的概念确定不同等级的安全格局。发展阈限（development threshold）这一概念由 Malisz 提出，最早用于城市居民区规划。一般的城市开发往往受到某些环境因素制约，为了克服这些制约所花费的成本被称为“阈值成本”（threshold cost），或者称为阈值。由于一系列环境制约的存在，存在着一些关键的阈限（critical thresholds），要克服这些关键阈限要花费异常高的额外成本，因此意味着在某一开发水平上的阈限。后来 Kolowski 提出了定级环境阈限（ultimate environmental thresholds，UETs）的概念，是发展阈限功能的延伸，用于探讨环境和生态系统的再生能力及其对发展的限制。这两个概念可以应用于景观安全格局的判读，将发展阈限视做事件或事物水平扩张中所遇到的某些环境阻力。在这些环境阻力所构成的阻力面中，存在着一些阻力面，它需要事件或事物额外付出异常高的代价才能克服这个阻力继续扩散，这些阻力面可理解为关键性的阈限。在 MCR 阻力面基础上，可以作两种曲线：一种曲线是从某一源到最远离源的某一点作一条垂直于等阻力线的剖面曲线，得到的是最小累积阻力（MCR）与离源距离的关系曲线，在局部地方最小累积阻力增长很快，在这些地方事件或事物为了向外扩散，将要付出额外更多的代价，这就可以视作某一等级的发展阈值；这样一系列发展阈值的存在，构成了不同等级的安全格局。另一条曲线是最小累积阻力值与面积的关系曲线，在某些点随着最小累积阻力等值增加，所增加的面积相对减少，所以当越过某一等级的发展阈值时，所增加面积的可用性和其保护意义呈下降趋势，因此这些阈值也同样可以作为安全格局等级划分的依据。对应于空间格局，缓冲区的有效边界就可以根据这些发展阈值来确定，这可以实现缓冲区划分的高效性（俞孔坚，1999）。此外，在设立安全格局等级时，还可以考虑不同等级安全水平所控制的不同大小的景观范围对于事件或事物的意义。

（2）源间联结

源间联结实际上是阻力面上相邻两源之间的阻力低谷。根据安全层次的不同，源间联结可以有一条或多条。它们是生态流之间的高效通道和联系途径。对每个源地而言，与其他源地联系的廊道应至少有一个，两条通道将会增加源地安全性，而三条以上的廊道虽然能增加源地的安全性，但其战略意义则远不如第一条及第二条。

（3）辐射道

还可以识别以某源为中心向外辐射的低阻力谷线。他们形同树枝状河流成为物种向外扩散的低阻力通道。这里，事件或事物运动被当做是能动的对景观的控制过程来认识，而不是被动的保护对象，这对保护对象的未来发展和进化是必要的（Soulé，1980；Erwin，1991）。

（4）战略点

战略点的识别途径有多种，其中直接从阻力面上反映出来的是以相邻源为中心的等阻力线的相切点，对控制生态流有至关重要的意义。将上述各种存在的和潜在的景观结构组分叠加组合，就形成某一安全水平上的生态保护安全格局，不同的安全水平要求有各自相应的安全格局（Yu，1997）。但每一层次的安全格局都是根据生态过程的动态和趋势的某些阈值来确定的，而这些阈值可以通过分析阻力面的空间特性来求得。

3.7 模型模拟法

3.7.1 元胞自动机模型

3.7.1.1 元胞自动机概念

元胞自动机（cellular automata，CA）是空间和时间都离散、参量只取有限数值集的物理系统的理想化模型。元胞自动机应用的首创者当属 Von Neumann，他将之应用于自繁殖系统的逻辑特性研究，并根据他的元胞自动机思想建立了模型；并行计算的第一适用模型。而数学家 Conway 在 1970 年编制的“生命游戏”是最著名的一个在计算机上实现的典型的元胞自动机模型。进入 20 世纪 80 年代以来，元胞自动机研究有了新的进展，科学家们利用这一模型十分简洁地复制出了复杂现象演化中经常出现的分岔、自相似性等现象。近十几年来，CA 已广泛应用于生物医学、地震学、神经系统及流体力学等领域，这些研究使元胞自动机成为研究复杂系统演化的一种重要方法。

元胞自动机被定义为是一个空间和时间都离散的动力系统，散布在规则格网（lattice grid）中的每一个元胞取有限的离散状态，遵循同样的作用规则，依据确定的局部规则作同步更新。大量元胞通过简单的相互作用而构成动态系统的演化，同时，元胞自动机不是由严格定义的物理方程或函数确定，而是用一系列模型构造的规则构成，凡是满足这些规则的模型都可以算作是元胞自动机模型。因此，元胞自动机模型是一类模型的总称，其特点是时间、空间、状态都离散，每个变量只取有限多个状态，且状态的改变规则在时间和空间上都是局部的（周成虎，1999）。

元胞自动机用形式语言的方式来描述，可以表示为一个四元组：

$$CA=(L_d, S, N, f) \tag{3-30}$$

式中：L——一个规则划分的网格空间，每个网格空间就是一个元胞；

d——L 的维数，通常为一维或二维空间，理论上可以是一个任意正整数维的规则空间；

S——一个离散的有限集合，用来表示各个元胞的状态 *s*；

N——元胞的邻居集合，对于任何元胞的邻居集合 $N \in L$，设邻居集合内元胞数目表示为 *n*，那么，*N* 可以表示为一个所有邻域内元胞的组合，即包含 *n* 个不同元胞状态的一个空间矢量，记为：

$$N = (s_1, s_2, s_3, \ldots, s_n)\text{，}s_i \in Z\text{，}i \in \text{（}1\text{，}\cdots\text{，}n\text{）}$$

f 表示一个映射函数：$S_t^n \to S_{t+1}$，即根据 *t* 时刻某个元胞的所有邻居的状态组合来确定 *t*+1 时刻该元胞的状态值，*f* 通常又被称做转换函数或演化规则。

3.7.1.2 元胞自动机的组成

元胞自动机最基本的组成包括五个部分：元胞（cell）、元胞空间（lattice）、邻居（neighbor）、规则（rule）及时间（time）。简单地讲，元胞自动机可以视为是一个元胞空间和定义于该空间的变换函数所组成（周成虎等，1999）。所有元胞相互离散，构成一个元胞空间：在某一时刻一个元胞只能有一种状态，而且该状态取自一个有限的集合：邻居是元胞周围按一定形状划定的元胞集合，它们影响元胞下一个时刻的状态；元胞规则定义了元胞状态的转换规则。

元胞实体所代表空间的地理意义，是建模者的地理认知决定的，经典地理学中，这一地理认知表现为空间概念。根据针对应用的分类标准，空间概念可以分为几何空间概念、地理空间概念和应用性地理概念三类。几何空间概念包括点、线、面等空间目标，用来描述地理事物的空间分布特征和位置特征。地理空间概念是对地理事物进行客观描述的空间概念，例如桥、森林、丘陵等。应用性地理概念是具有很强应用色彩的地理概念，例如资源、环境等。根据前人的研究，标准元胞自动机是基于几何空间概念的模型，适于地理系统和地理过程模拟的元胞自动机空间概念是地理空间概念，而满足某一具体资源环境系统应用的元胞自动机空间概念是应用性地理概念。从概念层次上来讲，地理特征元胞自动机是基于地理空间概念的模型（图 3-3）。

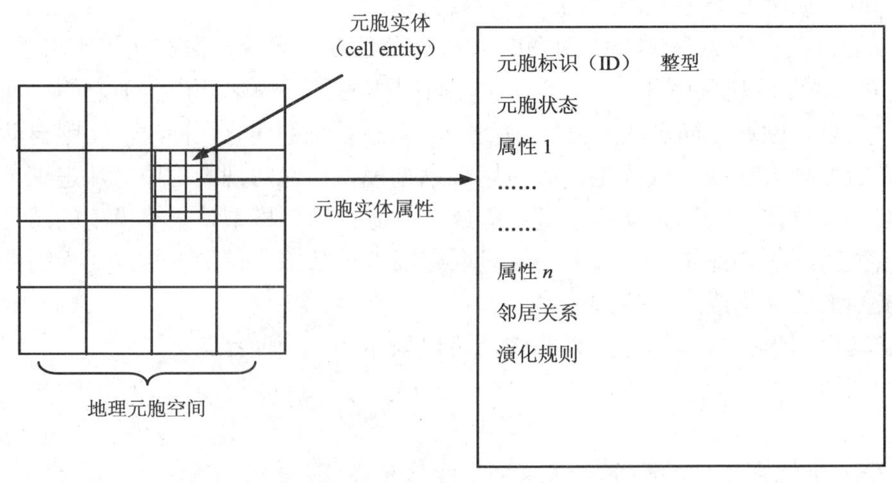

图 3-3　地理元胞自动机概念模型

（1）元胞

元胞又可称为单元，是元胞自动机的最基本的组成部分。元胞分布在离散的一维、二维或多维欧几里德空间的晶格点上，具有离散、有限的状态。状态可以是{0，1}的二进制形式。也可以是$\{s_0, s_1, s_2, s_3, \cdots, s_k\}$整数形式的离敞集合。严格意义上，元胞自动机的元胞只能有一个状态变量，但在实际应用中，往往将其进行扩展。例如每个元胞可以拥有多个状态变量，李才伟（1997）在其博士论文中就设计实现了称之为“多元随机元胞自动机”模型，并且定义了元胞空间的邻居关系，由于邻居关系，每个元胞有有限个元胞作为它的邻居。

（2）元胞空间

元胞空间是元胞所分维的空间网点集合。元胞空间的划分在理论上可以是任意维数的欧几里德空间规则划分。目前研究主要集中在一维和二维元胞自动机上。对于一维元胞自动机，元胞空间的划分只有一种，而高维的元胞自动机，元胞空间的划分可有多种形式。最为常见的二维元胞自动机，其元胞空间通常可按三角形、四边形或六边形三种网格排列。

（3）邻居

以上的元胞及元胞空间只表示了系统的静态成分，为将“动态”引入系统，必须加入演化规则。在元胞自动机中，这些规则是定义在空间局部范围内的，即一个元胞下一时刻的状态决定于本身状态和它的邻居元胞状态。因此，在指定规则之前，必须定义一定的邻居规则，确定哪些元胞属于该元胞的邻居。在一维元胞自动机中，通常以半径 r 来确定邻居，距离一个元胞，半径范围内的所有元胞都被认为是该元胞的邻居。二维元胞自动机的邻居定义较为复杂，但通常有以下几种形式（以最常用的规则四方网格划分为例，如图 3-4），黑色元胞为中心元胞，灰色元胞为其邻居，它们的状态一起来确定中心元胞在下一时刻的状态。

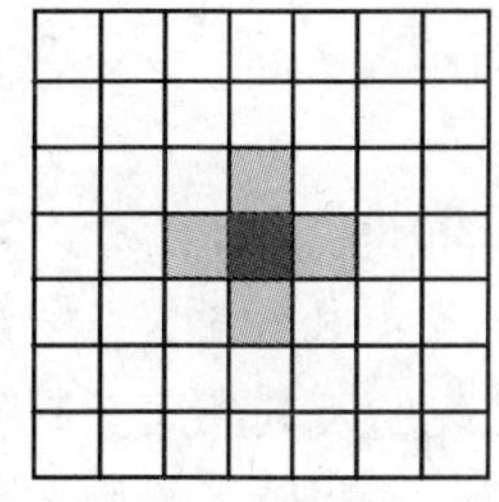

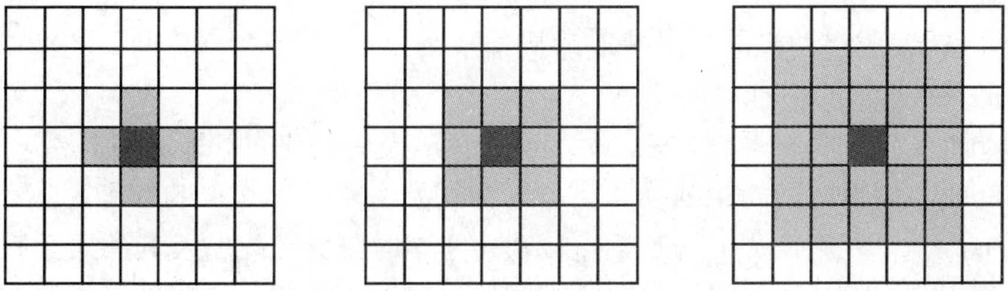

（a）Von. Neumann 型

（b）Moore 型

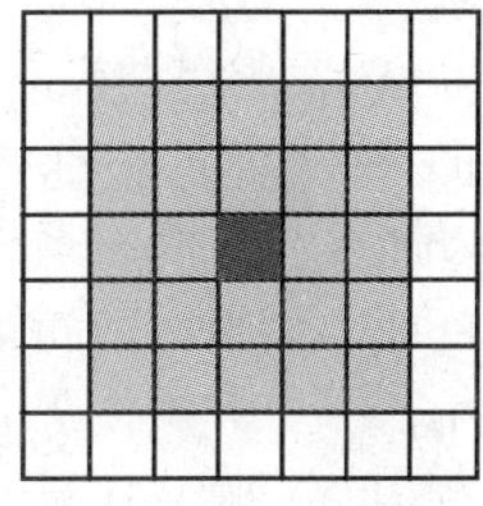

（c）扩展的 Moore 型

图 3-4　元胞自动机的邻居模型

① Von.Neumann 型

一个元胞的上、下、左、右相邻四个元胞为该元胞的邻居。这里，邻居半径 r 为 1，相当于图像中的四邻域。其邻居定义如下：

$$N_{\text{Neumann}} = \left\{ v_i = (v_{ix}, v_{iy}) \middle| \left|v_{ix} - v_{ox}\right| + \left|v_{iy} - v_{oy}\right| \leqslant 1, \left(v_{ix}, v_{iy}\right) \in Z^2 \right\} \qquad (3\text{-}31)$$

式中：V_{ix} 和 v_{iy} 表示邻居元胞的行列坐标值，v_{ox} 和 v_{oy} 表示中心元胞的行列坐标值。此时，对于四方网格，在维数为 d 时，一个元胞的邻居个数为 $2d$。

② Moore 型

一个元胞的相邻八个元胞为该元胞的邻居。邻居半径 r 为 1 时，相当于图像处理中的八邻域或八方向。其邻居定义如下：

$$N_{\text{Moore}}=\left\{v_i=(v_{ix},v_{iy})\middle|\left|v_{ix}-v_{ox}\right|\leqslant 1,\left|v_{iy}-v_{oy}\right|\leqslant 1,\left(v_{ix},v_{iy}\right)\in Z^2\right\} \quad (3\text{-}32)$$

式中：V_{ix}、v_{iy}、v_{ox}和 v_{oy} 意义同前。此时，对于四方网格，在维数为 d 时，一个元胞的邻居个数为（3^d-1）。

③ 扩展的 Moore 型

将以上的邻居半径 r 扩展为 2 或者更大，即得到所谓扩展的摩尔性邻居。其数学定义可表示为：

$$N_{\text{Moore}'}=\left\{v_i=(v_{ix},v_{iy})\middle|\left|v_{ix}-v_{ox}\right|+\left|v_{iy}-v_{oy}\right|\leqslant r,\left(v_{ix},v_{iy}\right)\in Z^2\right\} \quad (3\text{-}33)$$

对于四方网格，在维数为 d 时，一个元胞的邻居个数为（$2r$+1）^{d}－1。

④ Margolus 型

这是一种同以上邻居模型迥然不同的邻居类型，它是每次将一个 2×2 的元胞作统一处理，而上述三种邻居模型中，每个元胞是分别处理的。

（4）规则

根据元胞当前状态及其邻居状况确定下一时刻该元胞状态的动力学函数，就是一个状态转移函数。将一个元胞的所有可能状态连同负责该元胞的状态变换的规则一起称为一个变换函数（史忠植，1998）。它构造了一种简单的、离散的空间、时间范围的局部物理成分，要修改的范围里采用这个局部物理成分对其结构的“元胞”重复修改。这样，尽管物理结构的本身每次都不发展，但是状态在变化，记为 $f:S_i^{t+1}=f(S_i^t,S_N^t)$，$S_N^t$ 为 t 时刻的邻居状态组合，f 为元胞自动机的局部映射或局部规则。

（5）时间

元胞自动机是一个动态系统，它在时间维上的变化是离散的，即时间 f 是一个整数值，而且连续等间距。假设时间间距 dt=1，若 t=0 为初始时刻，那么 t=1 为其下一时刻。在上述转换函数中，一个元胞在 t+1 的时刻直接决定于 f 时刻的该元胞及其邻居元胞的状态，虽然在 t=1 时刻的元胞及其邻居元胞的状态间接（时间上的滞后）影响了元胞在 t+1 时刻的状态。

3.7.2 SLEUTH 模型

SLEUTH 模型是一种应用自适应元胞自动机模拟城市增长及其土地利用变化的模拟模型，由加利福尼亚大学圣巴巴拉分校 Keith C.Clarke 教授基于 C++程序开发而来，模型的主要假设是未来现象可以由过去真实数据模拟得到，同时假设历史增长趋势是持续的。该模型包括两个子模型，即城市增长子模型（urban growth model，UGM）和土地利用/覆盖 Deltatron 子模型（land cover deltatron model，LCD），两者紧密耦合，其中 UGM 子模型可以单独运行，LCD 子模型由 UGM 子模型调用和驱动。SLEUTH 模型得自其输入数据首字母的缩写组合：坡度层（slope），土地利用层（land-use），排除层（excluded），城市范围层（urban），交通层（transportation）和阴影层（hillshade）（马爱功，2009）。

SLEUTH 模型包含三个模块：测试模块、校准模块和预测模块。测试模块确保模型正确编译和运行，同时用于城市增长的历史重建；校准和预测模块是模型的主体，也是最复杂、耗时最多的部分，用于预测城市增长。该模型运行的基本流程如图 3-5 所示。

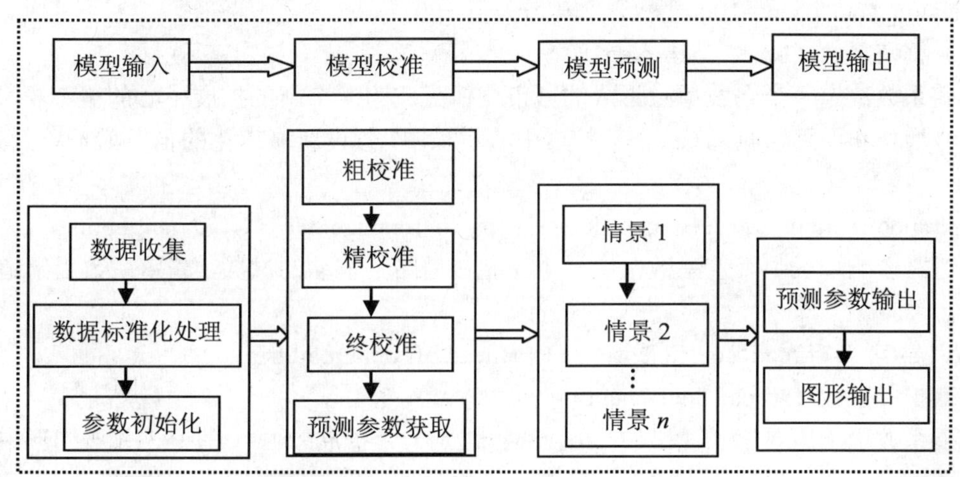

图 3-5　SLEUTH 模型运行流程（马爱功，2009）

增长环（growth cycle）是 SLEUTH 模型运行的基本单位。首先进行各系数初始化，然后应用模型各增长规则，再次比较各增长规则的城市增长率总和与增长速度的临界值，如果增长率超出最高临界值（critical_high）或未达到最小临界值（criticalwe low），自修改规则自动调整系数值以模拟城市的繁荣（boom）或萧条（Bust）状态，最后再反馈给模型开始新一轮的增长模拟。复杂的模拟由初始条件和一系列增长环组成，假设一个增长环表示增长一年，则：一次模拟的增长环个数二模拟结束日期一模拟初始日期。

3.7.2.1　SLEUTH 模型增长系数

SLEUTH 模型包含五个增长控制系数：散布（扩散）系数（diffusion（dispersion）coefficient），繁殖系数（breed coefficient）、扩展系数（spread coefficient）、坡度系数（slope coefficient）、道路重力系数（road-gravity coefficient）。这五个增长系数值通过对模拟结果与历史年份数据的比较进行校准获得，各系数值的取值范围都在 0～100 之间。下面分别详细阐述五个系数以及它们影响的转换规则类别：

（1）散布系数（dispersion coefficient）

散布系数控制着自发增长（spontaneous growth）和道路影响增长（road influenced growth）过程。在自发增长过程中，散布系数决定一个像元被随机选择成为可能的城市化元胞的次数，由散布系数得到的值：

Dispersion_value=（（dispersion_coeff×0.005）×sqrt（rows_sq + cols_sq））

式中：Dispersion_value 的最大值是该图像对角线上值的 50%，Dispersion_value 应用于自发增长：

for （k=0；k<Dispersion_value；k++）

{select pixel（i，j）at random try to urbanize（i，j）}

同时散布系数控制沿着道路随机移动的像元数，散布系数应用于道路影响增长过程中：

Run_value=（roads（*i*，*j*）/max_road_value×dispersion coefficient）

式中：Run_value 是沿着道路移动的最大步长数，当 roads（*ij*）=max_road_value，并且 dispersion_coefficient=100 时，达到其最大值 100。

（2）繁殖系数（breed coefficient）

繁殖系数决定一个自发增长形成的城市化像元成为一个新的扩展中心的概率。用于新扩展中心增长和道路影响增长。在新扩展中心增长中，假设新城市化的自发增长单元为（*i*，*j*），则：

If（random_number<breed_coefficient）{try to urbanize two（*i*，*j*）neighbors}

在道路影响增长中繁殖系数决定一个元胞在道路上移动的次数，繁殖系数用于道路增长为：

for（*k*=0；*k*≤breed_coefficient；k++）{head off on a road trip}

（3）扩展系数（spread coefficient）

扩展系数用于边界增长（edge growth），决定一个扩展中心（在 3×3 邻居构形中，城市像元数大于 2 个）周围任一像元在其邻域产生另外一个城市像元的可能性：

if（random_number<spread_coefficient）{try to urbanize a neighboring pixel}

（4）坡度系数（slope coefficient）

较低的坡度更适宜于城市建设，当坡度增加到一定值时不再适宜于城市建设，该值就是临界坡度（critical_ slope）。坡度对于城市建设的压力是动态的，取决于可利用的平坦土地的比例和坡度区域与已城市化区域的接近程度。坡度系数影响所有增长规则，当某一位置通过城市化适宜性测试时，就要考虑该位置的坡度了。百分比坡度和城市的发展不是简单的线性关系，坡度系数相当于一个乘法器。如果坡度系数高，逐渐增大坡度的区域城市化概率就比较低；相反，当坡度系数接近零时，局部坡度的增加对城市化概率的影响较小。

（5）道路重力系数（road gravity coefficient）

道路重力系数吸引新的居民点沿着道路分布，控制着道路影响增长。在道路影响增长过程中，道路重力系数决定了图像维数的比例，进而决定一个选定像元的最大搜索距离。道路重力系数为：

rg_value=（rg_coeff/MAX_ROAD_VALUE）×（（row+col）/16.0）

式中：MAX_ROAD_VALUE=100，row 和 col 是图像的行数和列数。在最大值时（rg_coef =100）是最大图像维数的 1/16。如果（rg_coeff）小于 100，rg_value 将是一小于图像维数 1/16 的比例。rg-value 应用到道路影响增长（road-influenced growth）中：

max_search_index=4×（rg_value×（1+rg_value））

式中：rg_value 是从被选择的城市像元到道路的最大的邻居数，第一个邻居（rg_value=1）选择邻近城市像元的 8 个元胞。第二个邻居（rg_value=2）选择第一个邻居外围邻近的 16 个像元……，用这种方式，继续向外搜索道路，直到找到一个道路或者搜索距离大于 max_search_index 时终止。

3.7.2.2 SLEUTH 模型增长规则

SLEUTH 模型由一系列输入数据初始化开始运行，通过增长规则来模拟得到城市扩展过程（Gigalopolis，2003），这些规则是：自发增长（spontaneous growth）、新扩展中心增长（new spreading center growth）、边界（有机）增长 edge（organic）（growth）、道路影响增长（road-influenced growth）。

（1）自发增长（spontaneous growth）

自发增长表示地面上随机城市化点的出现，意味着在元胞自动机框架里，栅格上的任何一个非城市化元胞在任何时间序列上都有一定的被城市化的可能性。假设 t 时刻在（i，j）位置的元胞在 t+1 时刻城市化，则可用以下公式表示：

$$U(i,j,t+1)=f_1\left(\text{dispersion\_coefficient},\text{slope\_coefficient},U(i,j,t),\text{random}\right)$$

式中：dispersion_ coefficient 系数确定自发增长全局城市化概率，slope_coefficient 系数确定局部坡度加权概率，random 变量控制过程的随机性。如果该元胞已经城市化或者被排除城市化，该元胞将不改变，因此转化的能力取决于元胞自身的状态值。

（2）新扩展中心增长（new spreading center growth）

新扩展中心增长控制新建立的自发增长的城市元胞变成新的扩展中心的可能性，决定是否任何新的自发增长的城市元胞成为新的扩展中心。全局变量繁殖系数（breed coefficient）决定每一个新的城市元胞 U（f，j，t+1）变成新的扩展中心 U'（i，j，t+1）的概率，用以下公式表示：

$$U'(i,j,t+1)=f_2\left(\text{bread\_coefficient},U(i,j,t+1),\text{random}\right)$$

如果一个城市化元胞要成为一个新的扩展中心，在其邻居中的两个元胞也必须城市化。因此一个城市扩展中心至少有 3 个或者 3 个以上的城市化元胞。这一步的实现依赖于坡度系数和邻近元胞是否已被城市化。

（3）边界增长（edge growth）

边界增长指从已存在的城市扩展中心边界向外扩展，这种增长的中心包括沿新扩展中心增长中生成的新中心和原有城市扩展中心增长的总和。因此如果一个非城市元胞在其周围至少有 3 个相邻的城市元胞，在坡度系数允许发展的前提下，则该元胞有由扩展系数决定的一定的全局概率使其城市化。边界增长可以用以下公式表示：

$$U'(i,j,t+1)=f_3\left(\text{spread\_coefficient},\text{slope\_coefficient},U(i,j,t),U(k,l),\text{random}\right)$$

式中：（k，l）是距离元胞（i，j）最近的邻居。

（4）道路影响增长（road-influenced growth）

道路影响增长由存在的交通道路网和在前面三步最近城市化的元胞决定。控制路边产生的扩展中心沿着交通线模拟新增长的趋势。用繁殖系数（breed wefficient）确定概率，在时间 t+1 选择新的城市化元胞，并且在它们附近寻找一条道路。如果在给定的最大的范围内（道路重力系数决定）发现一条道路，则在最接近于选择点元胞的道路点上临时设置城市元胞。接着，临时的城市元胞沿着那些道路随机移动（散布系数决定其移动步数）。这个临时的城市化元胞被认为是一个新的扩展中心。如果在道路上与临时的城市化元胞相邻的元胞适合城市化，它将被城市化。在道路上产生临时城市化元胞定义如下：

$$U'(i,l,t+1)=f_{4.1}\left(U(i,j,t+1),\text{road\_gravity\_coefficient},R(m,n),\text{random}\right)$$

式中：i，j，k，l，m，n 是元胞的位置坐标，R（m，n）定义一个道路元胞。在道路上的随机移动定义如下：

$$U''(i,j,t+1)=f_{4.2}\left(U'(i,j,t+1),\text{dispersion\_coefficient},R(m,n),\text{random}\right)$$

式中：（i，l）是邻近（k，l）的道路元胞，如果定义临时的城市化元胞随机移动结束点的位置为（p，q），那么这个新的邻近的城市扩展中心定义如下：

$$U'''(i,j,t+1)=f_{4.3}\left(U''(p,q,t+1),R(m,n),\text{slope\_coefficient,random}\right)$$

另外两个邻接的城市化元胞定义如下：

$$U''''(i,j,t+1)=f_{4.4}\left(U'''(p,q,t+1),R(m,n),\text{slope\_coefficient,random}\right)$$

其中（i，j）和（k，l）是（p，q）最近的两个邻居。

（5）自修改规则（self-modification）

SLEUTH 模型是一款自修改元胞自动机，增长环是 SLEUTH 模型运行的基本单位。对于每一个增长环，其城市增长速率为四种不同类型增长方式之和，各增长系数在实际应用中，不一定要保持静态，当每个增长环结束后，对城市增长率进行评价，自修改过程就是不断地适应或改进增长率的过程。增长率由一定时期内新城市化单元数与已知城市面积之比计算而来，当模拟的增长率超过或低于其临界值时，自修改规则将轻微地改变系数值来模拟快速或低速增长，这与城市发展的繁荣或萧条相关。如增长率超过其最大临界值（critical_high），各系数值通过一个大于 1 的乘数以提高增长率，模拟一个扩展系统向更快的方向增长的趋势，这时出现“繁荣”（boom）状态，当增长率低于最小临界值（critical_low）时，各系数值通过一个小于 1 的乘数降低增长率，使其模拟一个“萧条”（bust）或饱和的系统。自修改规则对模拟城市扩展沿典型的 S 曲线增长是很重要的，没有自修改规则，模型会产生线性或指数增长，应用自修改规则，系数的运算是：

$$\text{growth\_rate}=\text{number\_growth\_pixels}/\text{total\_number\_pixels}\times 100$$

其中，nmber_pixels 是从目前增长环产生的新城市化像元数，total_number_ pixels 是目前和增长环先前产生的城市像元总数。

在自修改规则控制下，模型运行过程中系数值在一个增长环初期增加得最快，当很多单元格被城市化后，系数值随着区域的城市密度增加而减小，扩展降低（Clarke et al.，1998）。增长规则和自修改规则两者都是 SLEUTH 模型的核心，它们反映了对城市化的统一理解，但是，要成功地应用这些规则，不同地方可能有不同的参数，需要不断试验并使之参数本地化。

3.8 情景分析法

3.8.1 引言

情景分析法（scenario analysis）是继 1973 年能源危机后兴起的一种有效预测方法，预测各种态势的产生并比较分析可能产生影响的整个过程，其结果包括：对发展态势的确认，各态势的特性、发生的可能性描述，并对其发展路径进行分析。一般而言，所谓情景（scenarios）乃指“一种表达清楚、内部一致、有一定可信度的对未来社会或世界各种条件和发展状况的描述”，是对未来某种特定发展态势的表达。从决策角度来看，情景是“对现状、未来存在的可能性，决策者对未来所期待的状态的描述，以及相关的系列事件，经由这些事件可将现存状态导向未来的目标”。

在区域土地利用变化的生态环境影响评价中，一般应考虑设定土地利用结构、环境影响和社会经济的三类基本控制条件，这样就需要设定土地利用结构、环境和社会经济的未来情景。区域土地利用变化的生态环境影响研究需要人们考虑长远的变化，如需要考虑未来 10 年（甚至 20 年）的变化。从现在到规划期末如此长的时间内，各种经济与社会条件必然会发生很大的变化，特别是包括一些可以预见的重大变化，如人口的增长、经济发展、需求进步和技术进步等。

设计可选择的数个未来情景的方法是环境影响评价中使用较为普遍的一种方法。在土地利用规划环境影响评价研究中，设计未来情景反映未来土地利用规划方案的环境影响具有重要作用。一个简单的说明就是经济发展和技术进步可以增加某一区域对土地利用结构环境影响的适应能力，从而减少该地区对土地利用方式带来的环境影响。

可以看出设定未来情景与预测是不同的。情景是建立在一定科学基础上的对未来各种社会经济及环境等条件的描述或假设。未来情景只能被看做是可能出现的某种未来条件。由于社会经济发展和土地利用/土地覆被变化环境影响的不确定性，使得土地利用规划方案的环境影响也具有不确定性。对于不确定性问题的研究，情景研究方法作为协助决策的工具，20 世纪 80 年代以后逐渐被用于协调保护与开发的矛盾，用于以可持续发展为目标的区域与环境管理及规划的实践中（Harms，1999；Martin，2000）。

目前，国外的情景分析法应用研究主要集中在景观规划、土地利用、景观或土地利用变化、气候变化与生物多样性保护方面（Janet，2007；Jepsen，2005；Abildtrup，2006；Costanza，1989；Janet，2007）。如 Costanza 等对美国路易斯安那州的 Barataria 和 Terrebonne 盆地涉及了 BTELSS 模型，对照 1956—1988 年的历史记录验证了模型，在同样的历史记录下模拟了未来 30 年的状况，在平均的气候模式和相对上升速度加倍的情况下模拟了未来的状况，为不同的选择进行了三种情景预测。从研究尺度来看，大都以国家，甚至整个欧盟或欧洲为单元，宏观尺度研究较多（Janet，2007；Rob，1998；Jana，2007）。研究的切入点也由最初的单一点，如经济、生态、环境、政策等逐渐演变成两者或多者结合（Jana，2007；Münier，2004），尤其利用经济、政策等影响因素来构建模型，探讨生物多样性保护的情景研究逐渐成为发展的主流，反映了全球对生态环境与生物多样性保护研究的重视（Jepsen，2005；Annette，2007）。

国内的情景分析法应用研究主要集中在土地利用、土地利用变化、景观生态建设规划与全球气候变化评估方面（范泽孟等，2005；黄庆旭等，2006；段增强等，2006；李晓文，2001；Yin，2003）。如范泽孟等（2005）基于栅格的土地覆盖边际转换模型，采用基于HadCM3 A1FI、A2a、B2a 等三种未来气候变化情景数据模拟获得的中国 HLZ 生态系统时空变化的系列栅格数据，运行模型后获得相应时段中国未来土地覆盖时空变化情景系列数据。黄庆旭等（2006）模拟了中国北方 13 省未来 30 年不同干旱化过程和社会经济情景共同影响下的区域土地利用结构变化过程。段增强等（2006）建立一种土地利用情景分析方法，该方法以土地利用转换系统最小变动为原则，对不同土地利用的情景设置，利用线性目标优化的 Markov 链方法生成逐年土地利用面积转换矩阵和各土地利用类型面积。张克锋（2007）基于城镇化水平和 GDP 情景进行了中国未来 30 年土地利用变化模拟研究。

从国内外目前研究进展来看，一方面情景方案都是基于研究区域的现状问题，在一系列限制条件下，设计研究区将来可能的变化情景来实现的；另一方面，情景方案的设计与模拟，多数须考虑如何把将来的可能情景落实到空间。对情景方案模拟的效果进行生态经济评价，是情景研究应用区域土地利用变化的生态环境影响的最终目的，并以此来比较和优选出科学合理的土地利用方式，用于指导实践工作。因此，情景分析方法是一种好的方法，它可能为区域土地利用变化的生态环境影响研究在方法上的突破提供有益参考。

3.8.2 基于情景分析法的区域土地利用变化生态效应评价框架

土地利用变化的生态效应情景分析适宜在不同尺度的区域，在编制和实施的过程中，会涉及区域内的众多部门和团体，也需对多个目标进行综合分析和决策，并体现出生态、环境、社会和经济目标的综合与集成。结合情景分析方法的特征和土地利用变化的生态效应的概念，可以从范围界定、问题诊断、目标设定、土地利用结构情景设计、情景模拟、环境影响情景分析和对策建议 7 个方面展开土地利用变化的生态效应情景分析研究（图 3-6）。

3.8.2.1 范围确定

对将要进行土地利用变化的生态效应评价范围、研究对象进行界定。以区域（行政单元或非行政单元）的土地资源系统为核心层次，并识别出不同层次的利益主体，分析规划评价管理区域与不同尺度上区域背景的关系。

3.8.2.2 生态环境问题诊断

在详细了解区域土地利用结构和功能的基础上，分析区域土地利用/覆被的时空变化，同时对区域人类活动干扰进行回顾性评价及土地利用生态环境敏感性评价，识别其环境变化的驱动因素和干扰因子。其中，正确识别自然因素和人为干扰所造成的区域土地利用环境影响机理最为关键。

3.8.2.3 目标设定

根据土地利用变化生态效应的要素分析，确定评价管理目标。如恢复和维持区域土地利用系统的健康、可持续性，进而恢复和维持系统的自然环境和生态学过程；保护好区域重要的生态用地；维持自然资源与社会经济系统间的平衡，协调好区域资源开发与保护的矛盾，从而实现区域长期可持续性。

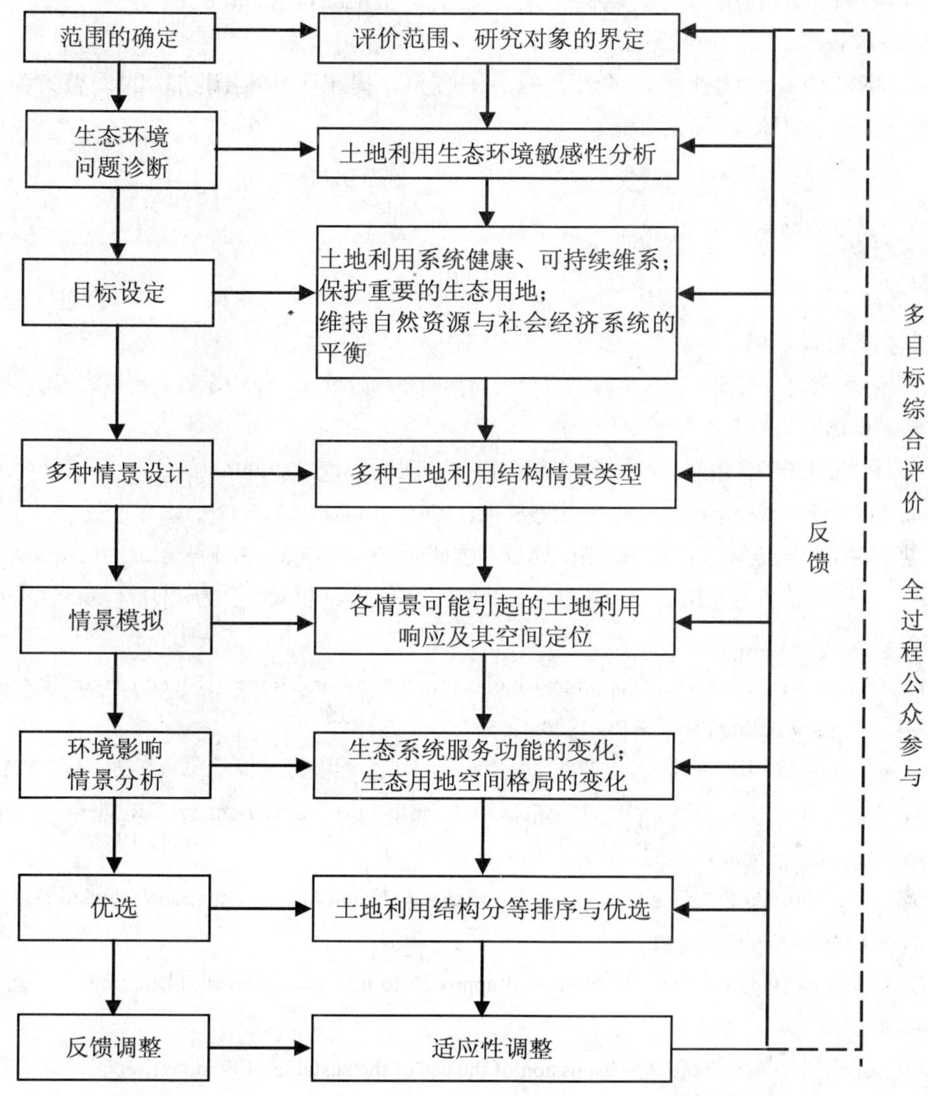

图 3-6　基于情景分析法的土地利用变化的生态效应评价流程

3.8.2.4 土地利用结构情景设计

根据社会经济的未来情景，依据土地资源利用的适宜性、公众和利益相关者的意愿，设计以经济发展、生态环境保护等各为侧重的土地利用结构情景方案。

3.8.2.5 情景模拟

根据各种土地利用结构情景类型，分别分析其可能引起的土地利用响应及其空间定位。

3.8.2.6 环境影响情景分析

（1）区域生态经济价值变化分析。在承载力的约束下，通过评估和比较各土地利用空间配置情景的经济产出、生态服务功能价值和环境成本，以便明确生态经济价值产出最优方案。

（2）分析各种土地利用结构情景类型的土地生态用地空间格局的变化。

3.8.2.7 对策与建议

根据对目标实现程度的评估，通过新信息的收集，提出土地利用结构的调整方案，并反馈修正整个评价管理流程和对策。

参考文献

[1] 许学工，林辉平，付在毅，等.黄河三角洲湿地区域生态风险评价[J].北京大学学报（自然科学版），2001，37（1）：111-120.

[2] 陈利顶，傅伯杰.黄河三角洲地区人类活动对景观结构的影响分析——以山东省东营市为例[J].生态学报，1996，16（4）：337-344.

[3] 王根绪，程国栋.荒漠绿洲生态系统的景观格局分析[J].干旱区研究，1999，16（3）：6 -11.

[4] 傅伯杰.黄土区农业景观空间格局分析[J].生态学报，1995，15（2）：113-120.

[5] 谢花林. 土地利用规划环境影响评价理论、方法与实践研究[M].北京：经济科学出版社，2009.

[6] 苏小红，谢花林，王存.南方丘陵山区生态足迹动态变化研究——以建宁县为例[J].环境科学与管理，2008，33（7）：129-132.

[7] Gunter F．Simulation the socio-economic and biogeophysical driving forces of land-use and land-cover change[M]．IIASA Working Paper WP，1996．

[8] 李利锋，成升魁.生态占用——衡量可持续发展的新指标[J].自然资源学报，2000，15（4）：375-382.

[9] Hardi P，Bang S，Hodge T，et al.. Measuring sustainable development：Review of current practices[J].Occasional Paper，1997，17：1-2，49-51.

[10] Wackernagel M，William E R.Our Ecological footprints：reducing human impact on the earth[J].Gabriol Island：New Society Publishers，1996.

[11] Hardin G.Cultural carrying capacity：a biological approach to human problems[J].Bioscience，1986，36（9）：599-604.

[12] Roth E，Rosenthal H，Burbridge P.A discussion of the use of the sustainability index：ecological footprint for aquaculture production[J].Ecological Economics，2000，32：347-349.

[13] 蒋依依，王仰麟，卜心国，等.国内外生态足迹模型应用的回顾与展望[J].地理科学进展，2005，24（2）：13-23.

[14] Lenzen M，Murray S A.A modified ecological footprint method and its application to Australia[J].Ecological Economics，2001，37（2）：229-255.

[15] 王书华，王忠静.基于生态足迹模型的山区生态经济协调发展定量评估——以贵州镇远县为例[J].山地学报，2003，21（3）：324-330.

[16] 秦耀辰，牛树海.生态占用法在区域可持续发展评价中的运用与改进[J].资源科学，2003，25（1）：1-8.

[17] 赵先贵.西安市生态足迹与生态安全的动态研究[J].干旱区资源与环境，2007，21（1）：1-5.

[18] 徐中民.中国 1999 年生态足迹计算与发展能力分析[J].应用生态学报，2003，14（2）：280-285.

[19] 赵卫，刘景双，孔凡娥.吉林省生态足迹时间序列计算与分析[J].生态与农村环境学报，2006，22（2）：6 -10.

[20] 赵先贵.陕西省生态足迹和生态承载力动态研究[J].中国农业科学，2005，38（4）：746-753.

[21] Wackernagel M，Rees W，Our Ecological Footprint：Reducing Human Impact on the earth[M].Gabriola Island：New Society Publishers，1996.

[22] Odum H.T.Environmental Accounting：Emergy and Environmental Decision Making[M].New York：John Wiley and Sons，1986，5-293.

[23] Brown M T，Herendeen R A.Embodied energy analysis and emergy analysis：a comparative view[J].Ecological Economics，1996，19：219-235.

[24] Odum H T.Self-organization，transformity and information [J].Science，1983，1132-1139.

[25] Odum H T.Environmental Accounting：Emergy and Environmental Decision Making [M].New York：John Wiley & Sons，1996.

[26] Ulgiati S，Brown M T.Monitoring partterns of sustainability in natural and man-made ecosystem[J].Ecological Modeling，1998，108：22-26.

[27] 严茂超.知识经济时代货币购买力指标的国际比较研究[J].资源科学，2001，23（4）：63-67.

[28] 李凤民.浅论农业生态系统能量研究中不同性质能量有不可加性[J].农业现代化研究，1989.

[29] Odum H.T.，Odum E.C.Energy.Basis for man and nature.2nd ed[M].New York：McGraw Hill，1981.

[30] 严茂超.生态经济学新论[M].北京：中国致公出版社，2001，111-113.

[31] 严茂超，李海涛.美国经济与消费格局的新透视——从能值分析结论看美国[J].世界科技研究与发展，2001，23（3）：59-65.

[32] 尚清芳.干旱区绿洲农业生态经济系统能值分析[D].兰州大学博士论文，2006.

[33] 蓝盛芳，钦佩，陆宏芳.生态经济系统能值分析[M].北京：化学工业出版社，2002.

[34] Odum H.T.Environmental Accounting：Emergy and Environmental Decision Making[M].New York：John Wiley and Sons，1986.

[35] 刘巽浩. 我国不同地区农田生态系统能量转换率的初步研究[J].北京农业大学学报，1982，8（1）.

[36] Odum H T.Self-organization，transformity and information[J].Science，1983：1132-1139.

[37] 傅伯杰，陈利顶，马克明，等.景观生态学原理及应用[M].北京：科学出版社，2001.

[38] 黄国平.景观安全格局理论在风景区规划中的应用——以湖南省武陵源风景名胜区为例[J].北京大学硕士研究生学位论文，1999.

[39] 黎晓亚，马克明，傅伯杰，等.区域生态安全格局：设计原则与方法[J].生态学报，2004，24（5）：1055-1062.

[40] 俞孔坚.生物保护的景观生态安全格局[J].生态学报，1999，1：8-15.

[41] Yu K-J.Security Patterns in Landscape Planning：With a Case In South China[D].Doctoral Thesis，Harvard University，1995.

[42] Yu K-J.Ecological security patterns of landscapes：concept，method and a case.In，Proceedings for International Symposium of Geoinformatics' 95[J]，Hong Kong，1995，396-405.

[43] Yu K-J.Ecological security patterns in landscape and GIS application[J].Geographic Information Sciences，1995，1（2）：88-102.

[44] Harris L D.The Fragmented Forest：Island Biogeography Theory and Preservation of Biotic Diversity[M].University of Chicago Press，Chicago，IL，1984.

[45] Forman R T T.Some general principles of landscape and regional ecology[J].Landscape Ecology，1995，10（3）：133-142.

[46] Forman R T T and Godron M.Landscape Ecology[J].John Wiley，New York，1986.

[47] Merriam G.Connectivity：a fundamental characteristic of landscape pattern[A].In Brandt J and Agger P（Editors），The First International Seminar on Methodology in Landscape Ecological Research and Planning[C].Roskilde Universitetsfolag GeoRuc，Roskilde，Denmark，1984.

[48] Knaapen J P，Scheffer M and Harms B.Estimating habitat isolation in landscape planning[J].Landscape and Urban Planning，1992（23）：1-16.

[49] Warntz W.The topology of a social-economic terrain and spatial flows[A].In：（Thomas M D S），Papers of The Regional Science Associatio[C].University of Washington，Philadelphia，1966，47-61.

[50] Warntz W.Geography of prices and spatial interaction[A].In：Papers and Proceedings of the Regional Science Association[C]. 1957，118-129.

[51] Warntz W.Geography and The Properties of Surfaces，Spatial Order—Concepts and Applications[A]. Harvard Papers in Theoretical Geography[C]. 1967（1）part 1.

[52] Soulé M E.Thresholds for survival：Maintaining Fitness and evolutionary potential[A].In：Soule M E.and Wilcox B A.Conservation Bilology：An Evolutionary-Ecological Perspective[C].Sinauer Associates，Inc.，Sunderland，MA，1980.

[53] Erwin T L.An evolutionary basis for conservation strategies[J].Science，1991（253）：750-752.

[54] Yu K-J.Security patterns：a defensive approach toward landscape and environmental planning[A].In，Sellis T and Georgoulis D（eds.），Proceedings，Athens International Conference，Urban Regional Environmental Planning and Informatics to Planning in An Era of Transition[C].National Technical University of Athens，Faculty of Architecture Dept.of Urban and Regional Planning.1997，453-463.

[55] 周成虎，孙战利，谢一春.地理元胞自动机研究[M]. 北京：科学出版社，1999.

[56] 李才伟.元胞自动机及复杂系统的时空演化模拟[D]. 华中理工大学博士学位论文，1997.

[57] 史忠植.城市化与城市地理系统[M]. 北京：科学出版社，1998.

[58] 马爱功.基于元胞自动机的河谷型城市扩展研究——以兰州市为例[D].兰州大学硕士学位论文，2009.

[59] Harms W B.Landscape fragmentation by urbanization in the Netherlands：options and ecological consequences[J].Journal of Environmental Sciences，1999，1.1（2）：141-148.

[60] Martin J F，White M，Reyes E，et al.，Evaluation of coastal management plans with a spatial model：Mississippi Delta，Louisiana，USA[J].Environmental Management，2000，26（2）：117-129.

[61] Janet H，Joseph T，Jonathan M，et al.. A method for evaluating alternative landscape management scenarios in relation to the biodiversity conservation of habitats[J].Ecological Economics，2007，61：277-283.

[62] Jepsen J U，Topping，P O.Evaluating consequences of land-use strategies on wildlife populations using multiple-species predictive scenarios[J].Agriculture，Ecosystems and Environment，2005，105：581-594.

[63] Abildtrup J，Audsley E，Fekete-Farkas M，et al.. Socio-economic scenario development for the assessment of climate change impacts on agricultural land use—a pairwise comparison approach[J].Environmental Science & Policy，2006，9：101-115.

[64] Janet H，Joseph T，Jonathan M，et al.. A method for evaluating alternative landscape management scenarios in relation to the biodiversity conservation of habitats[J].Ecological Economics，2007，61：277-283.

[65] Rob C V A，Knaapen J P，Schippers P，et al.. Applying ecological knowledge in landscape planning—a simulation model as a tool to evaluate scenarios for the badger in the Netherlands[J].Landscape and Urban

Planning，1998，41：57-69.

[66] Jana V，Rob A，Jan K，et al.. Combining biodiversity modeling with political and economic development scenarios for 25 EU countries[J].Ecological Economics，2007，62：267-276.

[67] Peter H.V，Schulp C J E，Witte N，et al.. Downscaling of land use change scenarios to assess the dynamics of European landscapes[J].Agriculture，Ecosystems and Environment，2006，114：39–56.

[68] Münier B，Birr-Pedersen K，Schou J S.Combined ecological and economic modelling in agricultural land use scenarios[J].Ecological Modelling，2004，174：5-18.

[69] Annette B.Ecological process indicators used for nature protection scenarios in agricultural landscapes of SW Norway[J].Ecological Indicators，2007，7：396-411.

[70] 黄庆旭，史培军，何春阳，等.中国北方未来干旱化情景下的土地利用变化模拟[J].地理学报，2006，61（12）：1299-1310.

[71] 范泽孟，岳天祥，刘纪元，等.中国土地覆盖时空变化未来情景分析[J].地理学报，2005，60（6）：941-952.

[72] 段增强，张凤荣，苗利梅.基于 IPAT2S 脚本语言的土地利用情景分析及其应用[J].农业工程学报，2006，22（7）：75-82.

[73] 张克锋，彭晋福，张定祥.基于城镇化水平和 GDP 情景下中国未来 30 年土地利用变化模拟[J].中国土地科学，2007，21（2）：58-64.

第 4 章

基于分形理论的土地利用空间变化行为特征实例研究

4.1 引言

分形（fractal）理论，是 20 世纪 70 年代中期以来发展起来的一种横跨自然科学、社会科学和思维科学的新理论。分形理论在创立之后的 20 多年里，已被广泛应用于自然科学和社会科学的几乎所有的领域，成为国际上科学领域的前沿研究课题之一（Mandelbrot，1975，1982；Van Hees，1994；Barnsley，1988）。在国内，分形理论在地理学中的应用自 20 世纪 90 年代以来逐渐活跃起来，应用日益广泛，并在地貌学、城市地理学、地图学和遥感等分支学科取得了较大进展。景观生态学是研究空间异质性的学科（徐建华，2001），空间格局是景观生态研究的重要内容。因此，以分析空间结构而见长的分形理论也被越来越多地应用于景观镶嵌结构的复杂性与稳定性等景观生态研究，其中运用最多和最成熟要算是景观斑块的面积—周长模型（徐建华，2001；肖笃宁，1997），但是大多数研究都局限在对景观格局变化分析，很少具体分析土地利用的空间行为，本研究试图利用分形理论对土地利用空间行为进行尝试性研究。

4.2 研究区概况

江西东江源流域是香港 684 万人口和珠江三角洲地区人民“生命之水”的发源地。源区位于江西省赣州境内，是珠江三大水系之一的东江源头，含安远、寻乌、定南三县，江西省内流域土地总面积 3 502 km^2（图 4-1）。源区以山地、丘陵为主，地貌可概称“八山半水一分田，半分道路与庄园”。源区呈典型的亚热带丘陵山区湿润季风气候，常年平均气温 18.9℃，年均日照时数为 1 690～1 984 h，无霜期 282～293 d，降雨量 1 526～1 700 mm。源区河网密布，主河流总长 325 km，平均河流密度 1 072 km/km^2。区内植被类型属我国东南部原生型常绿针叶林、针阔混交林及阔叶林，森林覆盖率为 74 %，多为针叶林，且系中、幼林。源区人口总数 53 139 万人，其中农业人口为 4 617 万人。

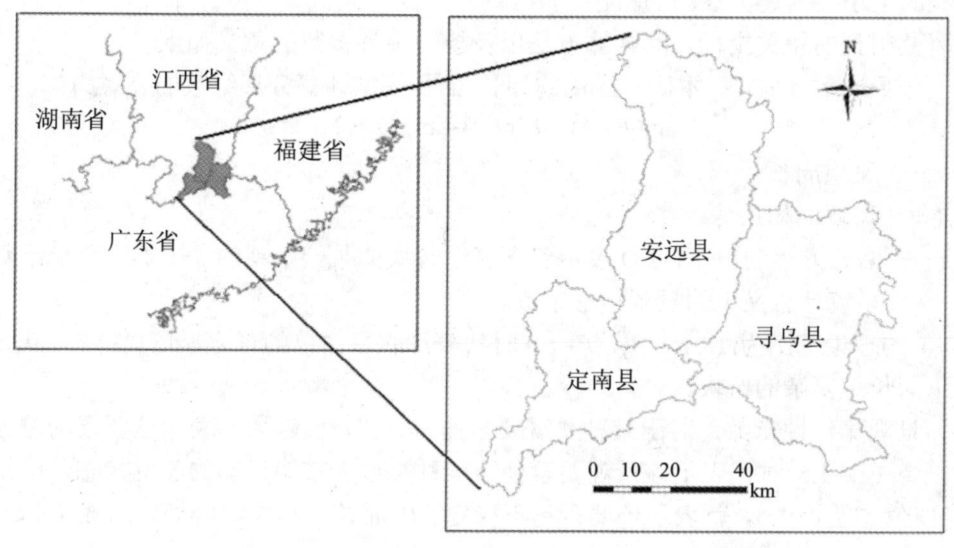

图 4-1　江西东江源流域地理位置示意图

4.3 数据来源与研究方法

4.3.1 数据来源

本研究在 RS 和 GIS 支持下，以江西东江源流域范围的土地利用变化为研究对象，用景观生态学的理论与方法，尤其是分形理论的方法，研究土地利用景观格局及其变化，对流域景观格局的变化规律进行一些实证分析。

运用 ArcGIS 9.0、MGE、ERDAS 8.5 等 GIS 和遥感图像处理软件，参照东江源流域 1∶10 万地形图、土地利用现状图，对不同时期的区域陆地资源卫星 Landsat TM 影像进行图像镶嵌、几何纠正、判读解译等工作，根据解译标志把空间栅格数据矢量化并且进行地类编码，在 ArcGIS9.0 中建立拓扑关系，最终生成土地利用图形库和属性数据库。本研究主要利用了两个年代的东江源流域土地利用解译数据，对建立的空间数据库进行进一步研究，试图发现其中的一些土地利用景观格局及其动态变化特征。根据江西东江源流域的特点和两期数据的变化特征，本研究主要分成水田、旱地、有林地、灌木林地、疏林地、其他林地、高覆盖度草地、中低覆盖度草地、水域和居民点及工矿用地等土地利用类型。

4.3.2 研究方法

所谓分形就是指部分以某种形式与整体相似的形状，自相似性和标度不变性是它的两个重要特征（Edgar，1990；Falconer，1990，1997；Burrough，1986）。一个系统的自相似性是指“某种结构或过程的特征从不同的时间尺度或空间尺度上看都是相似的”，标度不变性是指“自相似性的系统不具有特征长度，具有自相似的结构一定满足标度不变性”。分形维数是表征自相似系统或结构的定量指标之一，研究景观的分维，主要是定量描述其核心面积的大小及其边界线的曲折性。

本研究用到的相关指标，其计算方法以及模型中各参数的意义如下。

（1）分形维数（FD）：本研究应用的周长-面积模型计算分形维数的公式为：

$$\ln(P/4) = k\ln(A) + c, \mathrm{FD} = 2k \tag{4-1}$$

式中：P——斑块周长；

A——斑块面积；

k——回归方程的斜率，FD 表示包含多个斑块的某一景观的“平均”分形维数，也是统计意义上的景观分形维数。

FD 值的理论范围为[1.0，2.0]，F=1.0 时代表形状最简单的正方形斑块；F=2.0 时表示等面积下周长最复杂的斑块。

（2）景观稳定性指数：对于某种景观要素而言，FD 值越大，表示该要素的镶嵌结构越复杂；当 FD=1.5 时，表示该景观要素处于一种类似于布朗运动的随机状态，即不稳定状态；FD 值越接近 1.5，就表示该要素越不稳定。因而各景观要素的稳定指数（SK）可做如下定义：

$$\mathrm{SK} = |1.5 - \mathrm{FD}| \tag{4-2}$$

（3）景观斑块形状破碎度（FS）

$$\mathrm{FS} = 1 - 1/\mathrm{ASI}\text{；}\quad \mathrm{ASI} = \sum_{i=1}^{N} A(i)\mathrm{SI}(i)/A\text{；}$$

$$\mathrm{SI}(i) = P(i)/[4\sqrt{A(i)}]\text{；}\quad A = \sum_{i=1}^{N} A(i) \tag{4-3}$$

式中：FS——某一景观类型斑块形状破碎化指数；

ASI——用面积加权的景观斑块平均形状指数；

SI（i）——景观斑块 i 的形状指数；

P（i）——景观斑块 i 的周长；

A（i）——景观斑块 i 的面积；

A——该景观类型的总面积；

N——该景观类型的斑块数。

（4）景观斑块密度（PD）：为景观中包括全部异质要素斑块的单位面积斑块数。

$$\mathrm{PD} = \frac{1}{A}\sum_{i=1}^{n} N_i \tag{4-4}$$

式中：PD——景观总体斑块密度；

n——研究范围某空间分辨率上景观要素类型总数；

A——研究范围内景观总面积；

$A = \sum_{i=1}^{n} A_i$，A_i——第 i 类景观要素的面积。某类景观要素的斑块密度为 PD_i，

$$\mathrm{PD}_i = N_i / A_i$$

（5）景观类型分离度（F）：指某一景观类型中不同斑块分布的分离程度。分离度在一定程度上反映了人类活动强度对景观结构的影响。分离度 F 的计算公式为：

$$F = D_i / S_i \quad D_i = \sqrt{A / N_i} / 2 \quad S_i = A_i / A \tag{4-5}$$

式中：F——某一景观类型分离度，hm^2；

D_i——景观类型 i 的距离指数；

S_i——景观类型 i 的面积指数；

A_i——景观类型 i 的面积；

A——景观的总面积。

4.4 结果与分析

4.4.1 土地利用结构变化

利用 GIS 技术获得江西东江源流域土地利用变化结果（表 4-1）。从表 4-1 可以看出，居民点及工矿用地、水域和林地的面积有不同程度的增加，而耕地、草地和未利用土地等类型有则不同程度的减少，说明在过去 15 年内，江西东江源流域土地利用结构有很大变动，城镇扩张、植被建设以及退耕还林等，是居民点及工矿用地和林地的面积增加的直接原因，同时也导致了其他土地利用类型面积的减少。

表 4-1　东江源流域 1985—2000 年土地利用变化分类统计

土地利用类型	1985 年/hm^2	2000 年/hm^2	变化量/hm^2	变化率/%
耕地	68 661	68 510	−151	−0.22
林地	515 052	515 652	600	0.12
草地	13 158	12 403	−755	−5.74
居民点及工矿用地	2 755	2 910	155	5.63
水域	690	866	176	25.51
未利用地	25	0	−25	−100.00
合计	600 341	600 341	1 862*	0.31

注：*为各类土地变化量的绝对值之和。

4.4.2 分形维数分析

（1）各土地利用类型分维数的计算

各类土地类型包含多个土地利用行为主体的土地，在同一土地类型中每个土地利用行为主体可能有一个或者多个土地斑块。我们不单独讨论单个土地斑块的分形情况，也不讨论某个土地利用行为主体的所有地块的分形情况。我们关心的是某一土地类型的分布是否具有分形特点，并通过统计分析来验证。某类土地利用类型的分形维数是一种统计意义上的多个同类型土地图斑的“平均”分形维数。

具体方法是，对计算分形维数的公式两边取对数，将每个图斑的面积和周长数据代入对数公式，对每一对数据作出散点图，然后对所有散点进行线性模拟，再通过线性方程的斜率与分形维数的关系求出某类土地的分形维数。图 4-2 和图 4-3 是 1985 年和 2000 年江西东江源流域有林地各斑块面积和周长取对数后的散点图。

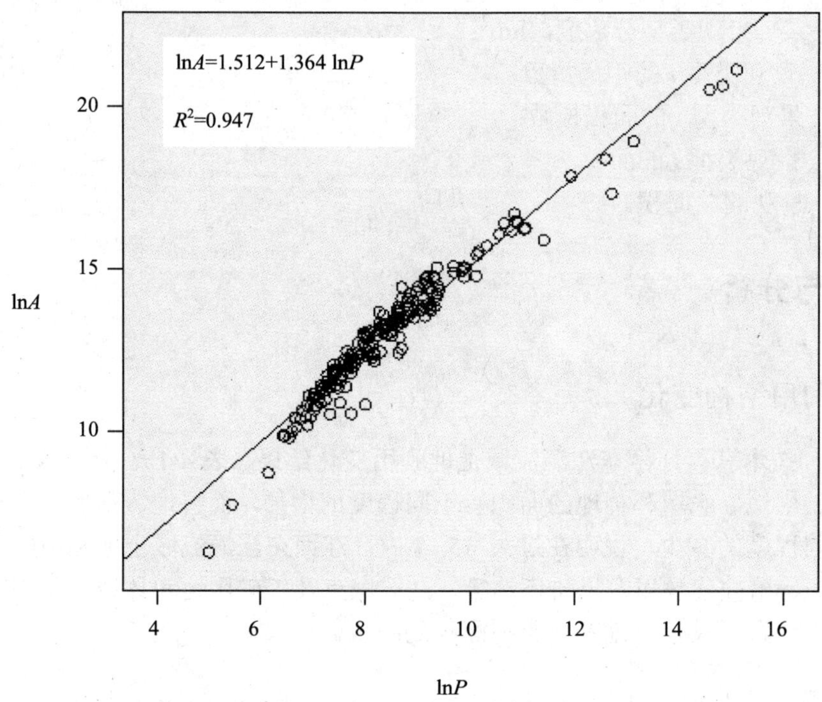

图 4-2 1985 年东江源流域有林地各斑块面积和周长取对数后的散点

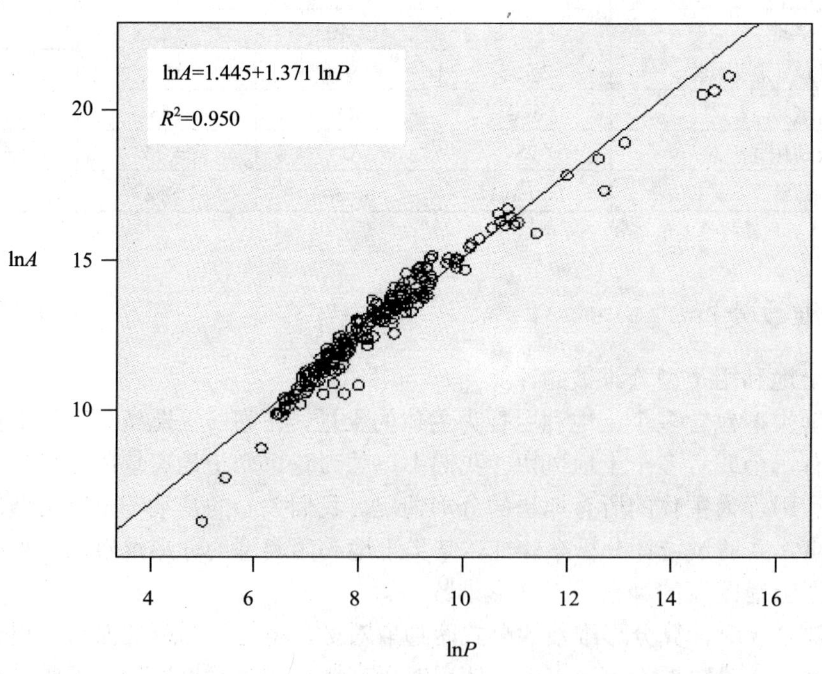

图 4-3 2000 年东江源流域有林地各斑块面积和周长取对数后的散点

运用相同的方法对东江源流域其他地类图斑数据进行处理，表 4-2 和表 4-3 分别列出了该流域 1985 年和 2000 年各种土地利用类型的回归方程、回归方差、统计量和回归统计的斑块样本数。各类土地的分形维数见表 4-4。

表 4-2　东江源流域 1985 年各类土地分形计算的回归方程及相关统计量

土地利用类型	回归方程	R^2	F统计量	样本数
水田	$\ln A$=2.294+1.196$\ln P$	0.939	13 465.353	882
旱地	$\ln A$=2.414+1.171$\ln P$	0.835	8 453.08	1 674
有林地	$\ln A$=1.512+1.364$\ln P$	0.940	3 354.143	191
灌木林地	$\ln A$=1.305+1.394$\ln P$	0.898	2 692.4	309
疏林地	$\ln A$=1.906+1.314$\ln P$	0.920	9 764.248	851
其他林地	$\ln A$=0.084+1.546$\ln P$	0.907	1 397.697	147
高覆盖度草地	$\ln A$=1.880+1.29$\ln P$	0.894	1 883.313	227
中低覆盖度草地	$\ln A$=−0.783+1.638$\ln P$	0.886	410.333	56
水域	$\ln A$=2.314+1.205$\ln P$	0.909	328.167	36
居民点及工矿用地	$\ln A$=1.181+1.385$\ln P$	0.884	2 686.563	355

表 4-3　东江源流域 2000 年各类土地分形计算的回归方程及相关统计量

土地利用类型	回归方程	R^2	F统计量	样本数
水田	$\ln A$=2.287+1.196$\ln P$	0.939	13 356.716	875
旱地	$\ln A$=2.359+1.178$\ln P$	0.833	8 179.829	1 642
有林地	$\ln A$=1.445+1.371$\ln P$	0.950	3 877.397	207
灌木林地	$\ln A$=1.350+1.387$\ln P$	0.900	2 883.510	325
疏林地	$\ln A$=1.912+1.313$\ln P$	0.919	9 613.736	846
其他林地	$\ln A$=0.725+1.47nP	0.917	2 401.319	221
高覆盖度草地	$\ln A$=1.355+1.347$\ln P$	0.894	1 536.697	185
中低覆盖度草地	$\ln A$=−0.783+1.638$\ln P$	0.886	410.333	55
水域	$\ln A$=2.276+1.210$\ln P$	0.915	428.824	43
居民点及工矿用地	$\ln A$=1.181+1.385$\ln P$	0.884	2 686.563	357

表 4-4　1985 年和 2000 年东江源流域各类土地的分形维数及稳定性比较

土地利用类型	分形维数		稳定性指数		稳定性排序	
	1985 年	2000 年	1985 年	2000 年	1985 年	2000 年
其他林地	1.286 1	1.278 3	0.213 9	0.221 7	1	1
居民点及工矿用地	1.288 3	1.288 6	0.211 7	0.211 4	2	2
灌木林地	1.289 3	1.290 5	0.210 7	0.209 5	3	3
疏林地	1.293 6	1.294 2	0.206 4	0.205 8	4	4
有林地	1.296 1	1.295 5	0.203 9	0.204 5	5	5
中低覆盖度草地	1.303 2	1.305	0.196 8	0.195	6	6
高覆盖度草地	1.311 2	1.321 3	0.188 8	0.178 7	7	7

土地利用类型	分形维数		稳定性指数		稳定性排序	
	1985 年	2000 年	1985 年	2000 年	1985 年	2000 年
水域	1.321	1.325 4	0.179	0.174 6	8	8
旱地	1.324 6	1.343 3	0.157 4	0.156 7	9	9
水田	1.352 3	1.352 7	0.147 7	0.147 3	10	10
全部土地	1.306 6	1.309 5	0.191 6	0.190 5	—	—

（2）土地利用空间行为特征在土地斑块分形维数上的反映分析

从表 4-2～表 4-4 中的统计结果来看，东江源流域各类土地的图斑分布具有较好的自相似性，因此，应用分形理论对各类土地从总体上进行分形分析是可行的。

利用分形理论对土地利用空间行为结果进行研究，主要是研究人类土地利用空间行为对土地形态的改变，并对此做出行为解释。因此，研究所关注的是分形维数的变化情况。对于其他表征土地空间行为结果指标的分析也遵循这一思路，即关注指标值的变化方向和变化量，并对其进行行为解释。

对照 1985 年和 2000 年各类土地的分形数据，分形维数降低的地类有其他林地和有林地。其他土地利用类型的分形维数在增加。分形维数减少最多的是其他林地，减少量为 0.007 8。分形维数增加最多的是旱地，增加量为 0.018 7。从各地类分形维数的变化量来看，变化的程度不是很大，说明东江源流域的土地利用空间行为总体上对土地形态的改变比较小。从分形的角度来看，分形维数越大，相同面积土地斑块的周长越长，土地斑块越复杂。分形维数降低意味着土地斑块的形状越来越规整，分形维数增加的情况则正好相反。从生产的角度来看，土地斑块的形状越规整，越有利于生产，如降低运输费用、减少田间机械的空行率等。一般来讲，有序的土地利用行为会使得土地斑块更规整，从而朝着降低土地斑块分形维数的方向发展。从景观生态的角度来看，分形维数越低，土地斑块与其周边其他景观的接触面越少，受外界干扰的机会越少，更有利于斑块的稳定性。

在 1985—2000 年间，东江源流域境内没有发生大的自然灾害，土地利用形态及景观格局的改变绝大部分是由人类的土地利用空间行为引起的。对于分形维数降低的其他林地和有林地而言，土地利用行为主体行为空间的合并或分割使这些土地类型沿着有序的方向发展，分形维数降低的程度，一方面说明了土地斑块形态规整化改善的程度，另一方面也说明了人们改善土地形态的行为强度，如植树造林、退耕还林。对于居民点等分形维数增加的土地类型而言，土地空间行为使土地斑块形态向着破碎化的方向发展，土地利用的无序性增强，分形维数增大的程度反映了这种无序土地利用行为的强度。对所有土地而言，土地形态与景观格局的改变与当时东江源流域发展林业经济、优化工业体系等经济政策对土地利用行为的刺激有着直接的关系，是这些政策在土地利用空间上的反映。

4.4.3 土地利用空间行为特征在稳定性指数上的反映分析

在本研究中，稳定性指数是与分形维数直接相关的一个用来表征土地利用空间行为结果的指标。这一指标的本来意义是为了说明具有某一分形维数的土地斑块在自然状态下，抵御外来干扰、维持其形态的能力。在本研究中，我们试图从它与分形维数的关系中，探知土地斑块分形维数的变化引起的土地斑块稳定性变化及发展方向，从而评价土地利用的空间行为，以及从斑块的稳定性角度，土地利用规划如何来控制人们的土地利用空间行为。

对比 1985 年和 2000 年东江源流域各类土地的土地斑块稳定性指数（见表 4-4），稳定性降低的有居民点用地、旱地、水田、灌木林地、疏林地、草地和河流。稳定性增加的是其他林地和有林地。在所有土地类型中，稳定性降低最多的是高覆盖度草地，降低了 0.01。增加最多的是其他林地，增加了 0.007 8。从变化的情况来看，东江源流域 1985—2000 年间各土地类型斑块的稳定性没有发生很大的变化。根据稳定性与分形维数的关系，土地图斑分形维数在 1.5 的时候最不稳定；在分形维数小于 1.5 的时候，土地图斑分形维数增加，其稳定性降低；在分形维数大于 1.5 的时候，土地斑块分形维数增加，其稳定性也增加。根据这一规律，土地利用规划，尤其是土地利用总体规划，在进行空间规划时，有必要对土地景观进行分形统计分析，对分形小于 1.5 的土地类型要严格控制其分形维数的增加，施以更多的人为控制。对于分形维数大于 1.5 的景观，则尽量减少人为干扰，因为这类土地景观类型大多是一些具有重要生态景观意义的自然景观，或者是在某一土地类型中镶嵌的一些景观岛屿，这些岛屿经过长时间的存在发展，对维持局部土地景观和生态平衡具有特殊意义，这在土地整理等规划中值得注意。

4.4.4 土地利用空间行为特征在斑块形状破碎化指数上的反映分析

这是一个与分形维数相似的指标，这一指标是景观生态学中的一个刻画景观特点的重要指标，本研究采用这一指标旨在从不同学科、不同方法的角度对人类土地利用空间行为结果进行量化分析，也是对用分形理论研究结果的验证，进一步说明东江源流域土地利用空间行为结果的一般性。其他景观生态学指标的采用也遵循这一原则，是对分形理论研究结果的补充和侧面验证。东江源流域 1985 年和 2000 年两个时期各土地利用类型的斑块形状破碎化指数见表 4-5。

表 4-5　1985 年和 2000 年东江源流域各类土地的景观指数比较

土地利用类型	斑块密度		斑块形状破碎化指数		分离度	
	1985 年	2000 年	1985 年	2000 年	1985 年	2000 年
水田	0.018 5	0.018 4	0.814 6	0.814 7	1.646	1.656
旱地	0.079 9	0.078 5	0.564 7	0.565 4	2.715	2.749
有林地	0.000 4	0.000 5	0.948 1	0.947 9	0.432	0.415
灌木林地	0.012 4	0.013 0	0.583 2	0.586 4	5.319	5.164
疏林地	0.008 8	0.008 9	0.895 2	0.895 7	0.825	0.839
其他林地	0.044 6	0.044 2	0.365 9	0.368 3	58.850	31.524
高覆盖度草地	0.020 2	0.017 6	0.613 8	0.626 1	13.840	16.428
中低覆盖度草地	0.026 0	0.023 0	0.452	0.460 2	163.047	171.064
水域	0.053 6	0.049 3	0.636 9	0.626 7	601.559	421.008
居民点及工矿用地	0.128 6	0.122 3	0.268 9	0.301 6	44.919	42.353
景观总体格局	0.007 9	0.008 1	0.945	0.986	5.637	5.611

比较表 4-5 中 1985 年和 2000 年东江源流域各土地利用类型的斑块形状破碎化指数，土地斑块破碎化程度增加的有水田、旱地、灌木林地、疏林地、其他林地、高覆盖度草地、

中低覆盖度草地和居民点及工矿用地。斑块破碎化程度降低的有有林地和水域。斑块破碎化程度增加最多的是高覆盖度草地，增加了 0.01。破碎化程度降低最多的是水域，降低了 0.01，与分形研究结论是基本一致。水田的斑块破碎化程度虽然增加了，但是其增加量相当小，为 0.000 01，可以忽略，因此可以认为其斑块破碎化程度没有发生变化。

4.4.5 土地利用空间行为特征在斑块密度上的反映分析

斑块密度表示的是单位面积上土地斑块的个数，本研究采用的是每公顷土地面积上的斑块个数。表 4-5 中列出了东江源流域 1985 年和 2000 年两个时期各土地类型的斑块密度。斑块密度是一个平均意义上的指标，某类土地类型的斑块密度越大，表示该类土地单位土地面积上的斑块数越多，平均每个斑块的占地规模越小，土地被分割的程度越厉害。斑块密度越小的情况刚好相反。斑块密度在一定程度上也反映了土地斑块的破碎化程度。

通过对比东江源流域 1985 年和 2000 年两个时期该流域各类土地斑块密度的数据后发现，斑块密度降低的土地类型有有林地、灌木林地和疏林地。斑块密度增加的土地类型有水田、旱地、其他林地、高覆盖度草地、中低覆盖度草地、水域和居民点用地。土地斑块密度的变化充分体现了土地利用行为主体行为空间的分割或合并，斑块密度减小，说明土地斑块的合并多于分割，土地斑块的平均面积增大；对于斑块密度增多的情况，则说明斑块的分割更加明显，土地斑块的平均面积减少，斑块的破碎程度增加。比较东江源流域各类土地的分形维数和斑块密度两个指标的变化数据后发现，各地类的土地斑块密度变化方向与分形维数的变化方向基本一致，进一步验证了土地利用行为主体的行为空间分割和合并是引起土地形态变化的根本原因。

4.4.6 土地利用空间行为结果在景观类型分离度上的反映分析

景观分离度在一定程度上反映了人类活动强度对景观结构的影响。表 4-5 中列出了东江源流域 1985 年和 2000 年两个时期各土地类型的景观类型分离度。比较表 4-5 中 1985 年和 2000 年东江源流域各土地利用类型的分离度，分离度增加的有水田、旱地、疏林地、高覆盖度草地、中低覆盖度草地和有林地。分离度降低的有水域、有林地、灌木林地、其他林地和居民点用地。分离度增加最多的是中低覆盖度草地，增加了 8.017。说明在 1985—2000 年期间，人类活动强度对中低覆盖草地的影响较大。

4.5 结论

应用分形理论研究土地利用景观空间格局的变化和土地利用景观镶嵌结构的分析，对于揭示土地利用空间行为的变化特征，以及对于景观评价、管理和区域可持续发展来说，都不失为一种重要工具。

景观斑块破碎度指数由 0.945 变为 0.936，说明本区土地利用景观格局的破碎程度下降，在各个斑块中，下降幅度比较大的类型是有林地和水域等景观类型。

从分离度来看，总体上由 5.637 降低到 5.611，就个体而言分离度大幅度降低的景观要素类型有斑块数目较少的水域和其他林地及斑块数量较多的居民点用地及工矿用地，前者分离度大幅度降低的原因由于人类活动干扰导致的数量减少，后者的大幅度增加的原因由于城镇化发展迅速。

从稳定性来看，一直比较稳定的景观镶嵌结构有农村居民用地、疏林地、有林地等土地利用类型。从稳定性变化来看，其他林地和有林地等土地类型的稳定性在 1985—2000 年期间有明显上升，说明这些土地利用类型趋向稳定；高覆盖草地、水域、灌木林地、旱地、水田等土地利用类型的稳定性明显降低，东江源流域是珠江三角洲地区重要的水源涵养地，高覆盖草地、水域和灌木林地等土地利用类型对水源涵养非常重要，其稳定性降低说明近期应当对它们进行适当保护。

对其他林地和有林地而言，土地利用行为主体行为空间的合并或分割使这些土地类型沿着有序的方向发展，分形维数降低的程度，一方面说明了土地斑块形态规整化改善的程度，另一方面也说明了人们改善土地形态的行为强度，如植树造林、退耕还林。本章只是利用分形理论对土地利用空间行为作些尝试性研究，由于土地利用变化驱动因素的复杂性，还有待进一步完善。

参考文献

[1] Mandelbrot B B.Stochastic models fro the Earch's relief，the shape and the fractal dimension of the coastlines，and the number-area rule for islands [J].*Proc.Nat.Acad.Sci.*，1975，72：3825-3828.

[2] Mandelbrot B B.The fractal geometry of nature [M].San Francisco：*W H Freeman*，1982.

[3] Van Hees，W W S.A fractal model of vegetation complexity in Alaska [J].*Land Ecol.*，1994，9：271-278.

[4] Barnsley M F.Fractals Everywhere [M].London：*Academic Press*，1988.

[5] 徐建华，艾南山，金炯，等.西北干旱区景观要素镶嵌结构的分形研究[J].干旱区研究，2001，18（1）：35-39.

[6] 肖笃宁，布仁仓，李秀珍.生态空间理论与景观异质性[J].生态学报，1997，17（5）：453-461.

[7] Edgar G A.Measure，Topology and Fractal Geometry [M].New York：*Springer-Verlag*，1990.

[8] Falconer K J.Fractal Geometry：Mathematical Foundations and Applications [M].Chichester：*John Wiley & Sons*，1990.

[9] Falconer K J.Techniques in Fractal Geometry [M].Chichester：*John Wiley & Sons*，1997.

[10] Burrough P A.Principles of geographical system s for land resources assessment [M].Oxford：*Clarendon*，1986.

第 5 章

基于景观结构的土地利用生态风险变化实例研究

5.1 引言

土地利用是人类为了满足自身需求而对土地进行调控的措施，土地利用对环境和生态的作用在全球环境变化研究领域受到高度重视（李秀彬，1996；程江，2009）。红壤丘陵区是生态稳定性差、生物组织和生产力波动性大，对人类活动及突发性灾害的反应敏感，自然环境易于向不利于人类利用方向演替的一类自然环境类型，在我国南方地区分布十分广泛。近年来，由于该地区人口的急剧增加，人地矛盾突出，自然植被破坏严重，各类开发建设项目增多等一系列不合理的土地利用方式，带来了新的人为水土流失等生态环境问题（梁音，2008）。在人为活动占优势的景观内，不同土地利用方式和强度产生的生态影响具有区域性和累积性的特征，并且可以直观地反映在生态系统的结构和组成上（曾辉，1999；谢花林，2008）。格局与过程往往是相互联系的，我们可以通过研究空间格局来更好地理解生态学过程。景观本身是人类经济活动的资源和开发利用的对象，人类的经济开发活动主要是在景观层次上进行，因而景观成为研究人类活动对环境影响的适宜尺度（李巍，2009）。基于景观结构进行土地利用生态风险分析，可以综合评估各种潜在生态影响类型及其累积性后果。因此，基于景观结构对红壤丘陵区土地利用的生态风险空间分布规律进行研究，对维持区域生态平衡，改善区域生态环境，加强土地资源的保护，制止不合理的开发利用活动及实现土地资源利用的可持续发展具有重要的意义。

景观格局中沿某一方向的高度自相关可能预示某种生态学过程在起着重要作用（邬建国，2000；Pickett，1995）。因此，进行土地利用的生态风险空间统计分析，能准确地显示出各种生态影响的空间分布和梯度变化特征。目前表征景观格局的指数有多样性指数、镶嵌度指数、距离指数及其景观破碎度指数等（谢花林，2008；陈利顶，1996）。景观格局的最大特征之一就是空间自相关性（spatial autocorrelation），本研究以我国典型的红壤丘陵区——兴国县为案例区，在基本判别指标的基础上，结合前人的研究成果，构建了干扰度指数和景观脆弱度指数；并通过土地利用格局与生态环境之间的经验关系，建立景观格局指数与土地利用生态风险之间的定量化表达，借助空间统计学空间化变量的方法，研究兴国县土地利用的生态风险空间特征，为区域土地可持续利用提供新的思路和方法。

5.2 研究区概况

兴国县位于江西省中南部，贡江支流平固江上游，北、西与吉安市的永丰、泰和、吉水、万安县交界，东、南与赣州市的宁都、于都、赣县毗邻。县界极限坐标：东经 115°01′～115°51′，北纬 26°03′～26°41′，总面积 3 210 km^2（图 5-1）。地势由边缘向中部和南部倾斜，雩山主支脉绵延全境，地形以低山丘陵为主。中南部是以县城为中心的河谷盆地，海拔高 130～150 m，相对高度 50 m 左右。属亚热带季风湿润气候，平均年降雨量 1 500 mm，多集中在 4～6 月，占全年降雨量的 50 %以上，年均气温为 18.9 ℃，1 月（最冷月）平均气温 3.4 ℃，7 月（最热月）平均气温 34.4 ℃，全年积温 6 029.9 ℃，无霜期 280～300 d。主要地貌类型有河谷冲积平原、红土岗地、红色砂砾岩和紫色页岩丘陵、花岗岩和变质岩山地等。本区于处中亚热带常绿阔叶林生物气候带，母岩主要有第四纪红色黏土、砂页岩、花岗岩、千枚岩等。主要土壤类型为红壤，但因地形、母质等成土条件较为复杂，导致除红壤外，还有黄壤、紫色土等土类分布。兴国县水系河网密布，流域面积 10 km^2 以上的河流有 53 条。主要河流为属赣江水系贡水支流的平固江及其支流潋水、岁水于县城边沿汇合而成平固江，流入赣县江口镇入贡水。

2005 年末，兴国县农用地 295 926.89 hm^2，占土地总面积的 92.21%，其中耕地 33 310.2 hm^2，园地 4 631.8 hm^2，林地 245 957.83 hm^2，其他农用地 12 027.05 hm^2；建设用地 14 720.68 hm^2，占土地总面积的 4.59%。根据土壤侵蚀遥感监测成果，兴国县 2000 年土壤侵蚀面积为 726.27km^2，占区域总面积的 22.60%。其中，土壤侵蚀轻度、中度、强度、极强度和剧烈的面积分别为 313.53 km^2，167.54 km^2，187.67 km^2，46.40 km^2 和 11.13 km^2。319 国道、京九铁路穿境而过，以县城为中心的次级公路网络通达全县主要乡（镇）村，交通较为便利。兴国县是著名的苏区模范县，是全国烈士最多的县，又是全国第二大将军县，县辖 7 个镇、18 个乡、371 个行政村。

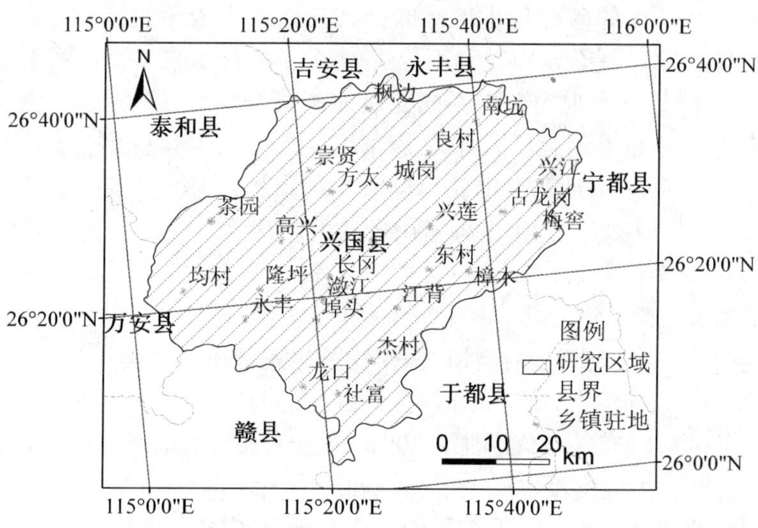

图 5-1 研究区概况图

5.3 数据来源与研究方法

5.3.1 数据来源及处理

运用 ArcGIS9.0、MGE、ERDAS8.5 等 GIS 和遥感图像处理软件，参照兴国县 1∶10 万地形图、土地利用现状图，对不同时期的区域陆地资源卫星 Landsat TM 影像进行图像镶嵌、几何纠正、判读解译等工作，根据解译标志把空间栅格数据矢量化并且进行地类编码，在 ArcGIS9.0 中建立拓扑关系，最终生成土地利用图形库和属性数据库。本研究主要利用了 1994 年和 2005 年的兴国县土地利用解译数据，对建立的空间数据库进行进一步研究，试图发现其中的一些土地利用生态风险变化特征。根据基于景观结构的土地利用生态风险空间分析特点，本次遥感解译把土地利用类型分为 6 个一级类和 12 个二级类，一级地类包括：耕地、林地、草地、居民点及工矿地、水域和未利用地等 6 个；二级地类包括：水田、旱地、有林地、灌木林地、疏林地、其他林地、高覆盖度草地、中低覆盖度草地、水域、居民点及工矿用地和未利用地 12 个。

5.3.2 土地利用生态风险指数的构建

（1）景观干扰度指数

不同的景观类型在维护生物多样性、保护物种、完善整体结构和功能、促进景观结构自然演替等方面的作用是有差别的；同时，不同景观类型对外界干扰的抵抗能力也是不同的。根据前人研究成果（李谢辉，2008；荆玉平，2008；臧淑英，2005），景观干扰度指数 E_i 是用来反映不同景观所代表的生态系统受到干扰（主要是人类活动）的程度（李谢辉，2008），可通过对景观破碎度指数 C_i、景观分离度指数 S_i 和景观优势度指数 DO_i 三者赋予权重叠加获得。其中，景观破碎度指数 C_i 是表述整个景观或某一景观类型在给定时间和给定性质上的破碎化程度，即指在自然或人为干扰作用下，景观由单一、均质和连续的整体趋向于复杂、异质和不连续的斑块镶嵌体的过程（荆玉平，2008）。景观分离度指数 S_i 是指某一景观类型中不同元素或斑块个体分布的分离程度，分离程度越大，表明景观在地域分布上越分散，景观分布越复杂，破碎化程度也越高。景观优势度指数 DO_i 是用来衡量斑块在景观中重要地位的一种指标，其大小直接反映了斑块对景观格局形成和变化影响的大小。景观优势度由斑块的频度 Q_i、密度 M_i 和比例 L_i 决定。相应的计算公式，见表 5-1。

（2）景观脆弱度指数

不同的景观类型在维护生物多样性、保护物种、完善整体结构和功能、促进景观结构自然演替等方面的作用是有差别的；同时对外界干扰的抵抗能力也不同，这种差异性与自然演替过程中所处的阶段有关（许学工，2001）。由于人类活动是该区生态系统的主要干扰因素之一，而土地利用程度不仅反映了土地利用中土地本身的自然属性，而且反映了人为因素与自然因素的综合效应。本区 6 种景观类型所代表的生态系统，以未利用土地最为脆弱，其次是水域，而村镇及工矿最稳定。分别对 6 种景观类型赋以脆弱度指数：未利用地=6、水域=5、耕地=4、草地=3、林地=2、居民点及工矿地=1，然后进行归一化处理（许学工，2001），得到各自的脆弱度指数 F_i。

表 5-1　景观结构指数计算方法

序号	指数名称	计算方法
1	景观破碎度指数 C_i	$C_i = n_i / A_i$
2	景观分离度指数 S_i	$S_i = D_i \times A / A_i$，$D_i = \frac{1}{2}\sqrt{\frac{n_i}{A}}$
3	景观优势度指数 DO_i	$\mathrm{DO}_i = \frac{(Q_i + M_i)}{4} + \frac{L_i}{2}$
4	景观干扰度指数 E_i	$E_i = aC_i + bS_i + c\mathrm{DO}_i$
5	景观脆弱度指数 F_i	由专家咨询法并归一化获得

注：n_i 为景观类型 i 的斑块数；A_i 为景观类型 i 的总面积；D_i 为景观类型 i 的距离指数；A 为景观总面积；DO_i=斑块 i 出现的样方数/总样方数；M_i=斑块 i 的数目/斑块总数；L_i=斑块 i 的面积/样方的总面积；a，b，c 为相应各景观指数的权重，且 $a+b+c=1$，根据分析权衡，并结合前人研究成果（李谢辉，2008；荆玉平，2008；臧淑英，2005），破碎度指数最为重要，其次为分离度指数和优势度指数，以上 3 种指数分别赋以 0.5，0.3，0.2 的权值。

（3）土地利用生态风险指数

结合前人研究成果（李谢辉，2008；荆玉平，2008；臧淑英，2005），利用上述所建立的景观干扰度指数和景观脆弱度指数，构建土地利用生态风险指数，用于描述一个样地内综合生态损失的相对大小，以便通过采样方法将景观的空间格局转化为空间化的生态风险变量。土地利用生态风险指数 ERI 计算公式如下：

$$\mathrm{ERI} = \sum_{i=1}^{N} \frac{S_{ki}}{S_k} \sqrt{E_i \times F_i} \tag{5-1}$$

式中：ERI——土地利用生态风险指数；

N——景观类型的数量；

E_i——景观类型 i 的干扰度指数；

F_i——景观类型 i 的脆弱度指数；

S_{ki}——第 k 个风险小区 i 类景观组分的面积，S_k 为第 k 个风险小区的总面积。

5.3.3 采样方法

本研究采用 4 km×4 km 的正方形样地对土地利用生态风险综合指数进行空间化，采样方式为等间距系统采样法，共有样区 206 个。计算每一样地内各类景观的综合生态风险指数，以此作为样地中心点的生态风险值（图 5-2）。

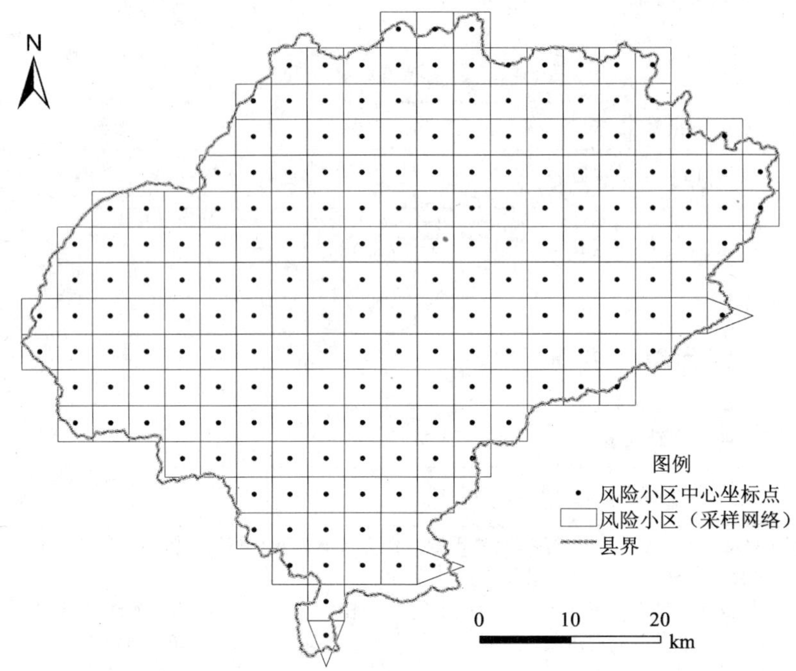

图 5-2 生态风险小区的划分

5.3.4 空间统计分析方法

（1）空间自相关分析法

空间自相关分析的目的是确定某一变量是否在空间上相关，其相关程度如何（Anselin，1988；谢花林，2006）。本研究中用全局空间自相关指标 Moran 的 *I* 系数和局部空间自相关指标 LISA 来分析土地利用生态风险指数的空间模式。Moran 的 *I* 系数反映空间邻接或空间邻近的区域单元的属性值的相似程度。与统计学上的一般相关系数一样，Moran 的 *I* 系数的数值在－1 至+1 之间：＜0 表示负相关，等于 0 表示不相关，＞0 表示正相关。Moran 的 *I* 系数表达公式如下：

$$I = \frac{1}{\sum_{i=1}^{n}\sum_{j=1}^{n} w_{ij}} \cdot \frac{\sum_{i=1}^{n}\sum_{j=1}^{n} w_{ij}(x_i - \bar{x})}{\sum_{i=1}^{n}(x_i - \bar{x})^2 / n} \qquad i \neq j \qquad (5\text{-}2)$$

式中：x_i 和 x_j 是变量 x 在相邻配对空间单元（或栅格细胞）的取值，$\bar{x}$ 为 n 个位置的属性值的平均值，W_{ij} 是通用交叉积统计中的二元空间权重矩阵 W 的元素，可以基于邻接标准或距离标准构建，反映空间目标的位置相似性；C_{ij} 反映空间目标的属性相似性，由 $(x_i - \bar{x})(x_j - \bar{x})$ 给出。$(x_i - \bar{x})(x_j - \bar{x})$ 表示考虑所有的空间单元（或栅格细胞），将单元 i 的值 x_i 减去所有的平均值 $\bar{x}$，再将得到的值 $(x_i - \bar{x})$ 与单元 j 的值 x_j 减去所有的平均值 $\bar{x}$ 而得到的值 $(x_j - \bar{x})$ 相乘。

当需要进一步考虑到是否存在观测值的高值或低值的局部空间聚集，哪个区域单元对于全局空间自相关的贡献更大，以及在多大程度上空间自相关的全局评估掩盖了反常的局部状况或小范围的局部不稳定时，就必须应用局部空间自相关分析。局部空间自相关指标 LISA_i 的计算公式如下：

$$\mathrm{LISA}_i=\frac{(x_i-\bar{x})}{\sum_i (x_i-\bar{x})^2/n}\sum_j W_{ij}(x_j-\bar{x})\quad i\neq j \tag{5-3}$$

式中：x_i、x_j、$\bar{x}$ 和 W_{ij} 的含义同上。正 LISA_i 值表示该区域单元周围相似值（高值或低值）的空间聚集，负 LISA_i 值表示非相似值的空间聚集。

（2）半方差分析法

半方差分析是地统计学中的一个重要组成部分（Journel，1971；李哈滨，1998）。半方差分析主要有两种用途：一是描述和识别格局的空间结构，二是用于空间局部最优化插值，即克瑞金插值。景观生态风险指数作为一种典型的区域化变量，它在空间上的异质性规律，可以用半方差来分析：

$$\gamma(h)=\frac{1}{2N(h)}\sum_{i-1}^{N(h)}[Z(x_i)-Z(x_i+h)]^2 \tag{5-4}$$

式中：h 为配对抽样的空间分隔距离，N（h）为抽样间距为 h 时的样点对的总数，Z（x_i）和 Z（x_i+h）分别是景观生态风险指数在空间位置 x_i 和 x_i+h 上的观测值（i=1，2，…，N（h））， N（h）是分隔距离为 h 时的样本对总数。

半方差是度量空间依赖型与空间异质性的一个综合性指标，它具有 3 个重要参数：块金值（Nugget）、基台值（Sill）、变程（Rang）。当间隔距离 h=0 时，$\gamma(h)=C_0$，该值为基台值。当 h 增大到 A_0 时，$\gamma(h)$ $\gamma(h)$ 从非零值达到一个相对稳定的常数，该常数称为基台值 C_0+C_1，A_0 为变程。块金值（C_0）表示随机因素引起的空间异质性，较大的块金值就预示着小尺度的某种过程不可忽视；结构方差 C_1 表示空间自相关部分引起的空间异质性；基台值（C_0+C_1）则表示最大变异程度，基台值越大表示总的空间差异性程度越高；结构方差与基台值的比例 C_1/（C_0+C_1）是对变量在空间上的可预测性的一种重要度量（Robertson，1994）；而块金值占基台值的比例 C_0/（C_0+C_1）则可用来估计随机因素在所研究的空间异质性中的相对重要性（李哈滨，1998）。

5.4 结果与分析

5.4.1 生态风险度的空间自相关及其对粒度变化的响应

在景观生态学中，尺度往往以粒度和幅度来表达。对于空间数据或图像资料而言，其粒度对应于最大分辨率或像元大小。分析土地利用生态风险指数的 Moran'I 对粒度变化的响应，可以揭示不同尺度上土地利用生态风险的空间自相关性特征。

表 5-2 和图 5-3 为兴国县土地利用生态风险指数的 Moran'I 对粒度变化结果。从图 5-3 和表 5-2 可以看出，在各粒度水平下，1994 年和 2005 年的土地利用生态风险度以及 1994—2005 年土地利用生态风险度变化的 Moran'I 均大于 0，即研究区内的土地利用生态风险度

存在着一定的空间正自相关关系。在 4 km 的粒度下，1994、2005 和 1994—2005 年变化的 Moran'I 值分别为 0.584 7，0.455 3 和 0.347 6，1994 年的 Moran'I 值最大，并表现出强烈的空间正自相关性（$P<0.01$）。总体而言，1994、2005 和 1994—2005 年的生态风险度，随着粒度增大，曲线值呈现出下降的趋势。其中 1994—2005 年的生态风险度变化的空间自相关性较为明显，在 24 km 范围内表现出强烈正的空间自相关（$P<0.05$），说明当粒度较小（24 km）时，土地利用生态风险度在空间分布上的依赖性具有明显的尺度特征，而当粒度逐渐增加时，相邻风险度的差异急剧增加，而相似性减小。整体上来说，1994 年生态风险度的 Moran'I 大于 2005 年，而 1994 年至 2005 年期间生态风险度变化的 Moran'I 在各粒度水平下都较小，表现出弱的空间正自相关性。

表 5-2　兴国县在粒度下土地利用生态风险指数的 Moran′ I 值

粒度/km	1994 年	2005 年	1994—2005 年
4	0.584 7**	0.455 3**	0.347 6**
8	0.472 1**	0.328 9**	0.257 8**
12	0.380 2**	0.251 3**	0.178 4*
16	0.329 9**	0.210 8*	0.143 4*
20	0.271 4**	0.160 9*	0.108 1*
24	0.227 6*	0.128 3*	0.085*
28	0.186 6*	0.104*	0.067
32	0.131 5*	0.081 7*	0.038 8
36	0.089 1*	0.06	0.018 9
40	0.055 5	0.040 7	0.003 7

注：*、**，表示统计检验分别达到 5%和 1%的显著性水平。

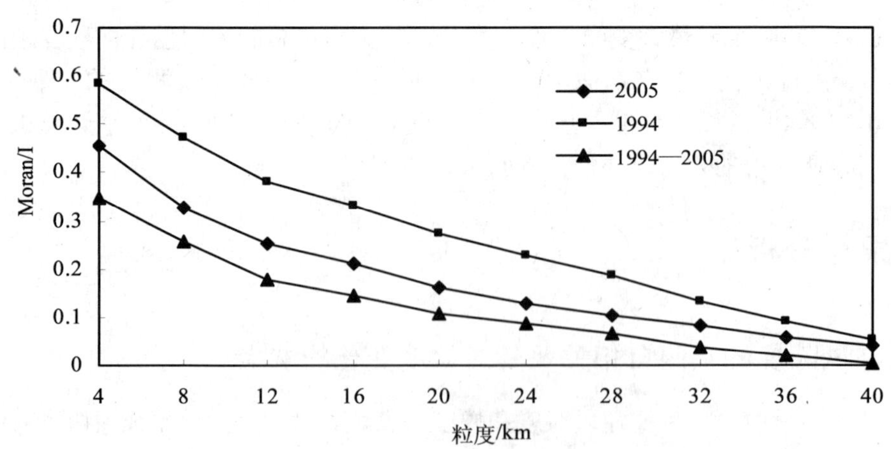

图 5-3　兴国县土地利用生态风险指数的 Moran'I 对粒度变化的响应

5.4.2 生态风险度的局部空间自相关分析

全局空间自相关指标用于验证整个研究区域某一要素的空间模式，而局部指标用反映整个区域中，一个局部小区域单元上的某种地理现象或某一属性与相邻局部小区域单元上同一现象或属性值的相关程度（Anselin，1995）。由于全局 Moran' I 不能探测相邻区域之间生态风险度的空间关联模式，所以局部空间自相关系数是可选择的度量指标（Anselin，1995）。根据公式（5-3），可以得出兴国县 206 个样区 1994 年和 2005 年生态风险度的局部空间自相关 LISA 结果（图 5-4、图 5-5），以及 1994—2005 年期间生态风险度变化的局部空间自相关 LISA 结果（图 5-6）。

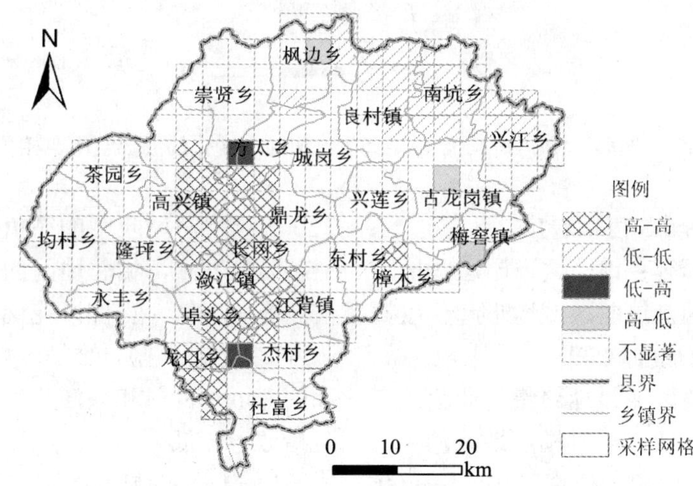

图 5-4　兴国县 1994 年土地利用生态风险度局部空间自相关图

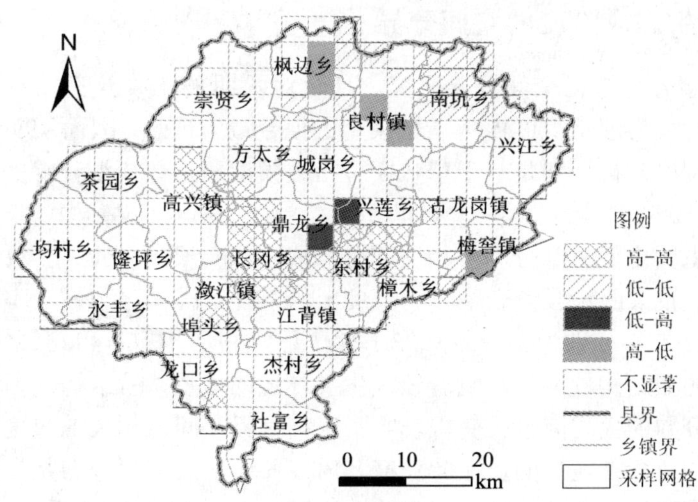

图 5-5　兴国县 2005 年土地利用生态风险度局部空间自相关图

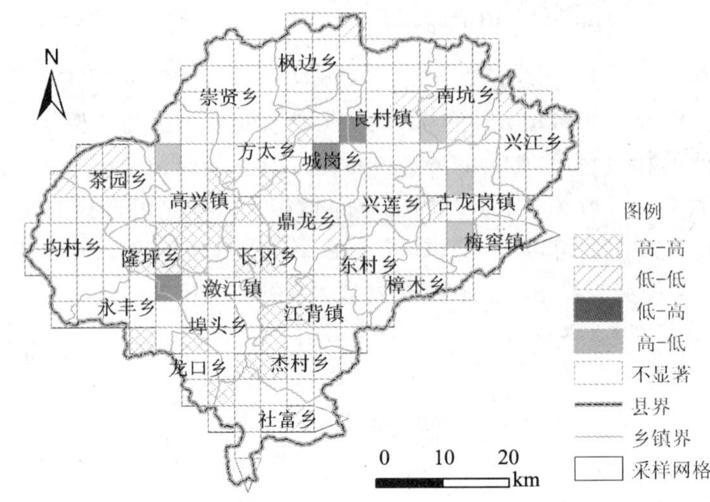

图 5-6 兴国县 1994—2005 年期间生态风险度变化的局部空间自相关图

从图 5-4 和图 5-5 可以看出，研究区 1994—2005 年生态风险度的高值区明显地聚集在中部的高兴、长冈等乡镇，这说明这些地区的生态风险度高，相邻地区的生态风险度也较高。其中主要原因是这些区域地形起伏度高，植被覆盖率低，岩性以花岗岩为主，土壤侵蚀严重。因此，应加强这些区域的土地生态管理，降低生态风险，维护区域整体生态安全。生态风险度的低值区明显地聚集在研究区东北部的南坑、良村和兴江等乡镇，这说明这些区域的生态风险度低，同时相邻地区的生态风险指数也较低。

从图 5-6 可以看出，研究区 1994—2005 年期间大部分区域的生态风险度变化不显著。变化较显著的区域主要集中在研究区的茶园、高兴、长冈良村和兴江等乡镇，且这些区域生态风险度变化较大，同时相邻地区生态风险度的变化也较大。

5.4.3 土地利用生态风险度的空间分异

利用地统计学方法进行空间分异研究，通过对两期采样数据变异函数的计算，1994 年球状模型的拟合最为理想，2005 年指数模型的拟合最为理想，因而 1994 年和 2005 年生态风险度的空间结构分析分别是基于球状模型指数模型和指数模型计算的（图 5-7、图 5-8、图 5-9 和图 5-10）。

空间异质性主要由随机部分和自相关部分组成（李哈滨，1998）。块金值表示随机部分的空间异质性，较大的块金值表明较小尺度上的某种过程不可忽视，本研究中，$C_0/ C+C_0$ 在 1994 年和 2005 年分别为 26.3%和 28.1 %。说明在所选择的 4 km 采样间距以内，还存在一些小尺度的非结构性因素影响着该区生态环境的质量，但结构性因素仍然是该区生态风险指数空间分异的主导因素。变程表明了研究对象空间自相关的尺度，当取样距离大于这个尺度时，各要素是随机的。在此尺度之内，各要素的空间分布是自相关的，其主要的生态学功能、过程与格局都与该尺度有关。从图 5-7 和图 5-9 可以看出，1994 年和 2005 年，研究区生态风险指数空间分异的步长都比较小，分别为 43 km 和 9.3 km，这是因为研究区地形起伏大，地貌相似性较小，地形地势对其空间分异的尺度效应明显。

从各向异性变异函数曲线可以看出，无论 1994 年还是 2005 年，35 km 以内各个方向受结构性因素影响的差别不大，具有显著的各向同性的特点；35km 以外曲线出现了偏离标准曲线的趋势（图 5-8，图 5-10），且水平方向较显著，这与研究区的形状有一定的关系。

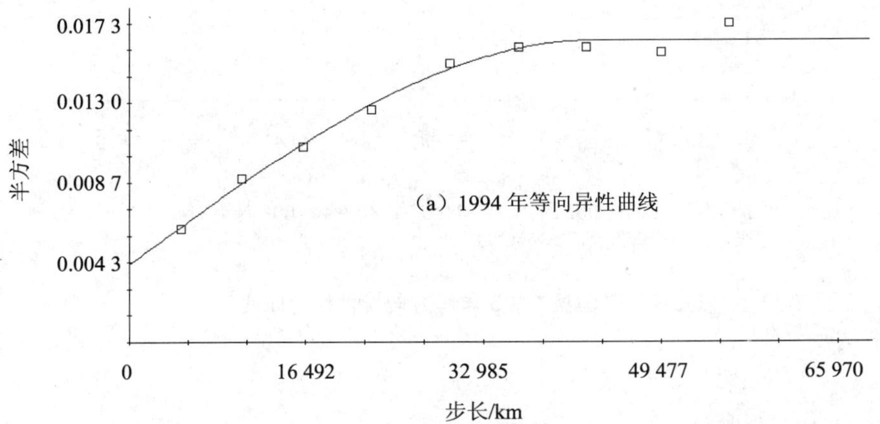

球状模型（C_0=0.004 2；C_0+C=0.016 4；A_0=43 200.00；r_2=0.986；RSS=1.715×10^{-6}

图 5-7　兴国县 1994 年等方向异性拟合曲线

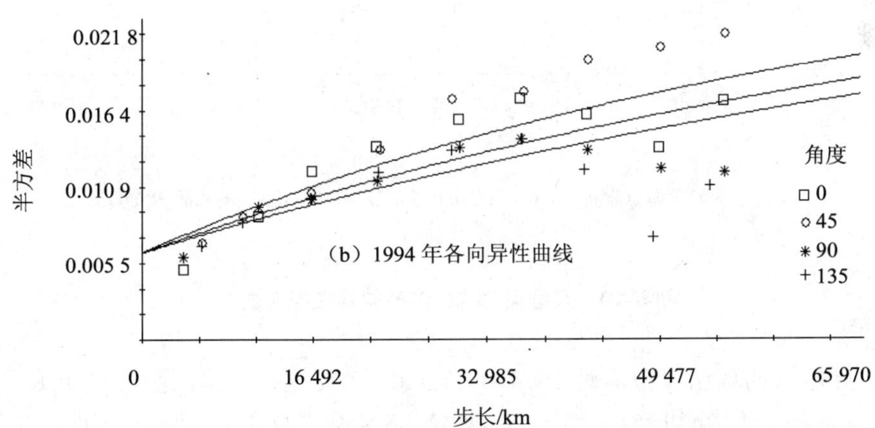

指数模型（C_0=0.006 2；C_0+C=0.028 1；A_1=95 970.00；A_2=67 320.00；
r_2=0.629；RSS=2.942×10^{-4}）

图 5-8　兴国县 1994 年各向异性拟合曲线

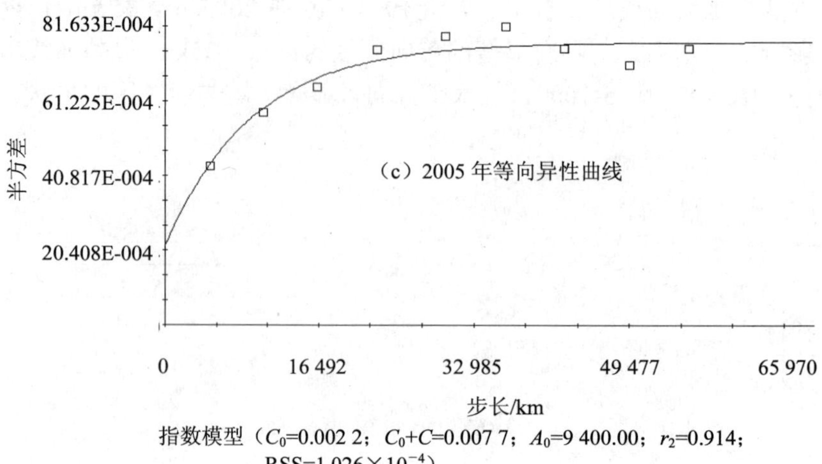

指数模型（C_0=0.002 2；C_0+C=0.007 7；A_0=9 400.00；r_2=0.914；RSS=1.026×10^{-4}）

图 5-9　兴国县 2005 年等方向异性拟合曲线

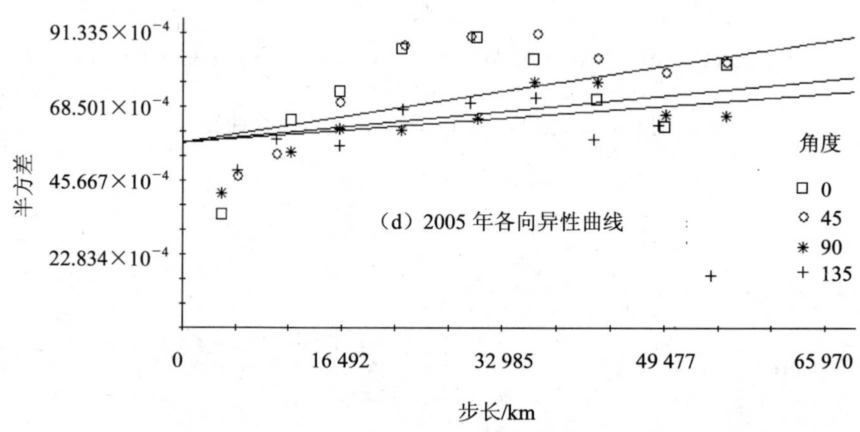

球状模型（C_0=0.005 8；C_0+C=0.015 0；A_1=601 500.00；A_2=286 300.00；r_2=0.338；RSS=8.191×10^{-5}）

图 5-10　兴国县 2005 年各向异性拟合曲线

基于变异函数的理论模型，对 1994 年和 2005 年的生态风险指数进行了 Kriging 插值（图 5-11）。从图 5-11 可以看出，1994 年和 2005 年研究区的中部和南部地区生态风险度都较高，主要在高兴、长冈、龙口和埠头等乡镇，这些地区地形起伏度高，植被覆盖率低，岩性以花岗岩为主，土壤侵蚀严重。从 1994 年至 2005 年，生态风险度变化较大的乡镇是兴莲和东村等乡镇。

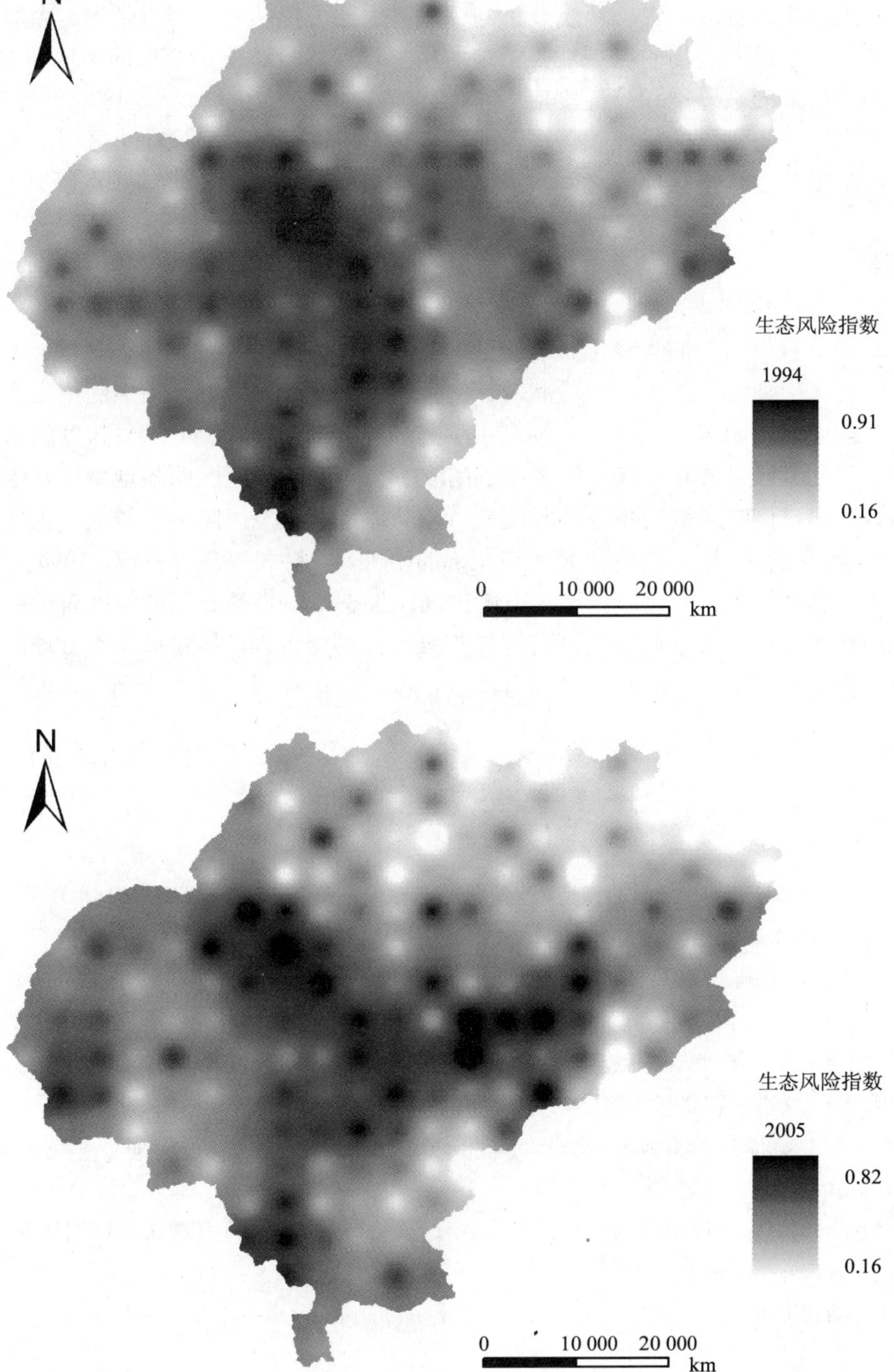

图 5-11　兴国县 1994 年和 2005 年土地利用生态风险指数的 Kriging 插值图

从图 5-11 可以看出，1994 年至 2005 年研究区的生态风险度较低的区域基本没有变化，主要分布北部、东部地区，具体包括南坑、良村、兴江、枫边等乡镇。

土地利用和景观生态学的结合是研究区域生态环境的有效方法与手段，研究结果可为红壤丘陵区土地生态管理，生态环境整治与恢复，土地可持续利用提供依据。今后该地区应在土地利用生态风险度高的区域加强土地利用管理，尽量避免不合理的土地利用方式，减少土地利用格局的破碎度和分离度，提高土地利用的生态安全度，促进区域可持续发展。

由于研究区生态风险的主要表现应为土壤侵蚀，通过计算每个风险小区内的土壤侵蚀模数，在风险度与土壤侵蚀模数之间建立某种数学关系，将是下一步的重点研究方向。

5.5 结论

本研究基于景观结构的景观干扰度指数和景观脆弱度指数构建的生态风险指数，能较好地反映研究区土地利用的生态风险状况。在各粒度水平下，研究区土地利用生态风险度存在着一定的空间正相关性。并且土地利用生态风险度的 Moran’I 随着粒度的增大，呈出下降趋势。研究区 1994—2005 年土地利用生态风险度的高值区明显地聚集在中部的高兴、长冈等乡镇，这些区域的生态风险度高，相邻地区的生态风险度也较高。土地利用生态风险度的低值区明显地聚集在研究区东北部的南坑、良村和兴江等乡镇。1994—2005 年的 11 年中，研究区生态环境质量整体有所提高，生态风险指数较高的地区有所减少。今后该地区应在土地利用生态风险度高的区域加强土地利用管理，尽量避免不合理的土地利用方式，减少土地利用格局的破碎度和分离度，提高土地利用的生态安全度，促进区域可持续发展。

参考文献

[1] 李秀彬.全球环境变化研究的核心领域：土地利用/土地覆盖变化的国际研究动向[J].地理学报，1996，51（5）：553-558.

[2] 程江，杨凯，赵军.基于生态服务价值的上海土地利用变化影响评价[J].中国环境科学，2009，29（1）：95-100.

[3] 曾辉，刘国军.基于景观结构的区域生态风险分析[J].中国环境科学，1999，19（5）：454-457.

[4] 邬建国.景观生态学——格局、过程、尺度与等级[M].北京：高等教育出版社，2000.

[5] Pickett S T，Cadenasso M L.Landscape ecology：spatial heterogeneity in ecological systems[J].Science，1995，269：331-334.

[6] 谢花林，李秀彬.基于分形理论的土地利用空间行为特征——以江西东江源流域为例[J].资源科学，2008，30（12）：1866-1872.

[7] 陈利顶，傅伯杰.黄河三角洲地区人类活动对景观结构的影响分析——以山东省东营市为例[J].生态学报，1996，16（4）：337-344.

[8] 梁音，张斌，潘贤章，等.南方红壤丘陵区水土流失现状与综合治理对策[J].中国水土保持科学，2008，6（1）：22-27.

[9] 李谢辉，李景宜.基于 GIS 的区域景观生态风险分析——以渭河下游沿线区域为例[J].干旱区研究，2008，25（6）：899-902.

[10] 荆玉平，张树文，李颖.基于景观结构的城乡交错带生态风险分析[J].生态学杂志，2008，27（2）：229-234.

[11] 臧淑英，梁欣，张思冲.基于 GIS 的大庆市土地利用生态风险分析[J].自然灾害学报，2005，14（4）：141-145.

[12] 许学工，林辉平，付在毅，等.黄河三角洲湿地区域生态风险评价[J].北京大学学报（自然科学版），2001，37（1）：111-120.

[13] Anselin L.Spatial Econometrics：Methods and Models [M].Kluwer Academic Publishers，Dordrecht，1988.

[14] 谢花林，刘黎明，李波，等.土地利用变化的多尺度空间自相关分析——以内蒙古翁牛特旗为例[J].地理学报，2006，61（4）：389-400.

[15] Anselin L.Local indicators of spatial association [J].Geogr.Anal.，1995，27：93-115.

[16] 李哈滨，王政权，王庆成.空间异质性定量研究理论与方法[J].应用生态学报，1998，9（6）：651-657.

[17] Journel A G，Huijbregts C G.Mining Geostatistics [M].London：Academic Press，1978.

[18] Robertson G P，Gross K L.Assessing the heterogeneity of belowground resources：quantifying pattern and scale[A].In：Caldwell M M，Pearcy R W，ed.Exploitation of environmental heterogeneity by plants：ecopgysiological above-and-belowground [C].San Diego：Academic Press，1994.

[19] 谢花林.基于景观结构和空间统计学的区域生态风险分析[J].生态学报，2008，28（10）：5020-5026.

第 6 章

基于生态足迹模型的可持续性水平测度及其敏感性实例研究

6.1 引言

自 1987 年世界环境与发展委员会（WCED）提出可持续发展的概念以来，可持续发展已经从理论走向了实践，成为各国各级政府制定政策的基本出发点和一种普遍的政策目标（张锦河，2006）。测度可持续发展程度是一个世界性的难题，定量评价和监测发展的可持续性是一个重要的研究领域。自从 1992 年联合国环境与发展大会制订的《21 世纪议程》号召世界各国、国际组织和非政府组织建立和运用可持续发展的指标体系以来，一些国际组织及相关研究人员就努力探寻能定量衡量国家或地区发展的可持续性指标，一些富有价值的评价方法和模型相继出现，如经济合作与开发组织（OECD）与联合国环境规划署（UNEP）共同提出的压力—状态—响应（PSR）框架模型（Tong，2000；Allen，1995），Daly＆Cobb 的“可持续经济福利指数”（ISEW）（Cataned，1999），Cobb 等的“真实发展指标”（GPI）（Hardi，1997），Prescott-Allen 的“可持续发展的晴雨表”（barometer of sustainability）模型（Hardi，1997）等。

区域的可持续发展必须依托生态环境的可持续发展，生态环境不仅是区域社会经济活动的空间载体，而且为区域发展提供自然物质基础（孙鸿烈，1998；谢花林，2009）和废弃物消纳空间（蒋依依，2005）。生态足迹（ecological footprint）模型通过具有等价生产力的生物生产性土地面积衡量人类活动的生态负荷和自然系统的承载能力，从生物物理量的角度研究人类活动与自然系统的相互关系，定量测度资源消耗和区域发展的可持续性（赵卫，2008；Rees，1992，1996）。生态足迹计算简明，结果明了，有效地把人类社会经济活动与自然相互作用这个复杂问题简单化，定量化（Wackernagel，1999）。因此，生态足迹得到了有关国际机构、政府部门和研究机构的认可，成为国际上一种流行的定量测度区域可持续发展的重要方法。

本研究提出了基于生态足迹的可持续性指数来评价区域可持续发展程度。在我国稳步推进小城镇建设的背景下，以典型的红壤丘陵区——江西省兴国县域可持续发展评价为例，对兴国县域 1996—2005 年的生态足迹和可持续性指数进行了分析和评价，选取了总人口数、人均 GDP、城镇化水平和第一产业比重 4 种社会经济指标来拟合可持续性指数，并进行了相关性和敏感性分析，以揭示人类活动对可持续性指数的驱动机制，为区域的可持续发展规划提供针对性的参考意见。

6.2 研究方法

6.2.1 生态足迹模型

加拿大生态经济学家 Rees W E 于 1992 年提出了生态足迹的概念（Rees，1992），之后在其博士生 Wackernagel M 的协助下将其完善和发展为生态足迹模型（Wackernagel，1997；Rees，1996，1998；Wackernagel，1997；Van den Bergh，1999）。生态足迹模型是一种度量可持续发展程度的方法，是一组基于土地面积的量化指标。它由三个部分组成：一是生态足迹，二是生态承载力，三是生态赤字或者生态盈余。

生态足迹是指能够持续地向一定人口提供他们所消耗的所有资源和消纳他们所生产的所有废物的土地和水体的总面积（Wackernagel，1997），其计算公式（Rees，1998）如下：

$$\mathrm{EF} = N \times (\mathrm{ef}) = N \sum_{i=1}^{n} (r_i C_i / P_i) \tag{6-1}$$

式中：i——消费商品和投入的类型；

EF——总的生态足迹；

N——人口数；

ef——人均生态足迹；

r_i——i 类的均衡因子；

C_i——i 类商品的人均消费量；

P_i——i 类消费商品的世界平均生产能力。

生态承载力即是区域内部的生物生产性土地的数量，计算公式为（Hardi，1997）：

$$\mathrm{EC} = N \times (\mathrm{ec}) = N \sum_{j=1}^{6} (r_j \times a_j \times y_j) \tag{6-2}$$

式中：j——生物生产性土地的类型（化石能源土地、可耕地、林地、牧草地、建筑用地和水域）；

EC——总生态承载力；

N——人口数；

ec——人均生态承载力；

a_j——人均生物生产面积；

r_j——均衡因子；

y_j——产量因子。

本研究在计算生态足迹和生态承载力时所采用的均衡因子和产量因子见表 6-1。

表 6-1 均衡因子和产量因子

	均衡因子	产量因子
耕地	2.82	1.66
林地	1.14	0.91
草地	0.54	0.19
水域	0.22	1
建筑用地	2.82	1.66
化石燃料用地	1.14	0

生态赤字（ED）或者生态盈余（ER）指生态承载力与生态足迹的差值，其计算公式如下：

$$EP = EC - EF \tag{6-3}$$

式中：EP——生态足迹盈余或赤字。

如果 EP 为负值，即 EF＞EC，则形成生态赤字，不利于区域可持续发展；如果 EP 为正值，即 EF＜EC，则形成生态盈余，有利于区域可持续发展。观察研究对象生态足迹与生态承载力之间的差距，以反映可持续发展状态，是生态足迹模型最直接的应用（蒋依依，2005）。

6.2.2 可持续性指数（sustainability index，SI）

传统生态足迹模型中的生态盈余或者生态赤字指标能够直观明了地反映区域发展对生态环境的利用和依赖状况，却不能很好地体现环境资源的利用程度（金丹，2010）。生态足迹从具体的生物物理量的角度来评估人类活动对区域生态环境的影响，因此本研究用生态足迹作为可持续性评价的指示剂，基于生态足迹模型的可持续性指数公式为：

$$SI=\frac{EF}{EF+EC} \tag{6-4}$$

SI 的值域为 0～1。当 SI=0.5 时，生态足迹与生态承载力相等，说明区域发展的可持续性处于一种边缘状态；当 SI 属于 0～0.5，说明区域处于可持续状态，且当 SI 趋近于 0 时，说明生态足迹与生态承载力相比可以忽略不计，区域的可持续发展空间巨大；当 SI 属于 0.5～1，说明区域处于不可持续状态，且当 SI 趋近于 1 时，说明生态足迹远大于生态承载力，区域的可持续发展状况非常堪忧。

6.2.3 敏感性系数（sensitivity coefficient，SC）

根据经济学弹性分析的原理，只要两个变量之间存在着函数关系，就可以用弹性来表示因变量对自变量变化反应的敏感程度（高鸿业，2007）。本研究通过定义基于生态足迹的可持续性指数敏感性系数，来定量分析可持续性指数对社会经济发展因子的敏感性程度。可持续性指数敏感性计算公式为：

$$SC_{ij} = \left| \frac{(SI_{i+1} - SI_i) / SI_i}{(IF_{(i+1)j} - IF_{ij} / IF_{ij})} \right| \tag{6-5}$$

式中：SI_{ij}——i 年的可持续性指数相对于影响其变化的 j 中社会经济因素的敏感性系数；

SI_{i+1} 和 SI_i——i+1 和 i 年的可持续性指数；

$IF_{(i+1)j}$，IF_{ij}——i+1 和 i 年影响可持续性指数变化的 j 种社会经济因素。

如果敏感性系数大于 1，则表明自变量较小的变化能引起因变量较大的变化，称因变量对自变量的变化具有敏感性；反之，则称因变量对自变量缺乏敏感性。

6.3 应用

6.3.1 可持续性水平的测算

生态足迹的计算由两部分组成：生物资源消费和能源消费。由于计算兴国县生态足迹模型所需的数据不全面以及当地的实际情况，本研究作如下说明：

（1）因缺乏兴国进出口及国内外贸易量的详细资料，本研究未进行贸易调整估算，在计算能源消费量时暂不考虑贸易商品中所含的能源贸易量；

（2）未收集到兴国历年人均消费量或者总消费量的资料，所以用总产量代替总消费量；

（3）在六种生物生产性土地的类型（化石能源土地、可耕地、林地、牧草地、建筑用地和水域）的基础上引入园地这一土地类型，尽管有文献（Wackernagel，1999；金丹，2010）指出相对于林地而言，园地土质更接近于耕地，属于可耕地，但在兴国县土地利用变更调查资料中明确将园地分出来，鉴于此，本研究中取园地的均衡因子和产量因子均为耕地和林地两者的平均值，即 1.98 和 1.285；

（4）所以将生态足迹的计算公式调整为：

$$EF = \sum C_i^* r_i / P_i \tag{6-6}$$

式中：C_i^*——i 类商品的总产量，其他参数含义见公式（6-1）。

以 1996—2005 年兴国县统计年鉴数据为基础，生物资源消费主要分为农产品、动物产品、水产品和林产品四大类，每个大类下又有以下细分类。采用联合国粮农组织 1993 年计算的有关生物资源的世界平均产量资料（Wackernagel，1997，1999），将兴国县 2005 年生物资源消费转化为提供这种消费需要的生物生产面积，其结果如表 6-2 所示。

表 6-2　2005 年兴国县生物资源消费生态足迹

土地类型	项目	全球平均产量/（kg/hm^2）	兴国县生物总产量/t	生态足迹/hm^2	人均生态足迹/（hm^2/人）
耕地	粮食类	2 744	258 931	266 102.558 3	0.364 65
	油料	1 856	5 614	8 529.892 241	0.011 689
	瓜类	18 000	466	73.006 666 67	0.000 1

土地类型	项目	全球平均产量/（kg/hm^2）	兴国县生物总产量/t	生态足迹/hm^2	人均生态足迹/（hm^2/人）
耕地	甘蔗	18 000	52 000	8 146.666 667	0.011 164
	烟叶	1 548	1 959	3 568.720 93	0.004 89
	蔬菜	18 000	234 217	36 693.996 67	0.050 283
草地	肉类	265.5①	74 429	151 381.016 9	0.207 443
	禽蛋	400	5 127	6 921.45	0.009 485
	蜂蜜	50	54	583.2	0.000 799
园地	茶叶	566	171	598.197 879 9	0.000 82
	水果	3 500	20 192	11 422.902 86	0.015 653
林地	木材	1.99（m^3/hm^2）	1.888（10^{4}m^3）	10 815.678 39	0.014 821
	竹材	1.99（m^3/hm^2）	0.24（10^{4}m^3）②	1 374.874 372	0.001 884
	油桐籽	1 600	50	35.625	4.88×10^{-5}
	油茶籽	1 600	33	23.512 5	3.22×10^{-5}
	乌桕籽	1 600	8 200	5 842.5	0.008 006
	松脂	1 600	750	534.375	0.000 732
	竹笋干	3 000	100	38	5.21×10^{-5}
	板栗	3 000	135	51.3	7.03×10^{-5}
水域	水产品	29	15 302	116 084.137 9	0.159 074

注：①兴国县全县的肉类主要是猪肉和禽肉，且年产量相当，所以在此取两者全球平均产量的均值作为肉类的全球平均产量；②毛竹采伐量的单位为 10^4 支，根据木材教育网每 10^4 根竹子大约相当于 150 m^3 木材，结果由此得出。

能源消费部分考虑了以下几种能源：原煤、汽油、煤油、柴油、电力、液化石油气和其他燃料等。采用世界上单位化石燃料生产土地面积的平均发热量为标准（Wackernagel，1997，1999），将兴国县 2005 年能源消费所消耗的热量折算成一定的化石燃料土地面积，具体结果见表 6-3。

表 6-3 兴国县 2005 年能源消费生态足迹

种类	全球平均能源足迹/（GJ/hm^2）	折算系数/（GJ/t）	总消费量/t	生态足迹/hm^2	人均生态足迹/（hm^2/人）	生产面积类型
原煤	55	20.934	6 4537.74	28 003.230 47	0.038 373 837	化石燃料用地
汽油	93	43.124	1 736.667	918.031 307 4	0.001 258 011	化石燃料用地
煤油	93	43.124	36.25	19.162 358 06	$2.625\ 89\times10^{-5}$	化石燃料用地
柴油	93	42.705	254.293 3	133.117 620 7	0.000 182 416	化石燃料用地
电力/（万 kW·h）	1 000	36.00#	10 657.3	1 081.929 096	0.001 482 606	建筑用地
液化石油气	71	50.2	4	3.224 112 676	$4.418\ 12\times10^{-6}$	化石燃料用地
其他燃料（标准煤）/t	55	36.19	4 265.867	3 199.912 154	0.004 384 955	化石燃料用地

#：电力计算系数单位为 GJ/10^{4}kW·h。

资料来源：Wackernagel，1999。

根据兴国县 2005 年能供给的生物生产面积的类型及其相关数据，计算了全县可利用的生态承载力，结合表 6-2 和表 6-3，进而得到了兴国县 2005 年生态足迹汇总，见表 6-4。

表 6-4　兴国县 2005 年生态足迹汇总　　单位：hm^2/人

土地类型	人均生态足迹	人均生态承载力	人均生态足迹盈余或赤字	可持续性指数
耕地	0.443	0.214	−0.229	0.674
园地	0.017	0.018	0.001	0.486
林地	0.026	0.350	0.324	0.069
草地	0.218	0	−0.218	1.000
水域	0.159	0.002	−0.157	0.988
建筑用地	0.002	0.026	0.024	0.071
化石能源用地	0.044	0	−0.044	1.000
合计	0.907	0.582*	−0.325	0.609

*扣除了 12%生物多样性保护的面积。

从表 6-4 可以看出，兴国县在生态生产性土地的供给结构和社会经济发展的需求结构之间，存在着明显的不对称性：

（1）耕地的人均生态赤字最大，缺口达 0.229 hm^2/人，供给量不到需求量的一半。

（2）园地的供给量刚好能满足社会经济发展对其的需求来那个；林地供给充足，有相当大一部分的生态盈余；建筑用地居于这两者之间。

（3）草地只有需求量，没有供给量，化石能源用地也一样。

同时，兴国县人均耕地足迹最大，约占 48.84%，其次是草地和水域，再次是化石能源用地和林地，最少是建筑用地（图 6-1）。这表明兴国县目前经济发展主要是农林牧渔生产方式，是典型的山区经济，工业发展水平较低生产简单粗放，全县社会经济发展还比较落后，但具有很大的发展空间。全县人均生态赤字为 0.325 hm^2，生态赤字的存在表明兴国县社会经济系统已经超过了县域生态环境的阈值，处于一种不可持续发展的状态。综上可知，兴国县不仅面临着大力发展经济的机遇，而且面临着生态赤字的挑战；在大力发展经济的同时必须保证生态系统的平衡。

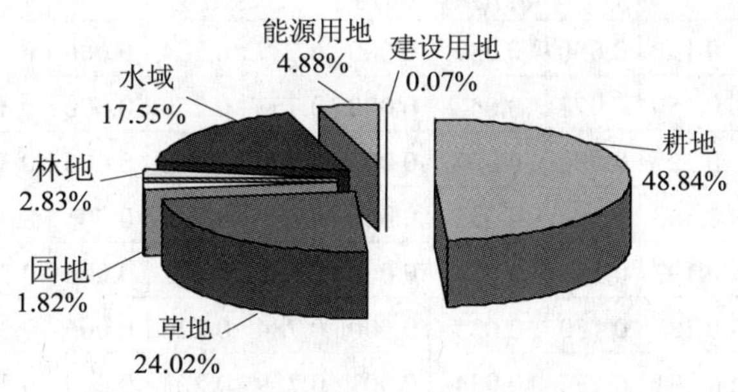

图 6-1　兴国县 2005 年人均生态足迹构成

从表 6-4 还可以看出在评价区域可持续发展程度方面，基于生态足迹的可持续性指数优于生态盈余或者生态赤字指标。草地的人均生态赤字小于耕地，但其可持续性指数却远大于耕地。从兴国县土地利用变更调查资料可知，草地由于零散，面积小而忽略。从这方面来看，兴国县的草地生态承载力远不能满足社会经济发展对其的要求，处于完全不可持续状态。这样的情况同样发生在水域和化石能源用地方面。这说明生态足迹模型中的生态盈余或者生态赤字仅仅能够直观明了地反映区域发展对生态环境的需求状况，却不能很好地体现区域可持续发展程度。在生态盈余部分，即可持续性指数小于 0.5 的区域，发现生态盈余越大，可持续性指数越小，但它们的变化速率不一样。

6.3.2 时间序列分析

采用同样的计算方法和步骤，分别计算了兴国县 1996—2005 年间的人均生态足迹和生态承载力，详细结果见表 6-5。图 6-2 形象地呈现了兴国县 1996—2005 年人均生态足迹各构成及其变化趋势。耕地、草地和水域所占的比重大，三者之和为 90.41%。从这三种土地类型人均生态足迹的年变化来看，1999 年之前耕地人均生态足迹基本保持不变，1999—2003 年间一直在减小，而后又稳步增加，总体呈减小趋势，但一直是兴国县生态足迹中的最大贡献者；与此同时，人均草地和水域足迹逐年增加，尤其是水域足迹增长最快，人均值 2005 年比 1996 年增长 0.099 hm^2/人，增长率为 165%。除了人均园地生态承载力在缓慢增长外，其他土地类型的人均承载力不是缓慢减小就是保持不变。

人均生态足迹、人均生态承载力和可持续性指数在这 10 年间的变化趋势见图 6-3。在 1996—2005 年间，兴国县的人均生态足迹呈波动上升趋势，人均生态承载力缓慢减小，可持续性指数呈现出与人均生态足迹相似的变化趋势，但变化幅度小。可持续性指数值一直在 0.5～0.6（可持续性指数的不安全区间）缓慢增加，到 2005 年首次突破 0.6。这说明了兴国县的社会经济活动已经超出了生态承载力的范围，人类负荷超过了其生态容量，对外来的资源依赖程度越来越大，区域发展处于一种相对不可持续状态，并且这种不可持续性有进一步扩大的趋势。

表 6-5 兴国县人均生态足迹供给与需求 单位：hm^2/人

年份	生态足迹需求								生态足迹供给					
	耕地	园地	林地	草地	水域	化石能源用地	建筑用地	合计	耕地	园地	林地	水域	建设用地	合计*
1996	0.449	0.007	0.025	0.158	0.060	0.039	0.000	0.737	0.254	0.006	0.407	0.002	0.081	0.661
1997	0.439	0.010	0.031	0.159	0.071	0.042	0.000	0.753	0.250	0.006	0.403	0.002	0.081	0.654
1998	0.442	0.009	0.034	0.127	0.088	0.057	0.002	0.759	0.248	0.006	0.398	0.002	0.081	0.648
1999	0.446	0.011	0.012	0.163	0.096	0.053	0.000	0.780	0.245	0.006	0.394	0.002	0.081	0.641
2000	0.419	0.008	0.026	0.192	0.130	0.078	0.000	0.854	0.242	0.006	0.390	0.002	0.081	0.635
2001	0.391	0.012	0.015	0.180	0.150	0.035	0.000	0.784	0.226	0.006	0.364	0.002	0.077	0.594
2002	0.359	0.016	0.014	0.181	0.134	0.034	0.001	0.739	0.223	0.009	0.359	0.002	0.076	0.589
2003	0.335	0.015	0.030	0.187	0.137	0.036	0.001	0.741	0.214	0.012	0.350	0.002	0.076	0.575
2004	0.417	0.015	0.026	0.196	0.145	0.039	0.001	0.841	0.211	0.015	0.346	0.002	0.076	0.572
2005	0.443	0.017	0.026	0.218	0.159	0.044	0.002	0.907	0.214	0.018	0.350	0.002	0.078	0.582

注：*扣除了 12%生物多样性保护的面积。

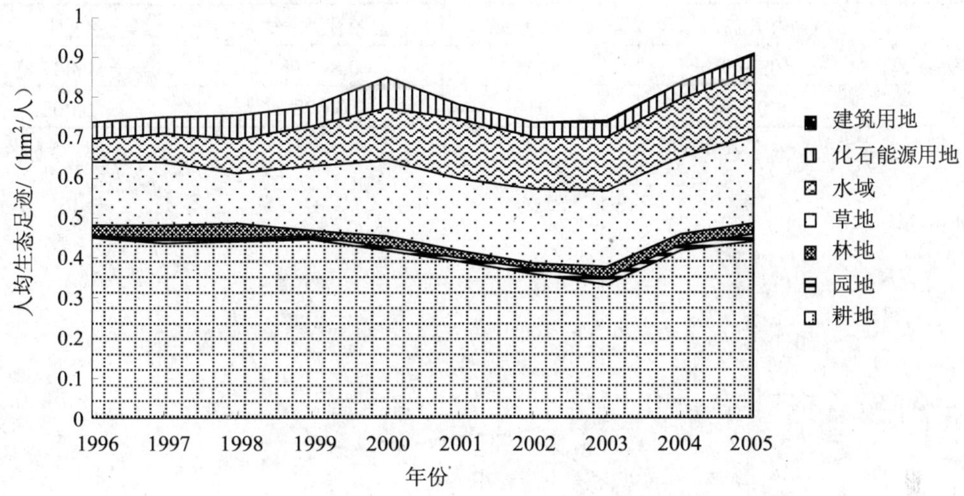

图 6-2　兴国县 1996—2005 年不同土地类型的人均生态足迹变化

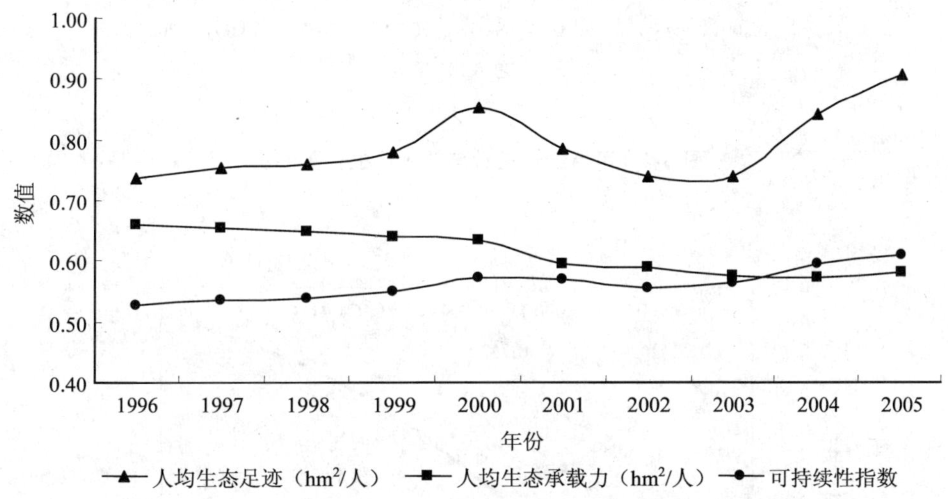

图 6-3　兴国县 1996—2005 年人均生态足迹、人均生态承载力和可持续性指数的变化趋势

6.3.3 相关性分析

虽然生态足迹模型具有生态偏向性特征，但实质上生态足迹的时间序列演变与社会经济发展仍然是紧密联系的（Wackernagel，1999）。根据基于生态足迹的可持续性指数的计算原理，结合兴国县一直是典型的红壤丘陵山区经济这一实际，总人口数、GDP、城镇化水平和第一产业产值比重纳入分析。运用 SPSS 17.0 对这 4 个社会经济指标与基于生态足迹的可持续性指数进行相关性分析（表 6-6）和线性拟合（图 6-4、图 6-5 和图 6-6），以发现所选的社会经济指标与可持续性指数之间的相关性和关系模型。

表 6-6 可持续性指数与社会经济指标的相关系数分析

	总人口/人	GDP/万元	城镇化水平/%	第一产业比重/%
相关系数	0.796**	0.766**	0.847**	−0.847**
显著性	0.006	0.010	0.002	0.002

注：**Pearson 相关系数在 a=0.01 水平显著。

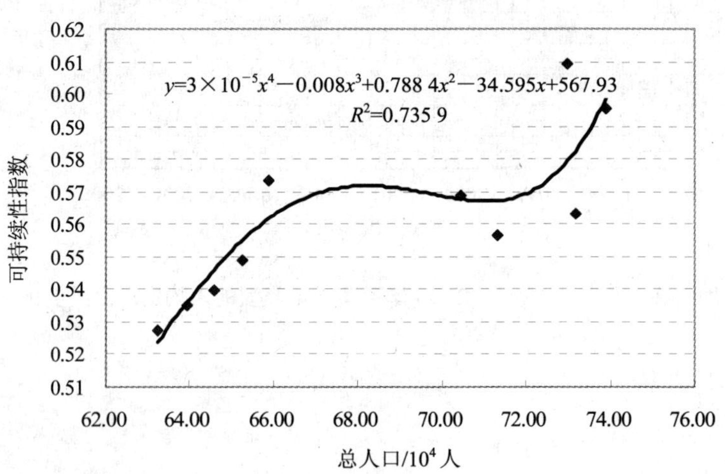

图 6-4 可持续性指数与总人口的相关趋势

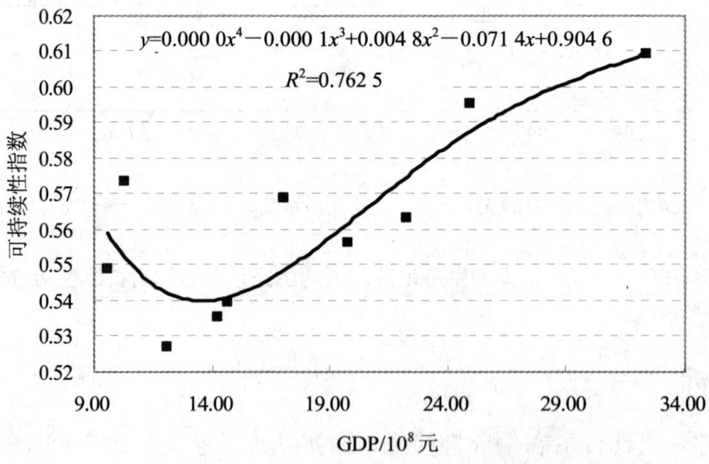

图 6-5 可持续性指数与 GDP 的相关趋势

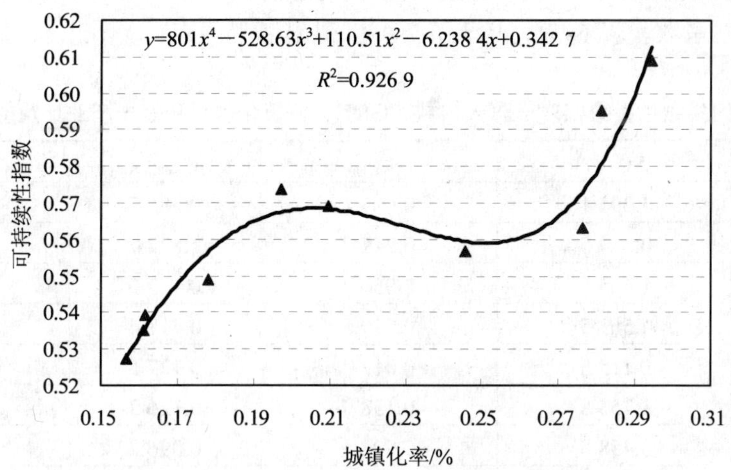

图 6-6　可持续性指数与城镇化水平的相关趋势

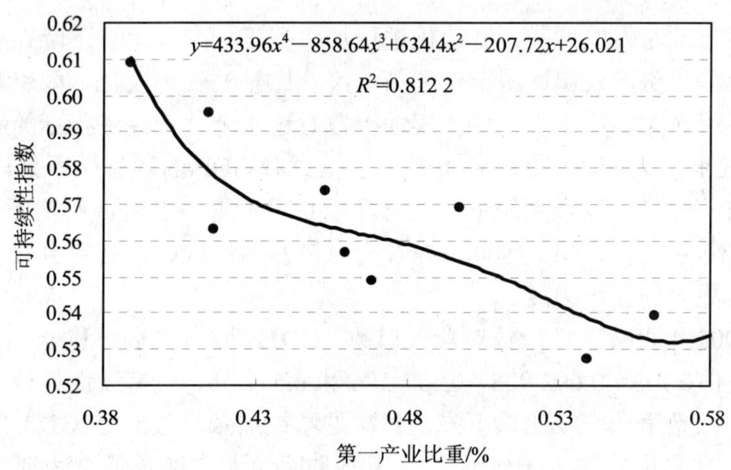

图 6-7　可持续性指数与第一产业比重的相关趋势

由表 6-6、图 6-4、图 6-5 和图 6-6 可以得出：①可持续性指数与总人口数、GDP 和城镇化水平呈显著正相关；1996—2005 年间，兴国县的人口增长、经济发展和城镇化进程加快对区域的可持续发展具有明显的负面作用，这期间兴国县社会经济的发展是以生态环境质量的下降为代价的。②可持续性指数与第一产业比重呈显著负相关，兴国县作为农业大县，其生物资源消费生态足迹占 95.15%（2005 年），第一产业比重越大，相应的生物资源消费越高，在不改变当前生产方式下，对区域的可持续发展越不利。

6.3.4 敏感性分析

将兴国县 1996—2005 年的总人口数、GDP、城镇化水平第一产业比重和可持续性指数代入公式（6-5），分别计算出可持续性指数相对于总人口数、GDP、城镇化水平和第一产业比重的敏感性系数（表 6-7）。从表 6-7 可以得出以下两点：

表 6-7　兴国县可持续性指数相对于总人口数、GDP、城镇化水平和第一产业比重的敏感性系数

年份	$SC_{人口}$	SC_{GDP}	$SC_{城镇化水平}$	$SC_{第一产业比重}$
1996	1.391 1	0.087 1	0.580 7	0.175 864
1997	0.814 5	0.245 2	1.832 7	0.193 49
1998	1.665 4	0.050 2	0.173 0	0.106 06
1999	4.563 5	0.579 5	0.418 4	1.336 29
2000	0.115 8	0.012 2	0.127 5	0.081 79
2001	1.753 8	0.138 0	0.126 2	0.287 334
2002	0.458 8	0.094 5	0.096 2	0.126 12
2003	5.780 4	0.470 6	3.353 2	14.307 7
2004	1.894 0	0.079 1	0.491 4	0.376 77
1996—2005	1.010 753	0.092 908	0.177 386	0.557 46

（1）可持续性指数对人口增长、城镇化进程加快和第一产业比重下降在有些年份均具有敏感性，即在有些年份，人口、城镇化和第一产业比重的较小变化，能引起可持续性指数较大的变化。然而在大多数年份，可持续性指数对这 4 个社会经济指标的敏感性均小于 1，有些年份甚至远小于 1（例如 2001 年可持续性指数对 GDP 的敏感性系数只为 0.012 2），说明在社会—经济—自然的复合系统中，生态环境是序参量，当复合系统处于不平衡时，生态环境将对系统起决定性作用。因此，在社会经济发展过程中，必须更加重视生态环境的保护，必须进行更大的保护力度。

（2）1996—2005 年可持续性指数对总人口数、GDP、城镇化水平和第一产业比重的敏感性系数依次为 1.010 753、0.092 908、0.177 386 和 0.557 46，可持续性指数变化对人口的增长最为敏感，其次是第一产业比重下降，再次是城镇扩张，最后是 GDP 的增长。兴国县可持续性指数变化之所以对人口增长最为明显是因为人口增长使食物消费和能源消费不断增加，是生态足迹增加的一种非常重要的因素；还有就是兴国县人多地少，特别是耕地少。作为典型的红壤丘陵山区经济，兴国县生态足迹中最大的贡献者是生物能源消费足迹，第一产业比重下降必将减少生物资源消费，在很大程度上减少了生态足迹，从而降低可持续性指数。城镇扩张，一方面直接使得耕地、林地、草地等他土地类型向建设用地转变，另一方面加大对区域物质能源的需求程度和废弃物的消纳空间，这些都会使得可持续性指数不断上升，因此，可持续性指数对城镇化具有相对较高的敏感性。GDP 的增长是多因素发展的结果，在相当大的程度上决定了可持续性指数变化对其最不敏感。

6.4 结论

本研究提出了基于生态足迹的可持续性指数，并在此基础上评价了兴国县 1996—2005 年的可持续发展状况，同时选取了总人口数、人均 GDP、城镇化水平和第一产业比重 4 个社会经济指标拟合可持续性指数，并对进行了相关性和敏感性分析，得出如下结论：

（1）1996—2005 年间，兴国县生物资源消费足迹占绝大多数，且其所占比例呈缓慢波动增加趋势，说明在此期间兴国县的经济发展依然主要是农林生产方式，典型山区经济模式没有改变。

（2）生态承载了增加的幅度大于人均生态承载力，说明人口的增长速度明显快于生态环境系统恢复和改善的速度，这种人口增长的速度已超出了生态环境的承载力。

（3）可持续性指数值在 0.5～0.6（可持续性指数的不安全区间），且呈缓慢增加趋势，到 2005 年首次突破 0.6，这说明兴国县发展处于一种相对不可持续状态，并且这种不可持续性有进一步扩大的趋势。

（4）可持续性指数与总人口数、人均 GDP 和城镇化水平呈显著正相关，可持续性指数与第一产业比重呈显著负相关，4 阶多项式能够很好地拟合它们之间的线性关系。

（5）可持续性指数变化对人口的增长最为敏感，其次是第一产业比重下降，再次是城镇扩张，最后是 GDP 的增长。

为了提高兴国县可持续发展能力，提出了如下建议：①继续控制人口增长速度；②实行严格的耕地保护制度，提高林地的质量；③加快转变当前粗放的农业经济发展模式，提高资源利用率，降低生态足迹，利用当地良好的生态环境发展生态农业，实现社会经济的循环发展；④发展生态旅游业，提高第三产业的比重。

在评价区域可持续发展程度方面，基于生态足迹的可持续性指数优于生态盈余或者生态赤字指标，在评价小区域（例如县域），应建立县公顷模型，根据当地的实际条件确定均衡因子和产量因子，以更加真实地反映小尺度区域上自然资本的供应状况，进而优化生态足迹模型在小尺度范围内可持续发展评价中的应用。

参考文献

[1] 张锦河，张捷.国外生态足迹模型修正与前沿研究进展[J].资源科学，2006，28（6）：196.

[2] Tong C.Review on environmental indicator research [J].*Research on Environmental Science*，2000，13（4）：53.

[3] Allen H.Environmental indicators：a systematic approach to measuring and reporting on environmental policy performance in the context of sustainable development [M].Washington D C，USA：*World Resource Institute*，1995.

[4] Cataned B E.An index of sustainable economic welfare（ISEW）for Chile [J].*Ecological Economics*，1999：28.

[5] Hardi P，Barg S，Hodge T，et al.Measuring sustainable development：Review of current practices [R].*Occasional Paper Number 17*，1997，11.

[6] 孙鸿烈.资源科学研究的现在与未来[J].资源科学，1998，20（3）：3 - 12.

[7] 蒋依依，王仰麟，卜心国，王建华.国内外生态足迹模型应用的回顾与发展[J].地理科学进展，2005，24（2）：13 - 23.

[8] 赵卫，刘景双，孔凡娥，等. 城市化对区域生态足迹供需的影响[J].应用生态学报，2008，19（1）：120 - 126.

[9] Rees W E.Ecological footprints and appropriated carrying capacity：What urban economics leaves out [J].Environment and Urbanization，1992，4（2）：121 - 130.

[10] Rees W E，Wackernagel M.Urban ecological footprint：Why cites cannot be sustainable and why they are a key to sustainability [J].*Environmental Impact Assessment Review*，1996：224-248.

[11] Wackernagel M，Onisto L，Bello P，et al.National natural capital accounting with the ecological footprint concept [J].*Ecological Economics*，1999，29：375 - 390.

[12] Wackernagel M，Rees W E.Perceptual and structural barriers to investing in natural capital capital：Economics from an ecological footprint perspective [J].*Ecological Economics*，1997，20：3 - 24.

[13] Rees W E，Wackernagel M.Our ecological footprint：Reducing human impact on the earth [M].*New Society Publishers*，1996.

[14] Rees W E，Wackernagel M.Monetary analysis：Turning a blind eye on sustainability [J].*Ecological Economics*，1998，29：47 - 52.

[15] Wackernagel M，Onisto L，Callejas L，et al.Ecological footprints of nation：How much nature do they use? How much nature do they have? [R].Commissioned by the Earth Council for the Rio+5 Forum.Toronto：*International Council for Local Environmental Initiatives*，1997：4 - 12.

[16] Van den Bergh JCJM，Verbruggen H.An evaluation of the ecological footprint：Reply to Wcakernagel and Ferguson [J].*Ecol.Econ.*，1999，31（4）：319 - 321.

[17] Wackernagel M，Rees W E.Our ecological footprint：Reducing human impact on the earth [J].Gabriola Island：New Society Publishers，1996：61 – 83.

[18] 金丹，卞正富.基于能值的生态足迹模型及其在资源型城市的应用[J].生态学报，2010，30（7）：1725-1733.

[19] 高鸿业.西方经济学微观部分（第 4 版）[M]. 北京：中国人民大学出版社，2007.

[20] Wackernagel M，Lewan L，Hansson C B.Evaluating the use of natural capital with the ecological footprint：Applications in Sweden and Subregions [J].Ambio，1999，28（7）：604 - 612.

[21] 谢花林.土地利用规划环境影响评价理论、方法与实践研究[M]. 北京：经济科学出版社，2009.

第 7 章

基于土地利用变化的区域生态系统服务价值响应及其驱动因素实例研究

7.1 引言

土地利用是人与自然交叉最为密切的环节（熊惠波，2003）。土地利用变化及其引起的土地覆盖变化直接影响着其承载的生态系统的结构和功能，由此导致生态系统服务价值（ecosystem service value，ESV）的变化，这是土地利用/覆盖变化（LUCC）环境效应的一个重要量化指标（Lambin，1999；姚成胜，2009）。在未来很长一段时间里，随着人口数量的进一步增加和城镇面积的进一步扩大，人类对土地开发利用的强度将会越来越大，使得大部分自然生态系统转化为人工生态系统，从而在不同程度上减少了生态系统对人类社会的服务价值，并直接威胁着人类可持续发展的生态基础（马礼，2010；保继刚，2002；霍金炜，2010）。自然生态环境为人类生存和社会发展提供产品和服务，其中利用人为手段所无法或很难替代的部分即生态系统服务功能。土地是各种陆地生态系统的载体，土地利用结构的变化引起各类生态系统类型、面积以及空间分布格局的变化。土地利用方式的变化直接影响生态系统所提供服务的种类和强度，但这些服务大多为公益性的，间接地影响人类经济生活，尚无法通过市场反映出来。以经济利益为目的的土地利用结构调整导致自然生态系统面积在土地利用结构中所占比重越来越小，而人工系统中工矿、交通和建设用地面积比重却不断上升，妨碍了自然生态系统服务功能的发挥。自然环境的恶化制约了经济的发展，造成经济生态双重滞后的局面。通过对生态系统服务功能和价值核算，可定量化表示土地利用对生态环境的影响，并在此基础上调整土地利用结构，建立可持续发展的土地利用模式，形成经济生态双赢局面。因此，开展由人类活动引起的土地利用变化对生态系统服务价值的研究，对于合理开发利用有限的土地资源、了解区域生态环境变化、促进社会经济的可持续发展具有重要的意义。

从 Westman 提出“自然的服务”的概念及其价值评估问题开始，到 Daily 主编的《自然的服务——人类社会对自然生态系统的依赖性》的出版和 Costanza 等文章《世界生态系统服务与自然资本的价值》在 *Natural* 杂志上的发表，以及 *Ecological Economic* 杂志 1995 年出版《生态系统评价：有助于提高决策信息》专辑、1998 年出版《生态系统服务的价值》

专辑、2002年出版《生态系统服务的价值与动态：整合经济和生态视角》专辑对生态系统服务及其价值评估进行了讨论，*Ecosystem* 杂志2000年也出版论坛专辑对此予以讨论，这些标志着生态系统服务及其价值评估研究成为生态学和生态经济学的热点和前沿。

红壤丘陵区是生态稳定性差、生物组织和生产力波动性大，对人类活动及突发性灾害的反应敏感，自然环境易于向不利于人类利用方向演替的一类自然环境类型（曹学章，1995），在我国南方地区分布十分广泛。赣南红壤丘陵区是江西省农业生产发展潜力最大的地区之一，也是生态脆弱地带。如何科学地描述红壤丘陵区土地利用变化对生态系统服务价值变化的影响是本研究的首要目标。本研究通过采用生态系统服务价值变差贡献率这一指标，对不同土地类型面积的变化对生态系统服务价值的影响程度进行了分析。选取了总人口数、城镇化水平、第一产业比重和社会固定资产投资额4项指标，来定量研究社会经济发展因素对生态系统服务价值的贡献测度，以期揭示红壤丘陵区生态系统服务价值变化的深层次原因，这是本研究最终的目标。

7.2 生态系统服务的内涵及其价值构成

7.2.1 生态系统服务的内涵

提出生态系统功能、服务及其经济价值概念的文献最早可以追溯到20世纪60年代中期和70年代早期，在《人类对全球环境的影响》一书中，首次使用了生态系统服务功能的“Service”一词，并列出了自然生态系统对人类的“环境服务”功能，包括害虫控制、昆虫传粉、渔业、土壤形成、水土保持、气候调节、洪水控制、物质循环等方面。

Daily 认为生态系统服务功能是指生态系统与生态过程所形成及所维持的人类赖以生存的自然环境条件与效用，包括自然生产、维持生物多样性、调节气象过程、调节气候和地球化学物质循环、调节水循环、减缓旱涝灾害、产生与更新土壤并保持和改善土壤、净化环境、控制病虫害的爆发、传播植物花粉、扩散种子等。

Cairns 从生态系统的特征出发，将生态系统服务定义为：对人类生存和生活质量有贡献的生态系统产品和生态系统功能。该定义尽管与 Daily 的表述有所不同，但基本实质是一致的。

Costanza 等将生态系统提供的商品和服务统称为生态系统服务，他把生态服务归为气体调节、气候调节、干扰调节、水调节、水供应、控制侵蚀与保肥保土、土壤形成、养分循环、废物处理、传粉、生物防治、避难所、食物生产、原材料、基因资源、休闲娱乐、文化等17类。

董全将生态系统服务定义为：“自然生物过程产生和维持的环境资源方面的条件和服务”，该定义暗含了生态系统服务对人类生存的支持，同时指出是自然过程产生和维持的，并通过环境资源的条件和服务对人类社会起作用。

傅伯杰等将生态系统的服务功能分为4个层次：生态系统的生产（包括生态系统的产品及生物多样性的维持）、生态系统的基本功能（包括传粉、传播种子、生物防治、土壤形成等）、生态系统的环境效益（包括减缓干旱和洪涝灾害、调节气候、进化空气等）、生态系统的娱乐功能（休闲娱乐、文化、美学等）。

De Groot 通过构建拓扑关系用来描述、分类和估价生态系统功能、产品和服务，把生态系统服务功能分为调节功能、栖息地功能、生产功能、信息功能，在此基础上分为 23 小类。

7.2.2 生态系统服务的价值构成

由于生态系统功能和服务的多面性，因而生态系统服务于自然资本就具有多种价值。对生态系统服务的经济价值构成的分析和科学分类是进行生态系统服务经济价值评估研究的基础。

Pearce 等提出了环境资源的总经济价值理论，该理论认为环境资源的总经济价值包括利用价值（直接利用价值和间接利用价值）、存在价值和选择价值（包括个人将来的利用价值、其他人将来的利用价值和子孙后代将来的利用价值）。

McNeely 等将生物资源的价值分为直接价值和间接价值，直接价值又分为消耗性利用价值、生产性利用价值；间接价值又分为非消耗性利用价值、选择价值和存在价值。

Turner 在论述湿地的效益及其管理时，将湿地效益的总经济价值分为利用价值（直接利用价值、间接利用价值和选择价值）和非利用价值（存在价值和遗产价值）。

Pearce 等、McNeely 等、Turner 的自然资本的价值分类研究构成了生态系统服务价值分类研究的基础。生态系统服务的总经济价值一般分为两个部分：①利用价值或工具价值，包括直接利用价值（直接实物价值和直接服务价值）、间接利用价值（生态功能价值）、选择价值（潜在利用价值）；②非利用价值/被动利用价值或内在价值，包括遗产价值、存在价值。

7.3 研究方法

7.3.1 生态系统服务价值评价方法

生态系统服务价值是指生态系统及其生态过程所形成及所维持的人类赖以生存的自然环境条件和效用，是通过生态系统的功能直接或者间接得到的产品和服务（Robert，1997；赵军，2010）。目前使用较多的生态系统服务价值评价方法有生态系统服务价值系数估算法、直接市场评价法和以条件价值评估法为主的非市场评价法（赵军，2010）。本研究利用 Costanza 等的生态系统服务价值公式（7-1），参照姚成胜等估算的福建省不同类型土地单位面积生态服务价值系数，计算了兴国县生态系统服务价值。

$$\mathrm{ESV}=\sum_{i=1}^{n}\left(A_i\cdot VC_i\right)\tag{7-1}$$

式中：ESV——生态系统服务总价值，元；

A_i——第 i 种土地利用类型面积，hm^2；

VC_i——第 i 种土地类型的生态价值系数（表 7-1），元/（$\mathrm{hm}^2\cdot\mathrm{a}$）。

表 7-1　各种土地类型的生态系统服务价值系数（姚成胜，2009）

土地利用类型	耕地	园地	林地	建设用地	水域	未利用地
价值系数	6 831	6 831	21 599	415	53 715	415

7.3.2 生态系统服务价值变差贡献率

生态系统服务价值变差贡献率是指生态系统服务价值变化总量中各种土地利用类型的生态系统服务价值变化所占的比重，可用来判断各种土地利用类型变化对生态系统服务价值变化的影响程度。计算公式如下：

$$ESV_c = \frac{ESV_{ib} - ESV_{ia}}{ESV_b - ESV_a} \times 100\% \tag{7-2}$$

式中：ESV_c——生态系统服务价值变差贡献率，%；

ESV_{ia}、ESV_{ib}——第 i 种土地利用类型在研究初期和末期的生态系统服务价值，元/（$hm^2 \cdot a$）；

ESV_a、ESV_b——研究初期和末期的生态系统服务价值，元/（$hm^2 \cdot a$）。

若 $ESV_c < 0$，说明第 i 种土地利用类型在研究初期和末期的生态系统服务价值与区域生态系统服务价值的变化趋势相反，如果区域生态系统服务价值逐渐减少，则认为第 i 种土地利用类型对生态系统服务价值是正贡献，如果区域生态系统服务价值呈增大趋势，则认为第 i 种土地利用类型对生态系统服务价值是负贡献；若 $ESV_c > 0$，说明第 i 种土地利用类型在研究期间的变化与区域生态系统服务价值的变化相一致，如果生态系统服务价值增大，则可认为第 i 种土地利用类型对生态系统服务价值是正贡献，如果区域生态系统服务价值减小，则第 i 种土地利用类型对生态系统服务价值是负贡献。

7.3.3 灰色综合关联度分析法

灰色关联分析是通过使用灰色关联度来分析和确定系统元素间的影响或者元素对系统主行为的贡献测度的一种方法（韩林，2009）。灰色综合关联度既体现了两因子间的相似程度，又反映了两因子相对于始点的变化速率的接近程度，是较为全面地表征序列之间联系是否紧密的一个数量指标（刘思峰，2007）。综合关联度的原理、计算方法和步骤见刘思峰等著《灰色系统理论及其应用（第三版）》（刘思峰等，2007）。

7.4 结果与分析

7.4.1 土地利用变化对生态系统服务价值变化的影响

1996—2005 年兴国县生态系统服务价值呈缓慢减少趋势（图 7-1），由 1996 年的 $59.936\,3 \times 10^8$ 元减少到 2005 年的 $59.576\,1 \times 10^8$ 元，减小了 $0.360\,2 \times 10^8$ 元。兴国县的生态系统服务价值以林地为主，可见，林地对维持兴国县生态系统服务价值的作用最大，这与兴国县高森林覆盖率密切相关；其次是水域，再次是耕地，三者在 2005 年所占比重为 99.26%。林地的生态系统服务价值一直处于下降趋势，2005 年比 1996 年减少了 $0.507\,9 \times 10^8$ 元。园地面积在 2001—2005 年间快速增加，导致其生态系统服务价值增加最为明显，从 2001 年的 $0.096\,3 \times 10^8$ 元增加到 2005 年的 $0.316\,4 \times 10^8$ 元，增加幅度达到 228.60%。其余土地类型的生态系统服务价值变化不明显。土地利用变化对生态系统服务价值变化的影响见表 7-2。

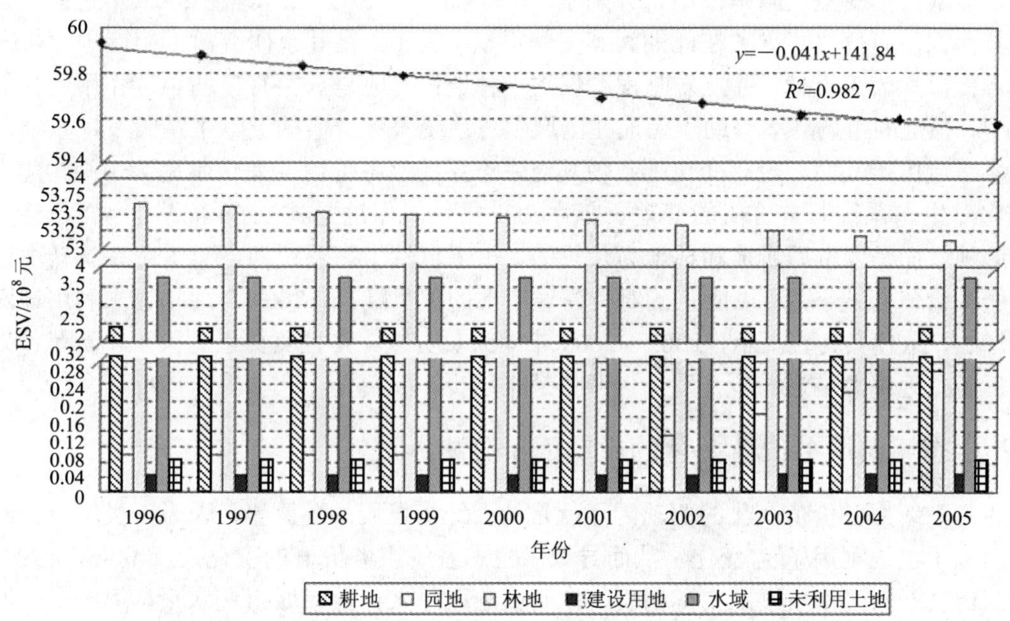

图 7-1　1996—2005 年兴国县的生态系统服务价值

表 7-2　1996—2005 年兴国县生态系统服务价值变差贡献率

		耕地	园地	林地	建设用地	水域	未利用地
生态系统服务价值变差贡献率（ESV_c）/%	1997—1996	21.720 5	0.000 0	81.158 4	－1.145 9	0.000 0	－1.733 1
	1998—1997	－0.949 0	0.000 0	102.867 8	－0.670 6	0.000 0	－1.248 3
	1999—1998	5.467 7	0.000 0	96.722 9	－1.118 6	0.000 0	－1.072 0
	2000—1999	15.849 8	0.000 0	86.798 0	－1.315 2	0.000 0	－1.332 6
	2000—1996	11.332 8	0.000 0	91.110 7	－1.078 6	0.000 0	－1.365 0
	2001—2000	8.776 3	0.000 0	93.554 5	－0.818 4	0.000 0	－1.512 3
	2002—2001	12.463 8	－290.098 8	367.835 6	－2.151 1	0.000 0	11.950 5
	2003—2002	73.264 9	－102.465 8	129.923 2	－2.016 2	0.000 0	1.293 9
	2004—2003	22.411 9	－259.398 7	328.908 9	－3.234 1	0.000 0	11.312 1
	2005—2004	－1.657 2	－333.743 9	423.155 1	－2.394 2	0.000 0	14.640 2
	2005—2000	31.692 9	－138.179 8	203.935 9	－1.865 7	0.000 0	4.416 7
	2005—1996	20.336 8	－61.108 0	141.006 1	－1.426 7	0.000 0	1.191 9

表 7-2 反映的是兴国县 1996—2005 年土地利用变化引起的生态系统服务价值变差贡献率。在不同的研究阶段，①林地对生态系统服务价值的变化贡献率都是最大的，但为负贡

献，这说明兴国县 1996—2005 年生态系统服务价值持续下降最主要的原因是林地面积的不断减少；②耕地对生态系统服务价值的贡献也基本属于负贡献，1998—1997 年和 2005—2004 年为正贡献，但变差贡献率很小，分别是－0.949 0 和－1.657 2；③在 2001 年之前，园林由于其面积没有变化，导致在此期间其变差贡献率为 0；在其余研究时期，园地对生态系统服务价值均为正贡献，并且影响程度仅次于林地；园地是一类有市场调节作用明显的土地类型，稳定的市场环境有助于园地在区域生态系统服务价值的贡献中持续发挥重要的作用；④水域由于其面积没有变化，致使其对生态系统服务价值变差贡献率为 0；⑤建设用地变化对生态系统服务价值的变差贡献率为正贡献，但这是建立在建设用地面积持续增加，这种增加是以占用耕地和林地为代价的，由于自然生态系统向人工生态系统转变过程中其服务价值会减小，所以应正确对待建设用地的正贡献；⑥2001 年之前，未利用地面积持续增加，致使其为正贡献，2002—2005 年间为负贡献，并且负贡献远大于正贡献；兴国县的后备土地资源被进一步开发，资源量越来越少。

7.4.2 生态系统服务价值变化的驱动因子分析

生态系统服务价值变化的驱动因子就是社会经济发展的各因素，因为人类的社会经济活动引起了土地利用/覆盖变化，从而导致了生态系统服务价值的变化（Lambin，1999）。根据兴国县社会经济发展的实际情况，本研究选取总人口数、城镇化水平、第一产业比重和固定资产投资额 4 个社会经济指标来定量分析生态系统服务价值的驱动作用。

以生态系统服务价值为参考因子，4 个社会经济指标为比较因子，运用灰色综合关联度模型按 1996—2000 年、2000—2005 年和 1996—2005 年三个阶段进行关联度计算，综合关联度及其排序结果见表 7-3。

表 7-3 兴国县生态系统服务价值变化各驱动因子综合关联度及排序

	1996—2000 年		2000—2005 年		1996—2005 年	
	关联度	排序	关联度	排序	关联度	排序
总人口数	0.755 8	2	0.643 5	2	0.618 8	1
城镇化水平	0.695 4	3	0.576 1	3	0.545 8	3
固定资产投资额	0.553 1	4	0.534 4	4	0.517 8	4
第一产业比重	0.762 9	1	0.742 6	1	0.600 4	2

1996—2005 年和 2000—2005 年两个阶段，第一产业比重、总人口数和城镇化水平对兴国县生态系统服务价值的影响都是分列前三，这两时段各驱动因子与生态系统服务价值变化的关联度大小排序均为：第一产业比重＞总人口数＞城镇化水平＞固定资产投资额。通过比较这两个阶段，还是可以得出 1996—2000 年的各社会经济指标对生态系统服务价值的关联度都相应地大于 2000—2005 年各自的关联度，说明这 4 个社会经济指标对兴国县生态系统服务价值的影响程度有缓慢减缓的趋势；就总人口数、城镇化水平、第一产业比重和固定资产投资额与生态系统服务价值的关联度比较而言，2000—2005 年排序第一的第一产业比重与生态系统服务价值的关联度与排序第二、第三的总人口数、城镇化水平与生态系统服务价值的关联度的差值都大于 1996—2000 年，这反映出第一产业比重对生态

系统服务价值的影响程度与其他指标有进一步拉大的趋势。1996—2005 年，总人口数、第一产业比重和城镇化水平对兴国县生态系统服务价值的影响分列前三，这一时段各驱动因子与生态系统服务价值变化的关联度大小排序为：总人口数＞第一产业比重＞城镇化水平＞固定资产投资额。1996—2005 年这一总阶段在排序上和前面两个子阶段有所不同，表现在总人口数对生态系统服务价值的影响程度超过了第一产业比重对生态系统服务价值的影响程度，这一阶段关联度的最大值与最小值的差值明显小于 1996—2000 年和 2000—2005 年。在 1996—2005 年，随着社会经济的发展，各驱动因素对兴国县生态系统服务价值的影响程度越来越相当，兴国县生态系统服务价值的驱动机制更多的是体现在各因素的综合作用。为此，需进一步了解各社会经济因素对生态系统服务价值的影响机制。

为了进一步了解 1996—2005 年总人口数、城镇化水平、第一产业比重和固定资产投资额 4 个社会经济指标各自对兴国县生态系统服务价值的驱动作用，运用 SPSS 17.0 进行 Pearson 相关性分析，具体结果见表 7-4。表 7-4 表明城镇化水平、固定资产投资额和总人口与生态系统服务价值之间存在着显著的负相关性，第一产业比重与生态系统服务价值为正相关。这 4 个社会经济指标与生态系统服务价值的相关变化趋势见图 7-2。由表 7-4 和图 7-2 可以明显看出，1996—2005 年兴国县随着社会经济的快速发展，人口增长、固定资产投资额增加、城镇扩张对区域的生态系统服务价值具有明显的负面影响，另一方面可以得出兴国县社会经济发展是以生态环境质量的下降为代价的。第一产业的发展，即农林牧副渔业的发展，能明显地提高耕地、园地、林地和水域的生态系统服务价值，所以生态系统服务价值随着第一产业比重的提高而增加。

表 7-4　生态系统服务价值与社会经济指标之间的相关性

	城镇化水平/%	第一产业比重/%	固定资产投资额/10^8 元	总人口/万人
Pearson 相关系数	－0.954**	0.894**	－0.910**	－0.959**
显著性	0.000	0.000	0.000	0.000

注：** Pearson 相关系数在 a=0.01 水平显著。

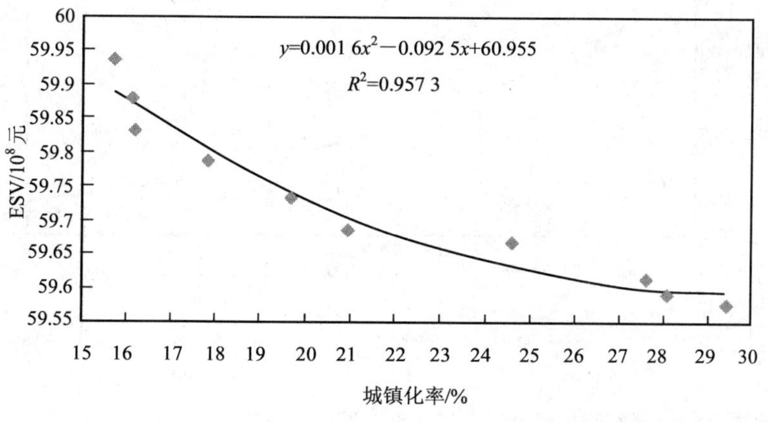

（a）

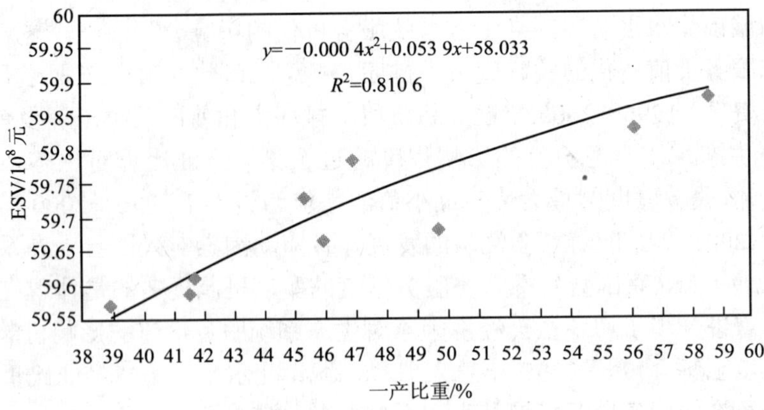

（b）

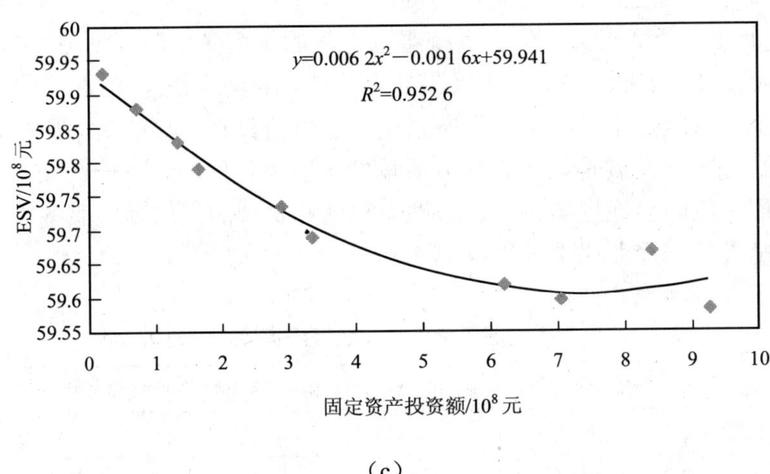

（c）

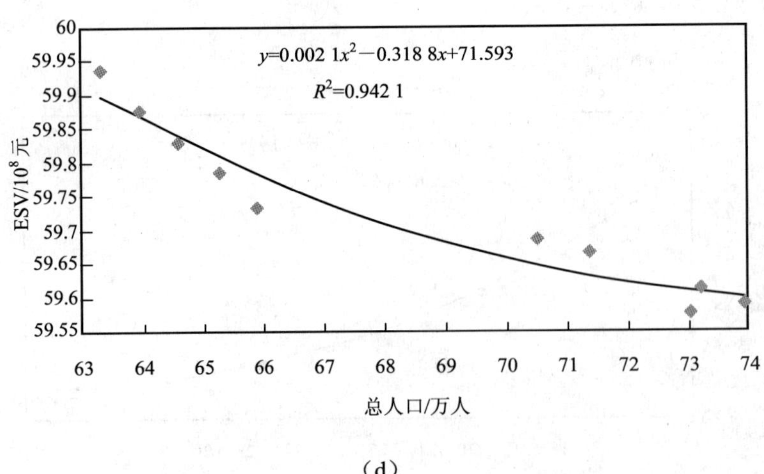

（d）

图 7-2 生态系统服务价值与城镇化水平（a）、第一产业比重（b）、固定资产投资额（c）和总人口数（d）的相关趋势

7.5 结论与讨论

本研究运用生态系统服务价值变差贡献率这一指标分析了 1996—2005 年兴国县各土地利用变化对生态系服务价值变化的影响，运用灰色综合关联度探讨了总人口数、城镇化水平、第一产业比重和社会固定资产投资额 4 项指标与生态系统服务价值的关联程度，并进行了相关性分析和线性拟合。主要结论包括：①1996—2005 年兴国县的生态系统服务价值以林地为主，林地面积的减小是导致生态系统服务价值持续降低的最主要原因；②随着市场需求的进一步增大和当地政府的鼓励政策，园地面积从 2001 年到 2005 年快速增加，园地对生态系统服务价值变化的影响程度仅次于林地，位列第二；③4 项社会经济指标在不同的研究期间与生态系统服务价值的关联程度不一样，总人口数、城镇化水平和第一产业比重与生态系统服务价值的关联度一直位居前三，另外，这 4 个社会经济指标对生态系统服务价值影响程度越来越相当；④城镇化水平、固定资产投资额和总人口与生态系统服务价值之间存在着显著的负相关性，第一产业比重与生态系统服务价值为正相关。

本研究利用已有文献（姚成胜，2009）估算的福建省不同类型土地单位面积生态服务价值系数来计算兴国县生态系统服务价值，这很有可能与兴国县本身的生态系统服务价值有一定的差距。本研究利用的灰色综合关联度能很好地反映出总人口数、城镇化水平、第一产业比重和社会固定资产投资额 4 项指标与生态系统服务价值的关联程度，相关性分析和线性拟合进一步反映出它们之间的相互作用关系。

参考文献

[1] 熊惠波，周燕芳，江源，等.扎鲁特旗土地利用变化中的生态损益估算[J].干旱区研究，2003，20（2）：98-103.

[2] Lambin E F，Baulies X，Bockstael N，et al.Land use and land cover change，implementation strategy [R].In IGBP Report NO.35/HDP Report NO.10.Stockholm：IGBP，1999.

[3] Westman，W.How much are nature，s service worth? [J] Science，1977，197：960-964.

[4] Daily，G.C.，et al.Natural' s service：societal dependence on natural ecosystem.[M] Washington D C：*Island Press*，1997.

[5] Costanza，R.，d' Arge，R.，De Groot.R.，et al.The value of the world' ecosystem and natural capital[J].*Nature*，1997，387：253-260.

[6] 董全.生态公益：自然生态过程对人类的贡献[J]. 应用生态学报，1999，10（2）：233-240.

[7] 傅伯杰，陈利顶，马克明，等.景观生态学原理及应用[M].北京：科学出版社，2001.

[8] De Groot，R.S.，Wilson，M.A.，Boumans，R.M.J.A typology for the classification，description and valuation of ecosystem functions，goods and services[J].*Ecological Economics*，2002，41：393-408.

[9] Pearce，D.W.Markandya，A.，Barbier，E.B.Blueprint for a green economy[M].London：Earthscan，1989.

[10] McNeely，J.A.，Miller，K.R.，Reid，W.J.，et al.Conserving the world biological diversity.1990.薛达元.保护世界的生物多样性[M].北京：中国环境科学出版社，1991.

[11] Turner，K.Economics and wetland management[J].Ambio，1991，20（2）：59-61.

[12] 姚成胜，朱鹤健，刘耀彬，等.土地利用变化的社会经济驱动因子对福建生态系统服务价值的影响[J].自然资源学报，2009，24（2）：225-234.

[13] 马礼，郭万翠，李敏.沽源县生态系统服务价值变化研究[J].首都师范大学学报（自然科学版），2010，31（3）：53-60.

[14] 保继刚，古诗韵.广州城市游憩商业区的形成与发展[J].人文地理，2002，17（5）：1-6.

[15] 霍金炜，文倩，何丽，等.湖南丘陵区土地利用变化的生态系统服务价值响应——以湖南醴陵为例[J].农业现代化研究，2010，31（1）：86-90.

[16] 曹学章，张更生.红壤丘陵脆弱生态环境形成与整治对策[J].农村生态环境，1995，11（4）：45- 48.

[17] Robert Costanza，Ralph d'Arge，Rudolf de Groot，et al.The value of the world's ecosystem services and natural capital [J].Nature，1997，387：253-260.

[18] 赵军，韦莉，陈姗.石羊河流域上游生态系统服务价值的变化研究[J].干旱区资源与环境，2010，24（1）：36-41.

[19] 田春，李世平.西部地区土地利用变化对生态系统服务价值的影响——以宝鸡市为例[J].武汉理工大学学报（社会科学版），2010，23（3）：340-345.

[20] 韩林，邓强.我国农村贫困主要影响因子的灰色关联分析[J].中国人口·资源与环境，2009，19（4）：88-93.

[21] 刘思峰，党耀国，方志耕，等.灰色系统理论及其应用（第三版）[M].北京：科学出版社，2007：49-60.

第 8 章

区域土地利用变化的生态安全评价实例研究

8.1 引言

随着我国工业化、城镇化进程的加速，区域土地利用变化环境问题显得更加尖锐而突出，如土地的退化、水土流失的加剧、土地污染严重、土地利用率降低等，严重影响社会经济与生态环境的协调发展。生态安全是维护某一地区或某一国家乃至全球的生态环境不受威胁的状态，能为整个生态经济系统的安全和持续发展提供生态保障（Costanza et al.，1992；Dohson & Andy，1997；Norton *et al.*，1992；谢花林等，2005；刘明等，2007）。目前国内外对区域生态安全评价的研究主要集中理论和评价方法上。在理论上，王根绪等（2003）认为生态安全评价的准则与指标体系应将生态风险与生态健康有机结合，同时兼顾不同空间尺度并能体现动态变化。左伟等（2002，2004）基于压力—状态—响应模型探索了区域生态安全评价的理论框架。在评价方法上，主要有综合评价范式、生态模型法（Campebell & Bartell，1998）和景观生态学方法（肖笃宁等，2002）。其中综合评价范式包括暴露-相应分析模式（Campebell & Bartell，1998；Munkittrick & McCarty，1995）、综合指数评价法（Bertollo，2001；Kwak，2002；谢花林等，2004，2005，贺秋华等，2007）、生态足迹和生态承载力分析法（Rees，1992；万忠成等，2006）三种方法。景观生态学方法能够充分利用 3S 技术，有效地将过程与状态相结合，并通过空间结构与功能、格局与生态流的结合，从而达到生态安全评价的定量和定位研究（肖笃宁等，2002）。国内外虽展开了大量的区域生态安全评价工作，评价方法也很先进，但是把生态安全评价结果进行空间定量化，并且能为土地利用格局优化服务的研究较少。

本研究根据研究区的生态不安全因素以及土地利用生态安全评价的目的，利用 GIS 技术和层次分析法分别从土地沙化安全和土壤侵蚀安全两个方面选取了若干指标，构建了区域空间尺度上的生态安全综合指数及其评价方法，得到评价单元的生态安全综合评价结果，为土地利用格局优化和制定保障区域生态安全的决策提供科学依据。

8.2 研究地区与研究方法

8.2.1 研究区概况

本研究以农牧交错带的典型区域——内蒙古自治区赤峰市翁牛特旗为研究对象，面积 11 882km^2，位于地理坐标 117°49′48″～120°45′58″E，42°27′37″～43°25′31″N（图 8-1）。该地区位于大兴安岭隆起带东侧向辽河沉降带的过渡地段，大致可分为西部中山台地、中部低山丘陵和东部沙地坨甸三个类型区。平均海拔 600～800 m，最高为 2 000 m。年平均气温 4.4～7.7℃，年降雨量 310～470 mm，≥10℃活动积温大多在 2 200～3 250℃，西部高寒山区低于 1 500℃，年日照时数为 2 650～3 090 h，属于温带半干旱大陆性季风气候。研究区具有以下四个典型特点：①地形地貌的多层次性：由内蒙古高原向东北平原的过渡地带，由燕山山脉向松辽平原的过渡地带，由浑善达克沙地向科尔沁沙地的过渡地带；②典型的生态脆弱区：风蚀沙化严重（沙地沙化面积占总土地面积的 46%）、水土流失严重（水土流失面积占总土地面积的 48%）；③典型的干旱区：年降水少，变率大，十年九旱，特别是春旱较为严重；④典型的农牧县：2003 年农林牧渔总产值中农业产值占 41%，牧业产值占 54%。

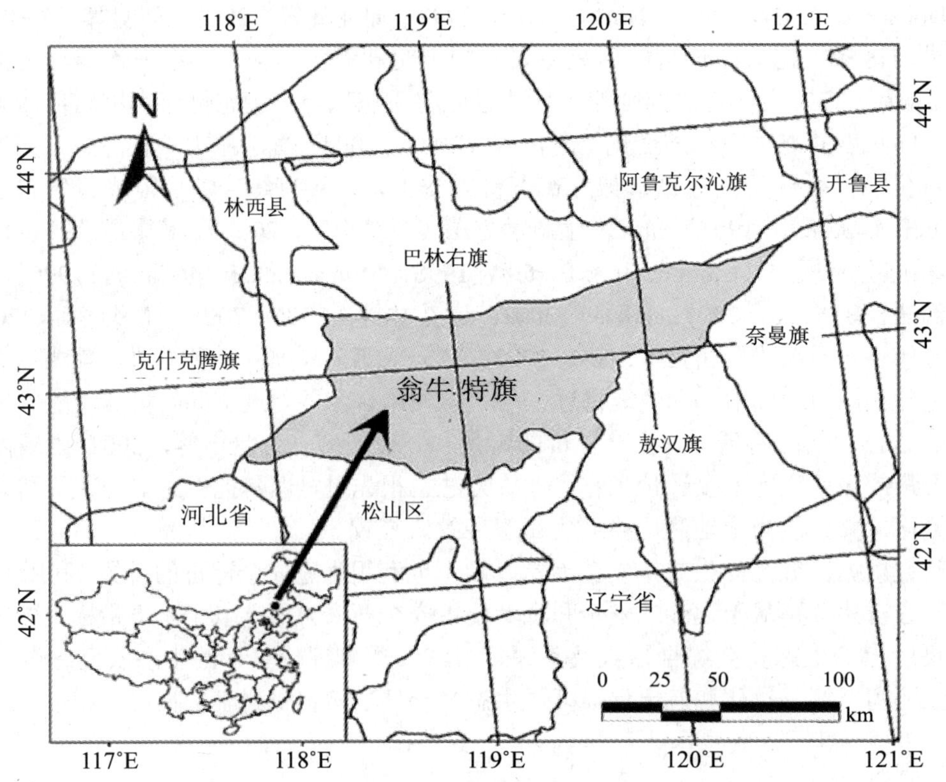

图 8-1 翁牛特旗地理位置示意图

8.2.2 数据来源

土地利用数据是利用 1985 年和 2000 年 2 期 Landsat TM 数字遥感影像作为基本信息源。数据处理是以翁牛特旗 1∶10 万地形图为参照，并对 2 期 TM 图像选取控制点，在 IMGE 的 Image Analysis 模块下，对 TM 图像进行几何校正合镶嵌处理，并实现县界与图像套合。结合野外实测资料，建立解译标志。土壤表层有机质含量和土壤类型分布图通过手工数字化翁牛特旗 1∶10 万土壤养分图和土壤类型分布图（1986 年）得到。降雨量分布图根据翁牛特旗及其周边 8 个站点多年的平均降雨量插值得到。所有的数据都采用 GIS 的栅格数据类型，并且在 250 m×250 m 粒度上进行分析。

8.2.3 指标选取的原则

作为衡量土地利用生态安全的指标体系，不仅应遵循客观性、科学性、完整性、有效性的普遍原则外，还应从以下 3 个方面进行考虑：

（1）体现出研究区主要的生态环境问题

翁牛特旗的生态安全状况是人为因子和自然因子共同影响的结果。在翁牛特旗，所面临的主要生态问题是土地沙化和土壤侵蚀。因此，在本研究中，从研究区土地沙化、土壤侵蚀等实际生态问题出发，运用生态敏感性评价方法，借助 RS 和 GIS 技术手段，根据数据的可获取性，构建翁牛特旗的生态安全评价指标体系。

（2）要为土地利用格局优化服务

在本研究中，生态安全评价的主要目的是为土地利用格局的优化提供依据。因此，生态安全评价指标应能够具有空间性，能结合 GIS 把评价结果落实到每一个土地利用斑块中，实现生态安全评价的定量与定位化。

（3）指标体系应具有层次性

指标体系应根据研究系统的结构分出层次，由宏观到微观，由抽象到具体，如构建目标层、项目层、指标层的结构，并在此基础上进行指标分析。这样可以使指标体系清晰，易于使用。

8.2.4 指标体系的总体框架

根据上述土地利用的生态安全评价的内涵以及上述指标选取的原则，并考虑到目前国内外有关生态安全评价的各种方法，构建了 3 个层次的生态安全评价指标体系。第 1 层次是目标层（object），即生态安全综合指数（EESI）；第 2 层次是项目层（item），即体现研究区的主要生态不安全因素：土地沙化和土壤侵蚀；第 3 层次是指标层（index），即每一个安全问题主要由哪些具体指标来表达。具体结果见图 8-2。

8.2.5 指标的分级标准

不同指标对各生态不安全因素的影响、贡献程度不同。经过十几位相关学科专家的多次讨论、修订与综合，最后确定各单因子安全等级按安全、较安全、欠安全、不安全和极不安全分别赋值为 9、7、5、3 和 1，在具体赋值时，考虑到实际中各因子与生态环境问题间的关系来确定等级（表 8-1）。

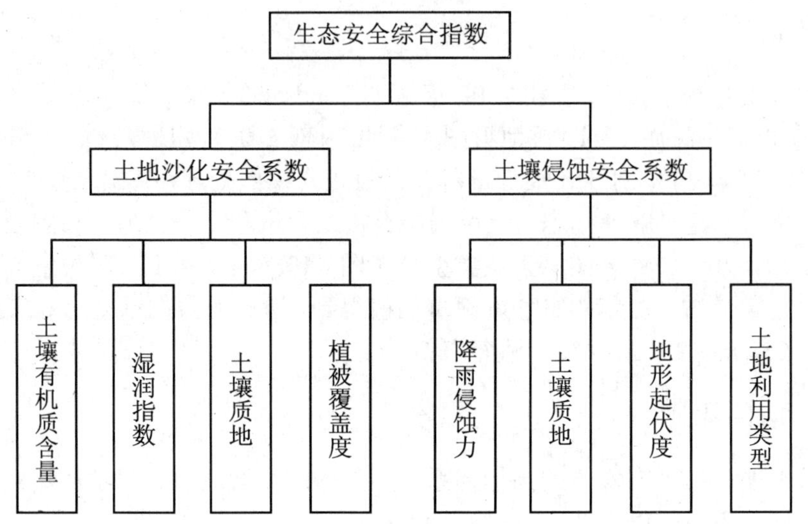

图 8-2 翁牛特旗生态安全评价指标

表 8-1 翁牛特旗生态安全评价指标的分级标准

生态安全问题	土地沙化				土壤侵蚀			
因子	湿润指数	有机质含量/%	土壤质地	植被覆盖度/%	降雨侵蚀力值	土壤质地	地形起伏度	土地利用类型
安全	＞0.65	＞5	基岩	＞70	＜25	石砾、沙土	＜5	水域、沼泽、水田、居民点及工矿用地
较安全	0.5～0.65	4～5	黏质	50～70	25～100	粗砂土、细砂土、黏土	5～30	有林地、灌木林地、疏林地、其他林地、高度覆盖度草地
欠安全	0.20～0.5	2～4	砾质	30～50	100～400	面砂土、壤土	30～50	中覆盖度草地、低覆盖度草地
不安全	0.05～0.2	0.7～2	壤质	10～30	400～600	砂壤土、粉黏土、壤黏土	50～80	旱地
极不安全	＜0.05	＜0.7	沙质	＜10	＞600	砂粉土、粉土	＞80	沙地、盐碱地、裸土地、裸岩石砾地

8.2.6 综合方法

从单因子分析得出的生态安全状况，只是反映了某一因子的作用程度，没有将生态安全的区域以综合地反映出来。因此，必须对上述各项因子分别赋值，在通过下面的方法来计算生态安全指数。

$$\mathrm{ESI}_j = \sqrt[n]{\prod_{i=1}^{n} C_{ij}} \tag{8-1}$$

式中：ESI_j——第 j 个生态安全问题的生态安全指数；

C_{ij}——第 j 个生态安全问题中的第 i 个因子的生态安全等级值；

n——因子数。

然后根据分级标准来确定生态安全等级。根据相关的研究成果，生态安全评价值按表 8-2 的标准划分生态安全等级。

表 8-2　生态安全评价综合指数的分级标准

生态安全等级	安全	较安全	欠安全	不安全	极不安全
ESI_j	＞8	6～8	6～4	4～2	＜2

8.2.7 综合评价

由于不同生态安全问题之间是相互独立的，为了突出生态问题的安全状况，在对多个生态问题进行综合评价时，采用取最小值的方法，通过 ArcGIS9.0 的空间分析模块来实现，得到空间上每个栅格上的生态安全综合指数（ESSI）。

$$ESSI = \mathrm{Min}\left[ESI_j\right] \tag{8-2}$$

8.3 结果与分析

8.3.1 土地沙化单因素评价

根据上述已建立的评价指标和评价方法，利用 ArcGIS 9.0 软件，对研究区进行了土地沙化评价。表 8-3 是研究区 1985 年和 2000 年的土地沙化评价的结果。从表 8-3 可以看出，土地沙化极不安全区的面积从 1985 年的 2 239.00 km^2 增加到 2000 年的 22 552.59 km^2，共增加了 13.59 km^2，其主要原因是部分地区严重超载放牧，使得草地退化严重，土地沙化严重。从土地沙化不安全区的面积占研究区总面积的百分比来看，从 1985 年的 13.46%减少到 10.44%，减少了 3.02%，其重要原因是当地对固定沙地的治理成果显著。

表 8-3　翁牛特旗土地沙化 1985 年的生态安全状况与现状（2000 年）的对比

	1985 年			2000 年现状		
	面积/km^2	百分比/%	累计百分比/%	面积/km^2	百分比/%	累计百分比/%
生态安全区	916.81	7.73	7.73	869.56	7.33	7.33
生态较安全区	3 940.22	33.23	40.96	4 299.83	36.26	43.59
生态欠安全区	3 166.56	26.70	67.66	3 198.64	26.97	70.56
生态不安全区	1 595.94	13.46	81.12	1 237.91	10.44	81.00
生态极不安全区	2 239.00	18.88	100.00	2 252.59	19.00	100.00

从土地沙化较安全区的面积来看，从 1985 年的 3 940.22 km^2 增加到 2000 年的

4 299.83km^2，增加了 359.61 km^2，其重要原因是一部分由土地沙化安全的草地转化而来，另外一部分是对土地沙化欠安全的草地实行封育和旱地退耕后转变过来的。从表 8-3 可以看出，整体上土地沙化极不安全区和不安全区的面积占研究区总面积的百分比从 1985 年的 32.34%减少到 2000 年的 29.44%，共减少了 2.9%；同时土地沙化较安全区和安全区的面积占研究区总面积的百分比从 1985 年的 40.96%增加到 2000 年的 43.59%，共增加了 2.63%，因此土地沙化安全状况呈良好的趋势，但土地沙化极不安区和不安全区的面积仍然很大，防沙治沙的任务还很艰巨。

8.3.2 土壤侵蚀单因素评价

根据上述已建立的评价指标和评价方法，利用 ArcGIS 9.0 软件，对研究区进行了土壤侵蚀评价。表 8-4 是研究区 1985 年和 2000 年的土壤侵蚀评价的结果。从表 8-4 可以看出，土壤侵蚀极不安全区面积从 1985 年的 131.88 km^2 增加到 2000 年的 667.13 km^2，15 年共增加了 535.25 km^2，其主要原因是部分地区严重超载放牧，使得植被退化严重，土壤侵蚀严重。从土壤侵蚀不安全区面积来看，从 1985 年的 2 067 km^2 减少到 2000 年的 1 226.31 km^2，减少了 840.69 km^2，其重要原因是东部地区防沙治沙，实行生态保育，使得东部地区的不安全区面积减少。从土壤侵蚀较安全区面积来看，从 1985 年的 1 994.38 km^2 增加到 2000 年的 4 058.19 km^2，增加了 2 063.81 km^2，其原因是一部分由于土壤侵蚀安全的草地转化而来，另外一部分是土壤侵蚀欠安全的草地实行封育和旱地退耕后转变过来的。从表 8-4 可以看出，整体上虽然土壤侵蚀极不安全区和不安全区的面积占研究区总面积的百分比从 1985 年的 18.51%减少到 2000 年的 15.94%，减少了 2.67%；同时土壤侵蚀较安全区和安全区的面积占研究区总面积的百分比从 1985 年的 51.62%增加到 2000 年的 68.91%，增加了 17.29%，但这主要是由于东部地区防沙治沙的结果。

表 8-4　翁牛特旗土壤侵蚀 1985 年的生态安全状况与现状（2000 年）的对比

	1985 年			2000 年现状		
	面积/km^2	百分比/%	累计百分比/%	面积/km^2	百分比/%	累计百分比/%
生态安全区	4 140.38	34.84	34.84	4 129.94	34.76	34.76
生态较安全区	1 994.38	16.78	51.62	4 058.19	34.15	68.91
生态欠安全区	3 548.69	29.87	81.49	1 800.75	15.15	84.06
生态不安全区	2 067.00	17.40	98.89	1 226.31	10.32	94.38
生态极不安全区	131.88	1.11	100.00	667.13	5.62	100.00

8.3.3 生态安全综合评价

表 8-5、图 8-3 和图 8-4 是研究区 1985 年和 2000 年的生态安全的综合结果。从表 8-5 可以看出，翁牛特旗极不安全区的面积从 1985 年的 378.6 km^2 增加到 2000 年的 393.16 km^2，共增加 14.56 km^2，其主要原因是部分地区严重超载放牧，使得草地退化严重，土壤侵蚀土地沙化极不安全区的面积都在增加。从不安全区的面积来看，从 1985 年的 305.08 km^2 减少到 2000 年的 256.77 km^2，减少了 48.31 km^2，其重要原因是当地进行小流域治理和土地

沙化防治，使得部分地区土地沙化和土壤侵蚀有所改善。从翁牛特旗较安全区面积来看，虽然从 1985 年的 305.08 km^2 增加到 2000 年的 339.49 km^2，增加了 34.41 km^2，但安全区的面积也减少了 37.66 km^2。

表 8-5 翁牛特旗 1985 年的生态安全综合状况与现状（2000 年）的对比

	1985 年			2000 年		
	面积/km^2	百分比/%	累计百分比/%	面积/km^2	百分比/%	累计百分比/%
生态安全区	71.20	3.74	3.74	33.54	1.77	1.77
生态较安全区	339.82	17.89	21.63	339.49	17.87	19.64
生态欠安全区	805.09	42.38	64.01	876.83	46.15	65.79
生态不安全区	305.08	16.06	80.07	256.77	13.52	79.31
生态极不安全区	378.60	19.93	100.00	393.16	20.69	100.00
全旗平均生态安全指数	2.70			2.66		

从表 8-5、图 8-2 和图 8-3 可以看出，整体上翁牛特旗极不安全区和不安全区的面积占研究区总面积的百分比从 1985 年的 35.99%减少到 2000 年的 34.21%，共减少了 1.78%；同时较安全区和安全区的面积占研究区总面积的百分比也从 1985 年的 21.63%减少到 2000 年的 19.64%，共减少了 1.99%。因此，虽然土地沙化安全系数呈改善的趋势，但是翁牛特旗生态安全综合状况呈恶化的趋势，并且研究区有一半以上的总面积处于土地沙化和土壤侵蚀的危害，特别是中西部地区的土壤侵蚀和东部地区的土地沙化，需要采取严格的水土保持和防止沙化措施。

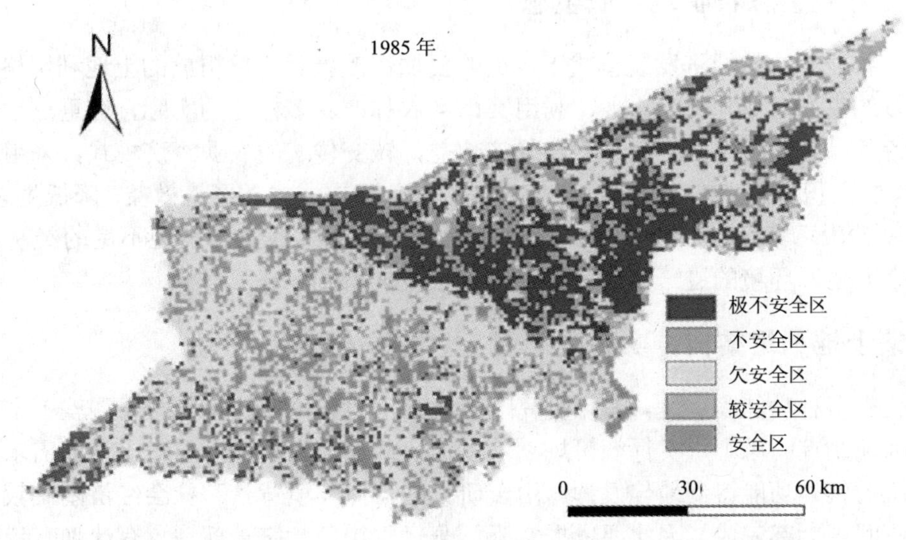

图 8-3 翁牛特旗 1985 年的土地利用生态安全综合评价结果图

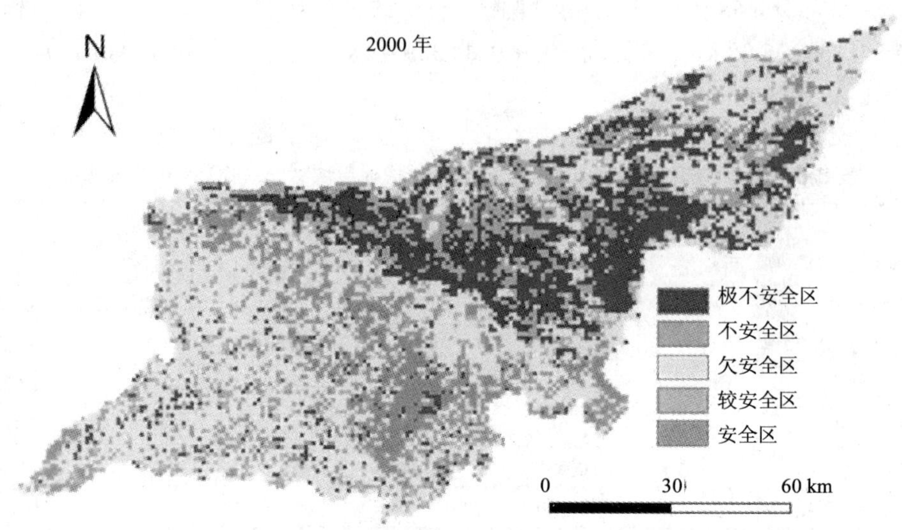

图 8-4 翁牛特旗 2000 年的土地利用生态安全综合评价结果图

研究区平均生态安全指数 1985 年和 2000 年分别为 2.70 和 2.66，整体生态安全都处在生态不安全等级。1985 年和 2000 年各生态安全等级分布面积由大到小排序都为生态欠安全区＞生态极不安全区＞生态较安全区＞生态不安全区＞生态安全区。

8.4 生态安全对策

8.4.1 大力发展生态农业，降低生态足迹

在以农牧业为主的经济发展模式下，更需要加快改善其简单粗放的土地利用格局，继续发展高效的生态农业和观光农业，利用其山区农林产品多样化的实际，有重点地打造农林产品的特色品牌，增强市场竞争力和经济效益，转变传统的农业经济模式，采用高新技术，提高单位面积自然生态系统的生产率，提高单位生态成本的经济效益，降低生态足迹，进而改善以丧失可持续发展为代价，超额利用自然资源弥补生态足迹不足的经济发展现状，实现全区生态环境的进一步优化，使可持续发展得到保证。

8.4.2 调整土地利用结构，实施生态规划，提高生态承载力

土地具有多种功能和用途，因此研究区必须在土地利用的结构和布局调整上本着从实际出发、因地制宜的原则，实行统筹规划，以便协调各部门、各方面对土地的需求，使土地生态系统的整体功能得到最佳发挥。由于研究区自然环境背景和社会经济基础较差，不可能在短时间内全部完成，因此要依据实际，分轻重缓急，统一规划，有计划有步骤地开展工作。同时，要贯彻“十分珍惜和合理利用每寸土地”的原则，集约化利用和经营各类用地，着力提高土地资源利用率和产出率，对区域水土流失、土地沙化严重的区域，应大力开展以林草植被的保护、恢复和重建。建议可以建设以小流域为单位的生态环境治理示范区。同时，严格执行国家政策，对区域生态环境进行科学规划与建设，恢复其生态自我

调节能力，提高生态承载力。

8.4.3 产业生态化、生态产业化，构建新型生态产业体系

翁牛特旗现有农业产业结构在市场、经济效益和结构的稳定性方面存在着不足的同时，还面临严峻的生态问题——单纯追求经济利益，严重破坏了脆弱的生态环境。集中表现为以下两个方面：其一，冬春季正是翁牛特旗风季，缺乏地表覆盖的土地在春季解冻后极易受风力影响就地起沙。其二，西南部丘陵区和东部陀甸区无节制的放牧造成灌丛及草地退化严重，水土流失加剧，沙化严重。上述矛盾归根结底还是经济利益和生态保护的冲突。这一冲突并不是绝对的，生态—经济—社会存在着和谐发展可能，有“人类中心论”向“人—地关系协调论”转变，推动产业生态化，生态产业化，构建科技先导性的新型生态产业体系是解决这一矛盾的根本出路。产业生态既注重环境意识也注重经济效益，包括运用于产业的资源的减少，再利用和循环等可持续哲学思想（Potts Carr，1998）。所谓产业生态化是将区域内一切产业活动置于人口—资源—环境—经济—社会这个“大生态系统”之中，应用现代生态技术改造、重组产业结构，把产业活动对自然资源的消耗和环境的影响纳入大生态系统的物质、能量总交换过程中，不仅最终达到县域经济系统中总供给与总需求的平衡，而且达到自然总供给与人类总需求的平衡，从而实现复合生态系统的良性循环与持续发展（李树，2000）。

8.4.4 加快经济发展，在开发中保护

从经济生态学的角度来看，经济发展滞后、人们生活水平低，也是生态不安全的重要标准。只有经济发展了，国民文化素质提高了，才能有更多的资金投入生态治理，人们才能意识到生态的重要性，从而主动的参与生态建设。大力发展经济，调整土地利用结构，才可以实现非农用地的高效、有序利用，减轻非农业发展对农用地用途转换需求的压力，从而更好地实现对耕地的保护。因此，研究区应该加快城镇化和工业化建设，积极发展小城镇，拉动经济增长，这是集约土地的有效方式，同时，在进行城镇化和发展小城镇过程中，吸引农村人口到城镇居住，又能促进工业的聚集和人口聚集，既有利于提高城镇土地的利用效率，又可以节约大量的村镇建设用地。在土地的开发利用中，关键是要采取保护措施，坚持开发与保护并重，在开发中保护，在保护中开发，这不仅是加快地区发展的需要，也是全面促进生态安全的需要。

8.4.5 加强生态环境保护宣传教育，推动公众参与

土地生态建设的成败关键在群众。要积极搞好宣传，加强生态环境保护的宣传和教育力度。切实加大对生态环境保护的宣传教育力度，增强人民的生态意识，树立可持续发展战略的思想，形成良好的生态环境氛围。抓住“世界地球日”、“世界环境日”等契机，充分利用电视、广播、报纸等新闻媒体，开展生态环境保护的宣传教育和环境普法工作，特别应重视各级领导干部和企业管理者的生态环境保护与经济社会发展的综合决策能力提高。同时，进一步加强新闻舆论和社会舆论监督，建立社会公众积极参与的有效机制。扩大公众对土地利用规划和环境保护的知情权、参与权和监督权，扩大和保护社会公众享有的环境权益。对直接涉及人民群众切身利益的，要广泛听取人民群众的意见和要求，自觉

接受社会公众的监督，使决策符合广大人民群众的利益。建立和完善信访、举报和听证等公众参与环境保护机制，充分调动广大人民群众参与生态建设和环境保护的积极性，维护生态安全。

8.5 结论

土地利用生态安全评价，是针对土地利用的宏观结构调整与布局对环境与生态的可能影响作出的预测性评估。它对于避免规划造成的生态环境影响和维护区域生态安全有着重要性的战略意义。本研究构建了土地利用的生态安全综合指数及其评价方法，基于 GIS 技术对研究区进行了土地利用生态安全评价研究，得到以下主要结论。

从土地利用的生态安全综合评价来看，研究区 1985—2000 年期间有一半以上的总面积处于土地沙化和土壤侵蚀的危害，中西部地区的土壤侵蚀和东部地区的土地沙化依然严重，需要采取严格的水土保持和防止沙化措施；研究区平均生态安全指数 1985 年和 2000 年分别为 2.70 和 2.66，整体生态安全都处在生态不安全等级。1985 年和 2000 年各生态安全等级分布面积由大到小排序都为生态欠安全区＞生态极不安全区＞生态较安全区＞生态不安全区＞生态安全区。

研究区土地利用生态安全应是土地沙化安全、土壤侵蚀安全等的综合体，单方面的评价虽然安全，但是由于其复合性，最终的评价结果未必是安全的。以上各种生态不安全因素是相互关联的，其共同作用导致综合生态安全的结果。

本研究仅在区域尺度上对研究区土地利用的生态安全状况进行了评价，其主要目的是为土地利用格局的优化服务，受多方面因素的影响，所构建的指标体系还存在一定的局限性，有待进一步完善。

参考文献

[1] 谢花林，李波，王传胜，等.西部地区农业生态系统健康评价[J].生态学报，2005，25（11）：3028-3036.

[2] 刘明，刘淳，王克林.洞庭湖流域生态安全状态变化及其驱动力分析[J].生态学杂志，2007，26（8）：1271-1276.

[3] 王根绪，程国栋，钱鞠.生态安全评价研究中的若干问题[J].应用生态学报，2003，14（9）：1551-1556.

[4] 左伟，王桥，王文杰，等.区域生态安全评价指标与标准研究[J].地理学与国土研究，2002，18（1）：67-71.

[5] 左伟，周慧珍，王桥，等.区域生态安全综合评价与制图——以重庆市忠县为例[J].土壤学报，2004，41（2）：201-209.

[6] 肖笃宁，陈文波，郭福良.论生态安全的基本概念和研究内容[J].应用生态学报，2002，13（3）：354-358.

[7] 谢花林，张新时.城郊区生态安全水平的量度及其对策研究[J].中国人口·资源与环境，2004，14（3）：23-26.

[8] 万忠成，王治江，董丽新，等.辽宁省生态系统敏感性评价[J].生态学杂志，2006，25（6）：677-681.

[9] 贺秋华，张丹，陈朝猛，等. GIS 支持下的黔中地区生态环境敏感性评估[J].生态学杂志，2007，26（3）：413-417

[10] 刘康，欧阳志云，王效科，等. 甘肃省生态环境敏感性评价及其空间分布[J]. 生态学报，2003，23（12）：2711-2718.

[11] Costanza R，Norton BG，Haskell BD.Ecosystem health：new goal for environment[J].Washington DC：*Island Press*.1992.

[12] Dohson，Andy P.Hopes for the future：restoration ecology and conservation ecology[J].*Science*，1997，277：515-524.

[13] Norton SB，Rodier DJ，Gentile JH，et al.A framework for ecological risk assessment at the EPA[J].*Environment of Tarical chemistry*，1992，11：1663-1672.

[14] Campebell KR，Bartell SM.Ecological models and ecological risk assessment[A].In：Newman MC and Strojan CL，eds.Risk assessment：Logic and measurement[C].*Michigan：Ann Arbor Press*，1998.

[15] Munkittrick KR，McCarty LS.An integrate approach to aquatic ecosystem health：Top-down，bottom-up，or middle-out? [J] *Journal Aquatic Ecosystem Health*，1995，4：77-90.

[16] Bertollo P.Assessing landscape health：A case study from northeastern Italy[J].*Environmental Management*，2001，27（3）：349-365.

[17] Kwak SJ，Yoo SH，Shin Co.A multi-attribute index for assessing environmental impacts of regional development projects：A case study of Korea[J].*Environmental Management*，2002，29（2）：301-309.

[18] Rees WE.Ecological footprints and appropriated carrying capacity：What urban economics leaves out[J].*Environmental Management*，1992，4：121-130.

[19] Potts Carr A J.Choctaw Eco-industrial Park：an ecological approach to industrial land use planning and design[J].Landscape and Urban Planning，1998，42：239-257.

[20] 李树.我国产业的生态化发展及其策略选择[J].商业研究，2000，3：88-90.

第 9 章

基于 GIS 的区域生态重要性空间评价实例研究

9.1 引言

2005 年 10 月，党的十六届五中全会通过的《中共中央关于制定国民经济和社会发展第十一个五年规划的建议》中指出，“建设社会主义新农村是我国现代化进程中的重大历史任务”。要按照“生产发展、生活宽裕、乡风文明、村容整洁、管理民主”的要求，坚持从各地实际出发，尊重农民意愿，扎实稳步推进新农村建设。这对于加快发展农村经济，增加农民和集体收入，改善农民生产生活条件，优化农村人居环境具有重要的指导意义。我国近期将处在加速新农村建设阶段，在此阶段如何协调好村镇建设与地域生态系统的关系成为当前规划界的热点问题之一（陈群元，2009）。

近年来新农村建设活动中由于不合理的土地利用方式，使得维护农村住区生态系统健康与安全的生态资源遭到破坏，导致农村住区生物多样性减少、水土流失以及特色乡村景观资源的丧失等生态安全问题。因此，迫切需要对农村住区生态重要性空间进行评价，并制定分区管制的措施，以便从宏观上预防乡村建设可能带来的生态问题，指导农村住区规划，开展生态保育和生态建设。农村住区生态重要性评价的主要目的就是识别出维护村庄生命土地的安全和健康的生态基础设施（ecological infrastructure，EI），因为它是农村和村民获得持续的生态系统服务的基本保障，是村镇扩张和土地开发利用不可触犯的刚性限制。生态基础设施本质上讲是区域的可持续发展所依赖的自然系统，是区域及其居民能持续地获得自然服务（natures services）的基础，这些生态服务包括提供新鲜空气、食物、体育、游憩、安全庇护以及审美和教育等（World Bank，1995）。

国际上基于 GIS 手段的生态评价方法方面最早是 20 世纪 60 年代 McHarg 在《自然设计》一书中提出了土地适宜性评价的“千层饼模式”（McHarg，1969，1981；刘海龙，2005）。Steinitz 提出了景观评价模型，代表了可辩保护规划的思想，即如何判断美观、生物多样性、成本、营养流、公共健康等状况（Steinitz，1990，1993）。McHarg 的学生 Steiner 提出了环境敏感区域模型（environmentally sensitive area，ESA）模型（Steiner，2000）。此外，Malczewski 提出了基于 GIS 的多准则土地适宜性评价方法（Malczewski，2003，2006）。对生态空间研究关注较多的是如何配置生态空间以维护区域生态环境安全（Seppelt，2002；Seppelt，2003；Allan，2002），并多以小流域为研究尺度，如 Seppelt 以美国南部 Hunting

Creek 小流域为试区，以控制化肥引起的污染问题为目标，应用 GIS 以及景观空间分异模型设计了土地利用空间配置方案和化肥施用量最大标准分布（Seppelt，2002，2003）。Allan 以保护区域水质为目标，应用 GIS 和缓冲区设计方法，建立了小流域土地利用格局优化模型（Allan，2002）。

国内对农村住区生态重要性空间评价，评价内容主要集中生态敏感性和生态适宜性两个方面（禹莎，2008；何兴东，2008；陈昌勇，2005；颜磊，2009），如禹莎等基于 GIS，从生态保护敏感度、生态缓冲敏感度、景观视觉敏感度和生态安全敏感度四个方面，构建了古河道地区综合生态敏感度评价模型（禹莎，2008）。基于 GIS 的生态评价方法方面主要集中在因素叠置法（程吉宏，2002）、逻辑组合法（颜磊，2009，谢花林，2010）、生态适宜度模型（欧阳志云，1996）和最小累计阻力模型（刘孝富，2010）等方面。目前的研究主要侧重于自然生态方面，且评价结果不能反映生态系统的空间特征和农村住区的特色。

农村住区生态重要性空间评价主要是应用生态学原理，强调农村住区生产生活空间与自然条件的和谐，人与其他生物的共生，坚持村庄发展保持自然基础，自然环境及其演化过程得到最大限度的保护，以村庄土地的地质、地貌的特征与生态环境特点以及土地开发影响分析为基础，客观综合地评价农村住区生态重要性空间分布特征，从而为有效地保护乡村生态系统，从宏观上预防乡村建设可能带来的生态问题。本研究基于 GIS 技术，从水资源安全、生物保护、灾害防护和人类干扰等 4 个方面，构建了空间尺度上的生态重要性综合指数，以江西省兴国县长冈乡为案例区，对其生态重要性空间进行了评价，并制定分区管制的措施，希望提出的评价方法对于指导我国新农村建设规划，维护农村生态系统健康与安全，具有重要的借鉴作用。

9.2 评价方法

9.2.1 指标选取的原则

作为衡量农村住区生态重要性空间评价的指标体系，不仅应遵循客观性、科学性、完整性、有效性的普遍原则外，还应从以下 3 个方面进行考虑：

（1）要为后续的生态景观格局优化服务

农村住区生态重要性空间评价的主要目的是为生态景观格局的优化提供依据。因此，评价指标应能够具有空间性，能结合 GIS 把评价结果落实到每一个土地利用斑块中，尽量地实现生态景观评价的定量与定位化，能够为后续的规划设计提供理论依据。

（2）体现农村住区主要的生态环境问题

农村住区生态重要性是人为因子和自然因子共同影响的结果。农村住区面临的主要生态环境问题是水资源保护、生物多样性保护和灾害规避与防护等。因此，从农村住区的实际生态问题出发，运用生态敏感性评价方法，借助 RS 和 GIS 技术手段，根据数据的可获取性，构建农村住区的生态重要性空间评价指标体系。

（3）可操作性原则

所选取的指标应在数据收集上具有可操作性，即具有可取性。具有一定的现实统计基础、可比性、可测性，同时数据能够被准确搜集，并要尽可能能够量化，但对于一些在目前认识水平下难以量化且意义重大的指标，可以用定性指标来描述。

9.2.2 指标体系的总体框架

根据上述农村住区生态重要性空间评价的内涵以及上述指标选取的原则，并考虑到目前国内外有关生态敏感性评价的各种方法，构建了 3 个层次的生态重要性空间评价指标体系。第 1 层次是目标层（object），即生态重要性综合指数（ERSI）；第 2 层次是项目层（item），即农村住区主要生态重要性的影响因素：水资源安全因子、生物保护因子、灾害防护因子和人类干扰因子等 4 个方面；第 3 层次是指标层（index），即每一个影响因素主要由哪些具体指标来表达。具体结果见表 9-1。

（1）水资源安全指标

水资源是农村住区地域生态系统中的重要组成部分。农村住区大小水体星罗棋布，是构成特色景观的重要因素。综合水安全格局就是从整个流域出发，流出可供调、滞、蓄洪的湿地和河道缓冲区，满足洪水自然宣泄的空间，同时包括保障区域水安全的水源保护用地。水资源的空间评价方面主要是要识别出保障区域洪水安全的 EI 以及水资源保护的 EI。区域洪水安全的 EI 主要采用距河湖湿地的距离指标进行评价。水资源保护的 EI 主要采用水体分布状况以及水源保护区类型两项指标进行评价。水体分布对景区的景观和生态质量均有较大的影响。按照集中大水体（面积＞$1hm^2$）、较集中小水体（面积 0.5～$1hm^2$）、分散的小水体（面积＜$0.5hm^2$）以及无水体的 4 个等级进行划分。采用水源保护区类型这一指标主要基于两方面考虑：一是水源保护区类型划分国家已经有相关的标准，且能体现水源保护的空间范围，便于 GIS 操作；二是用水安全最重要的水质量数据难以获取，且难以体现空间分布特征。

表 9-1　农村住区生态重要性空间评价指标

目标层（object）	项目层（item）	指标层（index）
生态重要性空间综合指数	水资源安全因子	距河湖水系的距离
		水体分布状况
		水源保护区类型
	生物保护因子	植被覆盖指数
		植被类型
		生境敏感性指数
	灾害防护因子	距地质灾害危险区距离
		坡度
		土地利用类型
	人类干扰因子	主要交通干线影响强度指数
		村镇建设用地影响强度指数
		人口聚集度

（2）生物保护指标

生物保护系数主要是维护农村住区的生物多样性安全指标，本研究采用植被类型、植被覆盖指数和生境敏感性指数 3 项指标进行评价。一般而言，生态系统生物多样性服务功能高的地方都能为濒危物种提供良好生境。根据农村住区的土地利用类型和谢高地等人（谢高地，2003）制定的生物多样性服务当量，其中，园地的生物多样性当量因子取森林和草地的平均值，计算出林地、园地、耕地、湿地等生物多样性服务价值，然后根据保护级别予以修正。计算式如下：

$$\mathrm{HSI}=l\times n\times m \tag{9-1}$$

式中：HIS——生境敏感性指数；

l——土地利用；

n——生物多样性服务当量；

m——保护级别修正值，其中自然保护区赋值为 1.75，公园为 1.5、风景旅游区 1.25，其他地方为 1。

（3）灾害防护指标

灾害防护系数主要识别出规避灾害风险和防护灾害发生的生态资源，本研究采用距地质灾害危险区的距离、坡度和土地利用类型 3 项指标进行评价。农村住区内坡度变化相对较大，坡度越大，水土越容易流失，植被受到破坏越不容易恢复，生态与视觉上都带来较大的冲击，而坡度平缓的地方，土地肥沃，植被茂密，能够容忍强度较大的开垦和建筑修路等活动，抗干扰能力较强，同时坡度的变化也影响生态防护措施。农村住区内的林地等土地利用类型对土壤侵蚀灾害防护非常重要，因此，区域内将不同的土地利用类型进行等级划分与赋分。

（4）人类干扰指标

人类干扰系数主要反映人类活动对生态资源的干扰程度，其与生态资源的重要性成反比，本研究采用交通干线影响强度指数、建设用地影响强度指数和人口聚集度 3 项指标进行评价。其中交通干线影响强度指数和建设用地两种影响强度指数，都通过缓冲区技术来实现，表征交通干线和建设用地对生态环境的影响强度以及随距离的衰减特点。人口聚集度反映人为对生态资源的干扰程度。人口聚集度越大，对生态资源的干扰程度就越大，则生态资源的重要性就越低。人口聚集度的计算公式如下：

$$\mathrm{PGI}_i=\frac{P_j}{n\cdot\lambda} \tag{9-2}$$

式中：PGI_i——第 i 个居民点要素的人口估计值（通过土地利用现状图提取居民聚落要素）；

P_j——第 j 个人口统计地域人口总量；

n——第 j 个统计地域的人口聚落总个数；

λ——加权数（根据离乡镇中心与道路距离的大小反距离加权）。

以上述模型为基础，通过克里格（Kriging）模型插值生成人口聚集度表面模型。

9.2.3 指标的分级标准

不同指标对各重要性因素的影响、贡献程度不同。经过十几位相关学科专家的多次讨论、修订与综合，最后确定各单因子重要性等级按极重要、重要、较重要和一般分别赋值为 7、5、3 和 1，在具体赋值时，考虑到实际中各因子与生态环境问题间的关系来确定等级（表 9-2）。

表 9-2　农村住区生态重要性评价指标的分级标准

评价因子	指标	基本生态元素对构成 EI 的贡献分级			
		极重要	重要	较重要	一般
水资源安全	距河湖水系的距离	＜50m	50～100m	100～150m	＞150m
	水体分布状况	大水体	较集中水体	分散小水体	无水体
	水源保护区类型	一级水源保护区	二级水源保护区	准级水源保护区	无
生物保护	植被覆盖指数	0.6～1	0.4～0.6	0.2～0.4	0～0.2
	植被类型	阔叶林、针叶林	灌丛	农田、草地	无植被
	生境敏感性指数	＞3	2.5～3	1.5～2.5	＜1.5
灾害防护	距地质灾害危险区距离	＜100m	100～200m	200～500m	＞500m
	坡度	＞25°	15°～25°	5°～15°	＜5°
	土地利用类型	林地	园地、草地、水域	耕地	未利用地、建设用地
人类干扰	主要交通干线影响强度指数	＞ 500m	200～500m	100～200m	＜100m
	村镇建设用地影响强度指数	＞1 000m	500～1 000m	200～500m	＜200m
	人口聚集度	＜300	300～400	400～500	＞500

9.2.4 综合方法

从单因子分析得出的重要性状况，只是反映了某一因子的作用程度，没有将生态资源重要性空间综合地反映出来。因此，必须对上述各项因子分别赋值，在通过下面的方法来计算生态安全指数。

$$\mathrm{EII}_j = \sqrt[n]{\prod_{i=1}^{n} C_{ij}} \tag{9-3}$$

式中：EII_j——维护第 j 个生态安全问题的重要性指数；

C_{ij}——维护第 j 个生态安全问题中的第 i 个因子的重要性等级值；

n——因子数。

然后根据分级标准来确定重要性等级。根据上式，利用 ArcGIS9.2 的空间叠加分析功能，得到维护各生态问题的重要性评价值图。根据相关的研究成果（何兴东，2008；颜磊，2009；谢花林，2010），重要性评价值按表 9-3 的标准划分等级。

表 9-3　生态重要性评价综合指数的分级标准

重要性等级	极重要	重要	较重要	一般
EII_j	＞6	6～4	4～2	＜2

9.2.5 综合评价

由于不同生态空间维护生态环境问题之间是相互独立的，为了突出生态系统维护生态问题的重要性状况，在对生态空间维护多个生态环境问题进行综合评价时，采用取最大值的方法，通过 ArcGIS 9.2 的空间分析模块来实现，得到空间上每个栅格上的生态重要性空间综合指数（EISI）。

$$\mathrm{EISI} = \mathrm{Max}\left[\mathrm{ERI}_j\right] \quad (9\text{-}4)$$

9.3 实例分析

9.3.1 研究区概况

长冈乡地处兴国县城北郊，距县城 4 km，是毛泽东同志赞誉为创造了“第一等工作”的苏区模范乡。全乡总面积 104 km^2，其中耕地 2.8 万亩，山地 9.26 万亩。辖 13 个行政村，236 个村小组，9 839 户农户，总人口 3.89 万人。2007 年实现国民生产总值 3.27 亿元，比 2001 年增长 47%；农业总产值 1.63 亿元，工业总产值 1.21 亿元，农民人均纯收入 2 659 元。至 2006 年，烟叶面积达到 2 706 亩，交售烟叶 33.3 万 kg，处于全县领先地位。年出栏生猪 2.8 万头，出笼灰鹅 31 万羽，年递增在 9%以上，脐橙种植已达 2 000 亩，商品蔬菜达到 6 000 亩，占县城商品蔬菜市场份额 60%以上。到 2006 年底，全乡 236 个村小组已完成规划报批，建立示范点 67 个，全乡 98%的农户用上了安全卫生饮用水，新建娱乐休闲场所休闲广场 43 处，农村面貌焕然一新。

9.3.2 评价结果分析

根据上述已建立的评价指标和评价方法，利用 ArcGIS 9.2 软件，对兴国县长冈乡进行了生态重要性单因子和综合评价，得出如下评价结果（表 9-4 和图 9-2）。

在水资源安全评价方面，从表 9-4 可以看出，评价结果为极重要和重要等级的面积为 519.07 hm^2 和 366.95 hm^2，占全区总面积的 8.62%，这些区域对于维护当地水安全（洪水调蓄和水资源保护）是非常重要的。水资源的重要性区域主要分布在贯穿区域内和坪村、塘石村、集瑞村、榔木村、长冈村和石燕村等的两条主干河流及其附近区域，还包括秀水村和仁塘村的水库及其保护区。

在生物保护评价方面，从表 9-4 可以看出，评价结果为极重要和重要等级的面积为 3 118.54 hm^2 和 1 661.03 hm^2，占全区总面积的 46.50%，其中极重要等级区域的面积几乎接近区域总面积的 1/3，这些区域大部分是种植杉木、马尾松等针阔混交林，是大部分生物物种的主要栖息地，对于保护生物多样性非常重要。生物保护的重要性区域主要分布在长冈乡的北部、东部和东北部，主要包括园塘村、秀水村、大塘村、合富村和石燕村等行政村的山区。对于这些区域应该制定严格的保护措施，禁止砍伐山林，并进行动态监测。

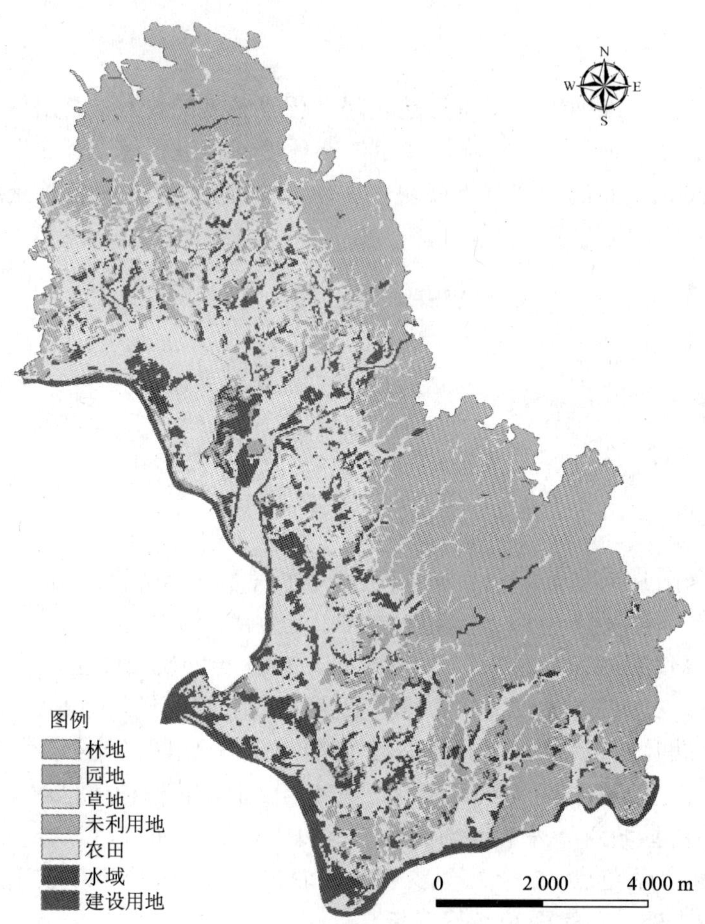

图 9-1 兴国县长冈乡土地利用现状图

表 9-4 兴国县长冈乡生态重要性空间评价结果

评价因子	评价等级	面积/hm^2	百分比/%	累计百分比/%
水资源安全	极重要	519.07	5.05	5.05
	重要	366.95	3.57	8.62
	较重要	445.06	4.33	12.95
	一般	8 947.55	87.05	100
生物保护	极重要	3 118.54	30.34	30.34
	重要	1 661.03	16.16	46.50
	较重要	4 066.23	39.56	86.06
	一般	1 432.83	13.94	100
灾害防护	极重要	1 189.24	11.57	11.57
	重要	1 518.15	14.77	26.34
	较重要	6 543.38	63.66	90.00
	一般	1 027.86	10.00	100

评价因子	评价等级	面积/hm^2	百分比/%	累计百分比/%
人类干扰	极重要	1 119.34	10.89	10.89
	重要	3 503.99	34.09	44.98
	较重要	4 226.57	41.12	86.10
	一般	1 428.73	13.90	100
综合评价	极重要	4 193.68	40.80	40.80
	重要	2 115.34	20.58	61.38
	较重要	3 640.69	35.42	96.8
	一般	328.92	3.20	100

在灾害防护评价方面，从表 9-4 可以看出，评价结果为极重要和重要等级的面积为 1 189.24 hm^2 和 1 518.15 hm^2，占全区总面积的 26.34%，几乎接近区域总面积的 1/3，这些区域大部分是坡度大于 25°，且地表裸露，是灾害重点防护的区域。在灾害规避和防护的重要性区域主要分布在长冈乡的石燕村、合富村和秀水村。对于这些区域应该大力植树种草，退耕还林还草，避免进行建设开发活动。

在人类干扰评价方面，从表 9-4 可以看出，评价结果为极重要和重要等级的面积为 1 119.34 hm^2 和 3 503.99 hm^2，占全区总面积的 44.98%，几乎接近区域总面积的 50%，这些区域大部分是远离乡村的主干道和大型村庄，受到人类的干扰影响较小。而评价结果为不重要等级区域面积占区域总面积的 13.90%，是受到人类影响强度较高的区域，主要适宜人类的建设开发活动，对生态资源保护的贡献率最弱。在受人为干扰影响较弱的区域主要分布在长冈乡的园塘村北部和石燕村东部。对于这些区域受人为干扰影响较弱，是重要的水源涵养区和生物多样性保护区。

在综合评价方面，从表 9-4 可以看出，评价结果为极重要和重要等级的面积为 4 193.68 hm^2 和 2 115.34 hm^2，占全区总面积的 61.38%，超过了区域总面积的 50%。从图 9-2 可以看出，长冈乡的北部和东部地区是极重要性生态资源的分布区域，这些区域对于是维护长冈乡水土安全、生物多样性保护的关键性生态用地，需重点加以保护，禁止开发建设。对于一般的区域可以作为将来农村居住建设开发区，评价结果为重要等级的区域需有限制地加以开发。综合评价结果中一般的只占 3.2%，可以体现出长冈乡的主体功能是生态保护，建议适当撤村并镇，人口相对集中，一方面提高农村现代化的水平，另一方面减少人类活动对生态安全产生的压力。

9.4 结论与讨论

（1）根据农村住区生态环境的特点以及评价的目的，分别从水资源安全、生物保护、灾害防护和人类干扰等 4 个方面选取了距河湖水系的距离、水体分布状况、水资源保护类型、植被覆盖度、植被类型、生镜敏感性指数、距灾害危险区的距离、坡度、土地利用类型、交通干线影响强度指数、建设用地影响强度指数和人口聚集度等指标，构建了生态重要性空间综合指数及其评价方法，并基于 GIS 对研究区进行了评价，评价结果能反映生态系统维护农村住区生态安全的空间特征，说明构建的生态重要性空间综合指数与评价方法是可行的。

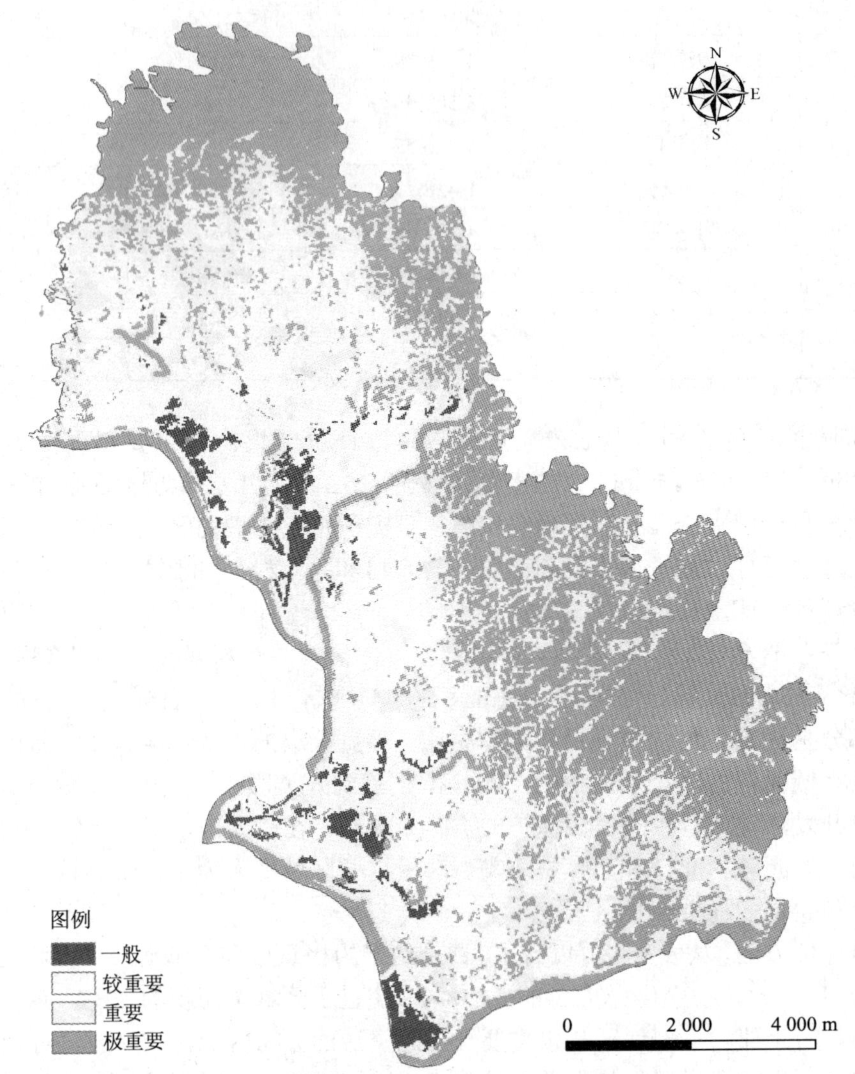

图 9-2 兴国县长冈乡生态重要性综合空间评价分布图

（2）评价结果为极重要和重要等级的面积为 4 193.68 hm^2 和 2 115.34 hm^2，占全区总面积的 61.38%，超过了区域总面积的 50%。其北部和东部地区是极重要性生态资源的分布区域，这些区域维护长冈乡水土安全、生物多样性保护的关键性生态用地，需重点加以保护，禁止开发建设。

（3）本研究仅在区域尺度上对研究区生态重要性空间进行了评价，其主要目的是为农村住区规划方案的优化选取服务，受多方面因素的影响，所构建的指标体系还存在一定的局限性，如灾害防护系数中没有考虑“地质结构”，以及人类干扰系数中没有考虑“采矿”等人类活动方式等，这些有待进一步完善。

（4）由于我国的地形地貌复杂多变性，带来的不同区域生态系统维护生态环境安全问题的差异性，本文建立的生态重要性空间综合指数在针对不同区域生态重要性空间评价时应该有所取舍和补充，体现评价指标体系的因地制宜性。

（5）随着新农村建设的发展，人类活动范围的扩大和强度的增加，将对维护农村住区生态系统安全的生态空间产生更大的干扰影响，因而，对该区域进行生态重要性评价以明确目前面临的环境问题和生态极重要性区域，这对于指导农村住区规划，开展生态保育和生态建设，促进环境相对脆弱、生态环境敏感的农村住区的可持续发展有着至关重要的作用。

参考文献

[1] 陈群元，宋玉祥.我国新农村建设中的农村生态环境管理研究[J].生态经济，2009（1）：422-425.

[2] World Bank.Land Quality Indicators，World Bank Discussion Papers 315[M].The World Bank，Washington D.C.1995.

[3] 刘海龙，李迪华，韩西丽.生态基础设施概念及其研究进展综述[J].城市规划，2005（9）：69-75.

[4] McHarg I.Design with nature[M].New York：Natural History Press，1969.

[5] McHarg I .Human planning at Pennsylvania[J].Landscape Planning，1981，8（2）：109-120.

[6] Steinitz，C.A framework for theory applicable to the education of landscape architects（and other environmental design professionals）[J].Landscape Journal，1990（10）：136-143.

[7] Steinitz，C.A framework for theory and practice in landscape planning[J].GIS Europe，1993（7）：42-45.

[8] Steiner F.A watershed at a watershed：the potential for environmentally sensitive area protection in the upper San Pedro Srainage Basin（Mexico and USA）[J].Landscape and Urban Planning，2000（11）：129-148.

[9] Malczewski，J.，Chapman，T.，Flegel，C.，Walters，D.，Shrubsole，D.and Healy，M.A.GIS-multi criteria evaluation with Ordered Weighted Averaging（OWA）：Developing management strategies for rehabilitation and enhancement projects in the Cedar Creek watershed，Ontario[J].Canada' Environment and Planning，2003，35（10）：1769-1784.

[10] Malczewski，J.Ordered weighted averaging with fuzzy quantifiers：GIS-based multi criteria evaluation for land-use suitability analysis [J].International Journal of Applied Earth Observation and Geo Information，2006，8（4）：249-268.

[11] Seppelt R.，Voinov A.Optimization methodology for land use patterns using spatially explicit landscape models[J].Ecological Modelling，2002，151：125-142.

[12] Seppelt，R.，Voinov A.Optimization methodology for land use patterns—evaluation based on multiscale habitat pattern comparison[J].Ecological Modeling，2003，168：217-231.

[13] Allan I.，Peterson J.Spatial modeling in decision support for land- use planning：a demonstration from the Lal Lal catchment，Victoria，Australia[J].Australian Geographical Studies，2002，40（1）：84-92.

[14] 禹莎，王原，李敬，等.北方小型工业城市生态敏感性评价研究——以沙河市大沙河古河道地区为例[J].复旦大学学报（自然科学版），2008，47（4）：501-508.

[15] 何兴东，薛苹苹，张宁，等.北京市昌平区生态适宜性评价[J].南开大学学报（自然科学版），2008，41（5）：50-56.

[16] 陈昌勇，尹海伟，徐建刚.吴江东部地区城镇发展用地生态适宜性评价[J].陕西师范大学学报（自然

科学版），2005，33（3）：114-118.

[17] 颜磊，许学工，谢正磊，等.北京市域生态敏感性综合评价[J].生态学报，2009，29（6）：3117-3125.

[18] 程吉宏，王晶日.区域环境影响评价中土地使用生态适宜性分析[J].环境保护科学，2002，28（4）：52-54.

[19] 谢花林，李秀彬，陈瑜琦，等.土地利用规划环境影响的生态安全评价方法初探[J].资源科学，2010，32（1）：57-63.

[20] 欧阳志云，王如松，符贵兰. 生态位适宜度模型及其在土地利用适宜性评价中的应用[J]. 生态学报，1996，16（2）：113-120.

[21] 刘孝富，舒俭民，张林波.最小累积阻力模型在城市土地生态适宜性评价中的应用[J].生态学报，2010，30（2）：421- 428.

[22] 谢高地，鲁春霞，冷允法，等.青藏高原生态资产的价值评估[J].自然资源学报，2003，18（2）：189-196.

第 10 章

区域土地利用安全格局情景模拟实例研究

10.1 引言

近半个世纪以来，由于经济的发展和工业化进程的加速，环境污染与生态破坏日益严重，温室效应、臭氧层破坏、酸雨区扩展、自然资源短缺、水土流失、土壤沙化、森林减少、草场退化、洪涝灾害、水污染、大气污染等生态环境问题严重威胁着人类的生存和发展，生态环境问题已逐步成为生态安全问题；生态安全研究已经成为当前生态学、地学以及资源与环境科学研究的前沿任务和重要领域。诸多生态安全问题的出现，从根本上来讲是不合理的土地开发利用活动的结果。

近年来，在土地利用与环境变化、可持续土地利用评价等研究逐渐深入的背景下，土地生态安全格局研究作为区域可持续发展的重要途径和手段受到广泛重视，相关设计方法和模型方面的研究成为研究热点。但在以下两方面仍显不足：第一，土地利用优化配置目标最终应该通过土地利用的经济效益、社会效益和生态环境效益三个方面来体现，而对于生态效益的标准尚缺乏完整而系统的研究，例如目前土地生态安全格局设计中最多见的方法是以经济效益为主导性目标，建立目标函数，辅以社会效益和生态效益作为约束条件，而由于生态效益尚缺乏完整系统的生态标准，因此在具体研究中为了简化问题，研究者常常以林草覆盖率等绿化面积比例作为生态约束条件，并且常常以政策规定或者地方经验值来作为这些生态指标的量化标准，而对于区域生态环境非常重要的水土流失、土壤退化、水资源安全等相关指标较少涉及，这直接制约着土地生态安全格局的科学性和合理性；第二，传统的土地生态安全格局方法大多停留在优化指标相互作用关系的静态优化上，且难以定量地考虑格局的空间优化。以空间显式模型为核心的格局优化模式，真正触及了土地利用格局的形成机制，并体现了景观生态学强调水平方向生态学过程的特征。因此，通过模拟格局演化来进行优化的客观性和自动化程度较高，而且模拟演化过程本身就验证了优化方案的效果和可实现性。

因此区域土地利用安全格局模拟研究不仅可以为有效解决水土流失、土壤退化等区域生态安全问题提供新思路，而且对提高区域土地利用生态系统的安全性和可持续性具有重要的现实意义。

10.2 区域土地利用安全格局构建流程

区域土地利用安全格局构建主要分为生态空间评价、生物多样性安全格局构建、水土保持安全局格局、生态安全约束下的居民点扩张格局、土地利用安全格局等方面，具体流程见图 10-1。

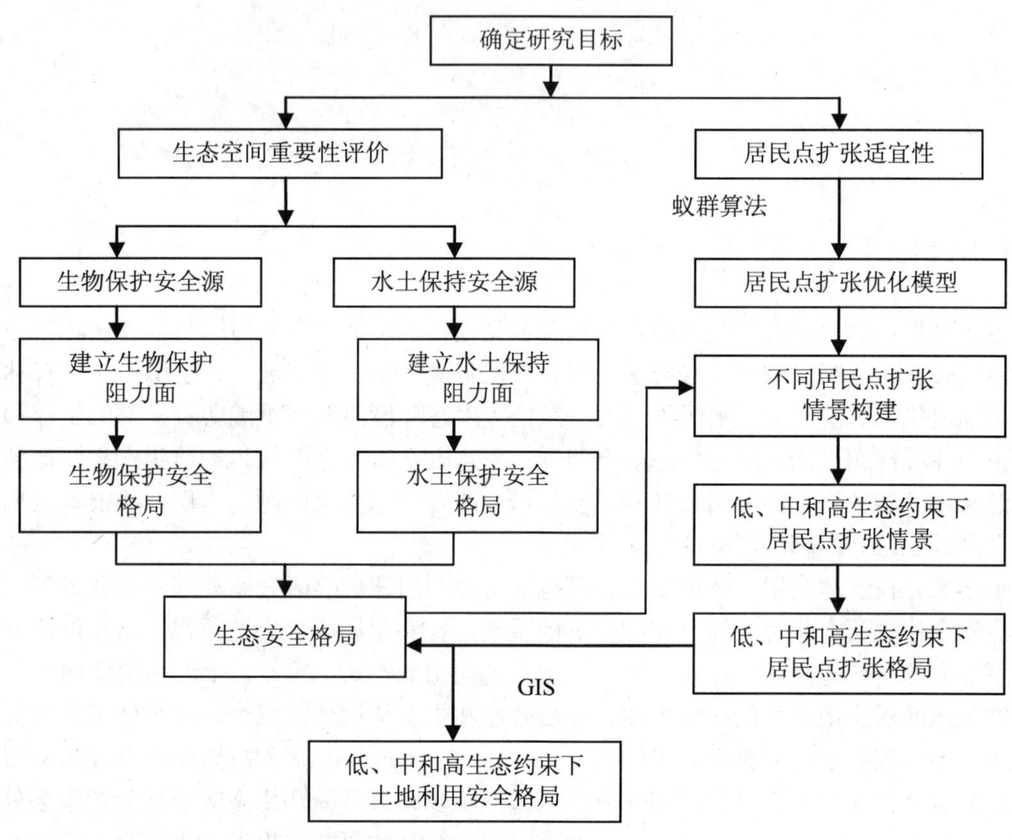

图 10-1　区域土地利用安全格局构建流程

10.3 区域土地利用安全格局构建方法

10.3.1 生物多样性保护安全格局构建方法

基于生物过程分析和现状景观对生物过程健康性和安全性的评价，判别对生物过程具有关键意义的景观格局，并成为区域生态基础设施的重要组成部分。

（1）生物多样性保护安全源：生物保护安全源生物物种栖息地源，鉴别作为源的生物物种栖息地的原则包括景观组分状况和规模一是成片较成熟木本植物群落为主，次生林占主体人工干扰较少或较大斑块具有代表性内部生物种，多样性较高，二是经过对现状地物解读，选择大面积木本植物群落林地作为生物栖息地的源。

（2）生物迁徙阻力因子主要包括土地覆被类型。以自然保护区的核心区（本例中以大于 10 hm^2 有林地斑块为物种源地），考虑物种从源向外扩散过程中所遇到的累积阻力，不同类型的土地覆被类型会产生不同的阻力。根据是以物种生存的栖息地类型，土地覆被类型的生态阻力等级可以进行如下排序：有林地＜湿地＜灌木林地、竹林＜园地＜草地＜水田＜旱地＜其他土地＜建设用地。各种地表覆被的相对阻力系数分别拟定在 0～500 之间（表 10-1）。

表 10-1　生物多样性保护阻力面因子构成表

阻力因子	分类	阻力系数（0～500）
土地覆被类型	有林地	0
	湿地	5
	灌木林地、竹林	10
	园地	30
	草地	50
	水田	100
	旱地	300
	未利用土地	400
	建设用地	500

需要指出，这些阻力系数和权重是由研究组根据专家的意见和有关资料得出的相对值，只反映相对的阻力概念，不是绝对的。但由于阻力面计算的目的是要反映相对的趋势，所以，相对意义上的阻力系数和因子的权重仍然具有意义（Yu，1996）。

（3）建立阻力面。由表 10-1 数据，在 ArcGIS 9.2 中利用 GRID 模块建立阻力面，以生态资源评价中生物单因子的极重要等级区为生物多样性保护源，通过费用距离分析，建立最小累积阻力面。根据最小累积阻力面，利用空间分析模块中的分位数重分类方法，划分为低安全区、中安全区、高安全区、非安全区四种安全等级，确立生物多样性保护安全格局。

10.3.2 水土保持安全格局构建方法

保持水土的方法是通过防止水土流失的相关措施来获得，保护现有河流水体及其缓冲区，保护地表径流及其缓冲区保护现有大片林地；一定坡度以上地区退耕还林。依据水系的空间层次关系划分为五个等级，从低到高分别为一到五级。将地表径流及现有河流水系的缓冲区按照三个级别分别给予不同的宽度。河流缓冲区是景观生态学中的一个重要概念，指的是河流两侧与环境基质相区别的带状植被，又称滨水植被带。它有利于减少水土流失、防止水质污染、行洪滞洪、保护滨水及水生生物、维护河流廊道的美学价值与游憩价值等。因此，河流缓冲区对生态过程、防洪过程、游憩过程等都有重要的意义。

（1）水土保持源：以饮用水水源地和河湖水系为水土保持源。

（2）影响水土保持的主要因子包括：地形起伏度和土地覆被类型。根据不同因子的影响程度，确定其权重及阻力值如表 10-2。

表 10-2　水土保持阻力面因子构成表

阻力因子	权重	阻力系数（0~500）	
		分类	赋值
地形	0.6	地形起伏度	
		>300	0
		100~300	50
		50~100	100
		20~50	300
		0~20	500
土地覆被类型	0.4	土地利用类型	
		林地	0
		水域	5
		园地	10
		草地	50
		耕地	100
		未利用地	200

（3）建立阻力面。由表 10-2 数据，在 ArcGIS 9.2 中利用 GRID 模块建立阻力面，以饮用水水源地和河湖水系现状为源，通过费用距离分析，建立最小累积阻力面。其中建设用地作为 Nodata，不参与计算。根据最小累积阻力面，利用空间分析模块中的分位数重分类方法，划分为低安全区、中安全区、高安全区、非安全区四种安全等级，确立水土保持安全格局。

10.3.3 生态安全格局构建方法

利用综合以上水文过程、生物过程、灾害过程等方面的安全格局，建立综合生态安全格局。以上广义的生态过程被认为在生态安全格局的构建具有同等的重要性，被赋予相同的权重，将生物多样性保护和水土保持安全格局进行叠加，通过析取运算，取最大值，最终确立区域的生态安全格局。它们形成了连续而完整性的区域生态空间，为区域生态系统服务的安全和健康提供了保障。

低水平生态安全格局是“底线安全格局”，是保障生态安全的最基本保障，是区域发展建设中不可逾越的生态底线，需重点保护和严格限制，并纳入区域的禁止和限制建设区。中水平安全格局是“满意安全格局”，需要限制开发，实行保护措施，保护与恢复生态系统。高水平安全格局是“理想安全格局”，是维护区域生态服务的理想的景观格局，在这个范围内可以根据当地具体情况进行有条件地开发建设活动。

10.4 生态安全约束下的居民点扩张优化情景格局

10.4.1 居民点扩张的蚁群优化模型

蚁群算法是一种基于群体智能的仿生学优化算法，由 Colorni 等于 1991 年提出（Colorni et al.，1991），其本质是一个复杂的多智能体系统，由大量的简单智能体——蚂蚁所组成的团体，通过相互合作能够有效地完成复杂任务，如寻找食物的最优路径。每个蚂蚁智能体根据路径上的信息做随机选择，系统无中心控制，但最终整个蚁群能够得到优化。这样的系统更具鲁棒性，不会由于一个或者某几个智能个体的故障而影响整个问题的求解，该算法是群集智能的典型实现。

蚁群算法是受到对真实的蚁群行为的研究启发而提出的。昆虫学家发现，虽然单个蚂蚁的行为极其简单，但它们所组成的蚁群群体却表现出极其复杂的行为。蚂蚁在寻找食物源时，能在其走过的路径上释放一种蚂蚁特有的分泌物——信息素，并以此指导自己的运动方向，朝着信息素浓度较高的方向移动。因此，有大量蚂蚁形成的集体行为便表现出一种信息正反馈现象：某一路径上走过的蚂蚁越多，则后来者选择该路径的概率就越大。蚂蚁这种选择路径的过程被称之为蚂蚁的自催化行为。由于其原理是一种正反馈机制，因此也将蚂蚁王国理解成增强型学习系统。

随着蚁群优化算法在求解离散优化问题即组合优化问题中已经得到越来越多的研究与应用，蚁群优化算法也被众多学者改进而逐渐引入和扩展到了求解连续空间的优化问题中。生产实际中的大部分工程优化问题都属于连续优化问题，即函数优化的范围，所以最近用于连续优化问题的蚁群算法成为了广大研究人员研究的重点。

李向丽等（2007）通过修改蚂蚁信息素的留存方式和行走规则，定义了一个连续空间的蚁群算法。模拟蚂蚁用触角交流信息的过程提出了直接通信的学习机制，增强了蚂蚁的搜索能力。为了防止出现“早熟”现象，在局部搜索过程中嵌入了模拟退火的思想。同时为避免过大的残留信息，选择了新的信息增量计算函数。

李桂成等（2009）根据连续空间的特点并从一些混合优化算中得到启发，对基本蚁群模型在寻优策略上进行了改进和扩展，为了克服搜索时间长和易于停滞的问题，在局部搜索过程中嵌入一种改进的基于连续域的禁忌搜索算法。提出了禁忌搜索与蚁群算法相结合的一种新的蚁群算法（tabu search and antcolony hybridized algorithm，TSACO）。同时为避免过大的残留信息导致过大的信息移动增量，选择了一种能够保证对蚂蚁的移动产生正确的正反馈，使残留信息增量的值保持在 1 左右的信息增量计算函数。

李士勇等（2009）提出一种求解连续空间优化的扩展粒子蚁群算法（Particle Swarm Ant Colony System，PSACOR），将粒子群算法嵌入到扩展蚁群算法中用于在线优化扩展蚁群算法参数，减少了参数人为调整的盲目性，从而改善扩展蚁群算法的寻径行为，并与遗传算法、克隆选择算法、蚁群算法、扩展蚁群算法等进行对比，扩展粒子蚁群算法在搜索速度和全局搜索能力方面均优于其他算法。

刘喜恩（2009）结合经典蚁群算法思想提出一种基于动态分类的新型蚁群搜索算法——三策略智能蚂蚁（TSIA）算法。将整个蚁群动态分为随机搜索蚁群、局部搜索蚁群和定向搜索蚁群三个子类，分别采用随机搜索、局部搜索和定向搜索三层搜索策略，使得蚁群具有全局探索能力，并能对优良解进行继承和改进。通过自适应地调整三个子类蚁群的规模和搜索步长，使得整个蚁群在“探索”和“学习”之间处于一个较好的平衡。实例运算证明该算法简单高效，具有快速的收敛能力和优良的全局寻优能力。

寇晓丽等（2006）针对连续空间寻优蚁群算法的特点，提出了一种随机蚁群算法求解连续空间优化问题。该算法制定了蚁群在连续空间中的寻优方式和新的蚁群信息素更新规则，并将蚁群的搜索过程分为局部搜索和全局搜索。为了克服 ACO 算法搜索时间过长，易陷入局部最优等缺点，在局部搜索过程中嵌入了改进的 Alopex 算法，改进的 Alopex 算法的主要特点是具有快速搜索和摆脱局部最优解的能力，随机蚁群算法（AACO）将这两种单一的算法相结合，使二者取长补短，提高了搜索效率。

（1）定义目标函数

目标函数用于判断算法得到的结果的好坏，在区域居住区选址中，目标函数就是以村镇用地扩展的费用为准则，本研究宜所选取的栅格与大型村镇中心对象间的阻力费用和最小为目的，目标函数如下：

$$F=\sum_{i=1}^{M}\sum_{j=1}^{N}d_{\min}(i,j)\times\cos t(i,j)\times A \tag{10-1}$$

式中：M——实验区域的宽带，即栅格的行数；

N——实验区域的长度，即栅格的列数；

$d_{\min}$（i，j）——栅格（i，j）到与其最近的目标栅格的欧几里德距离；

cos$t$（i，j）——栅格（i，j）的阻力费用距离；

A——每个栅格在实际中对应的面积。

在真实的村镇用地扩展选择应用中，通过获取实验区域内任意两栅格的真实路径长度，替换两栅格间的欧几里德距离即可。

（2）定义启发函数

信息素是表征过去信息的载体，而启发函数是表征未来信息的载体，它们直接影响到算法的全局收敛性和求解效率。大量实验结果表明，启发函数对保证蚁群算法在合理的时间内搜索到全局最优解非常重要。按照常理，评价函数表明：其一，选择那些大型村镇的栅格作为目标栅格趋向于使总的费用最小。其二，选择靠近实验区域村镇中心的栅格作为目标栅格也趋向于使总的费用最小。启发函数定义如下：

$$\eta_{ij}(k)=\cos t(i,j) \tag{10-2}$$

（3）信息素更新策略

区域村镇用地扩张问题是从大量候选栅格中选出位数较少的目标栅格，只有极少数被蚂蚁选中的栅格的信息素在挥发后会增加，这样蚂蚁在路径选择过程中的正反馈机制被大大地削弱甚至被淹没，不利于蚂蚁搜索最优解；另外，由于相邻栅格具有附近的栅格有可能比目标栅格本身更优。基于以上两点，采取信息素递减扩散的策略对信息素进行更新。具体实现如下：如果某栅格被选为目标栅格，则在信息素更新时，在以目标栅格为中心、以指定的长度为边长的正方形小区域内，按信息素增量从中心向四周递减的策略更新，正方形小区域的边长根据实验区域的大小和选择的目标栅格的数目作相应的调整，如区域较大，边长可相应调大，选择的目标栅格较少，边长可相应调得越大。公式如下：

$$\Delta\tau_{ij}^{r}(k)=\begin{cases}\dfrac{Q}{(d_{\text{centre}}^{p}(i,j)+1)\cdot F}, & \text{若栅格（}i,\ j\text{）在目标栅格}P\text{所在的小区域内}\\ 0, & \text{否则}\end{cases}$$

式中：Q——信息素强度；

$d_{\text{centre}}^{p}(i,j)$——目标栅格对应的小区域内栅格与目标栅格 P 的欧几里德距离；

F——目标函数的值。

10.4.2 构建居民点用地扩张的蚁群优化目标函数

选取距村镇中心距离、土地利用类型和距主干道路距离等 3 个指标作为居民点用地扩张的适宜性因子，根据蚁群算法优化模型，构建居民点用地扩张的蚁群优化目标函数。

$$F=\omega_1F_1+\omega_2F_2+\omega_3F_3 \tag{10-3}$$

式中：F——总的目标函数；

F_1，F_2，F_3——表示聚集性、用地类型和区位条件三个分目标函数；

ω_1，ω_2，ω_3——表示聚集性、用地类型和区位条件的权重。

由表 10-3 利用村镇中心分布图、土地利用现状图和主干道路分布图，在 ArcGIS 9.2 中 GRID 模块生成村镇中心距离、土地利用类型和距主干道路距离数据，建立居民点用地扩张的蚁群优化目标函数。

表 10-3　建成区扩张适宜性因子构成表

适宜性因子	权重	适宜性系数（0~100）	
		分类	赋值
距村镇中心距离	0.25	＜200m	100
		200～500m	70
		500～1 000m	40
		＞1 000m	10
土地利用类型	0.5	林地	0
		水体	10
		园地	20
		耕地	40
		草地和未利用地	90
		建设用地	100
距主干道路距离	0.25	＜150m	100
		150～300m	70
		300～500m	40
		＞500m	10

10.4.3 居民点用地扩张情景设置

在上述生态格局构建基础下，在建成区扩张优化布局中，优先考虑生态安全保障程度，设置了以下三种情景：

（1）情景 1（底线安全）：建成区扩张只允许在生态安全格局的中、高和非生态安全区内，即满足生态安全的最低要求，在生态保护的核心内严格禁止进行有关建设和开发活动。

（2）情景 2（中度安全）：建成区扩张只允许在生态安全格局的高和非生态安全水平区，即满足生态安全的中要求，在生态保护的核心内和缓冲区内严格禁止进行有关建设和开发活动。

（3）情景 3（高度安全）：建成区扩张只允许在生态安全格局的非生态安全区内，即满足生态安全的理想格局，未来的建成区扩张只在非生态安全区内，严格控制在生态安全格局区内进行任何开发和建设活动。

10.4.4 生态安全约束下的居民点用地扩张情景优化格局

根据上述蚁群优化算法和情景，在生态格局构建基础上，利用区域的土地利用现状图、坡度分布图、主干道路分布图。利用 Visual Basic 6.0 编程实现情景 1（低生态约束）、情景 2（中生态约束）和情景 3（高生态约束）下的居民点扩张优化格局。

10.4.5 综合土地利用安全格局

在综合考虑生态安全格局（生物多样性保护、水土保持两种安全格局）的基础上，叠加建成区扩张优化格局，最终形成区域的综合土地利用安全格局。

10.5 实例分析

根据上述区域土地利用安全格局的构建方法，本研究选取兴国县长冈乡进行实例分析。

（1）生物多样性保护安全格局

根据表 10-1，利用在生态资源评价中生物单因子评价结果和土地利用现状图，ArcGIS 9.2 中利用 GRID 模块建立阻力面，以生态资源评价中生物单因子评价结果的极重要区为源，通过费用距离分析，建立最小累积阻力面。根据最小累积阻力面，利用空间分析模块中的分位数重分类方法，划分为低生态安全区、中生态安全区、高生态安全区、非生态安全区四种等级，确立长冈乡生物多样性保护安全格局（图 10-2）。

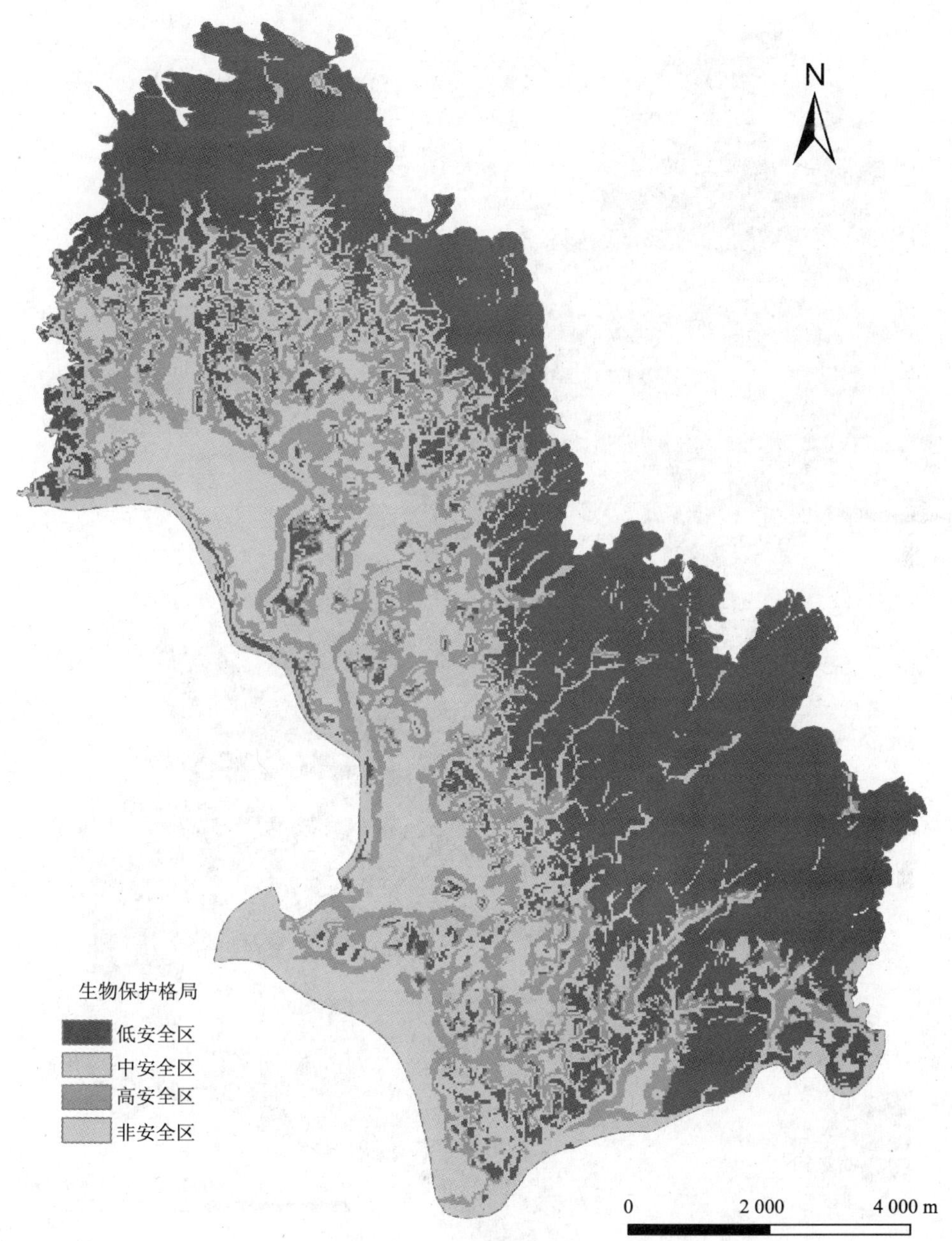

图 10-2　长冈乡生物多样性保护安全格局

（2）水土保持保护安全格局

根据表 10-2，利用在生态空间重要性评价中水单因子和灾害单因子评价结果和土地利用现状图，ArcGIS 9.2 中利用 GRID 模块建立阻力面，以现状建成区为源，通过费用距离分析，建立最小累积阻力面。根据最小累积阻力面，利用空间分析模块中的分位数重分类方法，划分为低生态安全区、中生态安全区、高生态安全区、非生态安全区四种等级，确立长冈乡水土保持安全格局（图 10-3）。

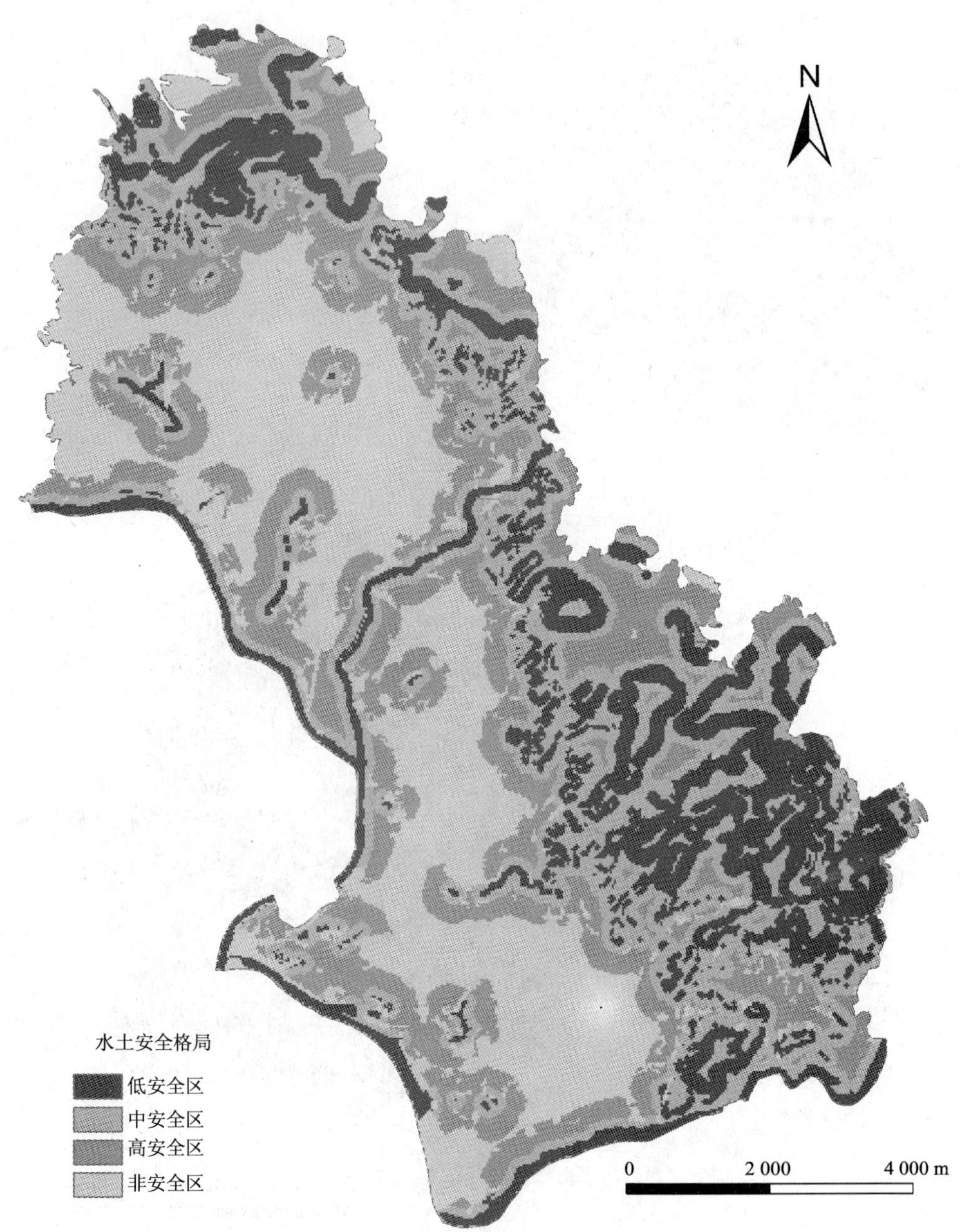

图 10-3 长冈乡水土保持安全格局

（3）生态安全格局

根据长冈乡生物多样性保护安全格局和水土保持安全格局，利用 GIS 的空间分析模块，对其进行析取运算，取最大值，最终确立长冈乡生态安全格局（图 10-4）。

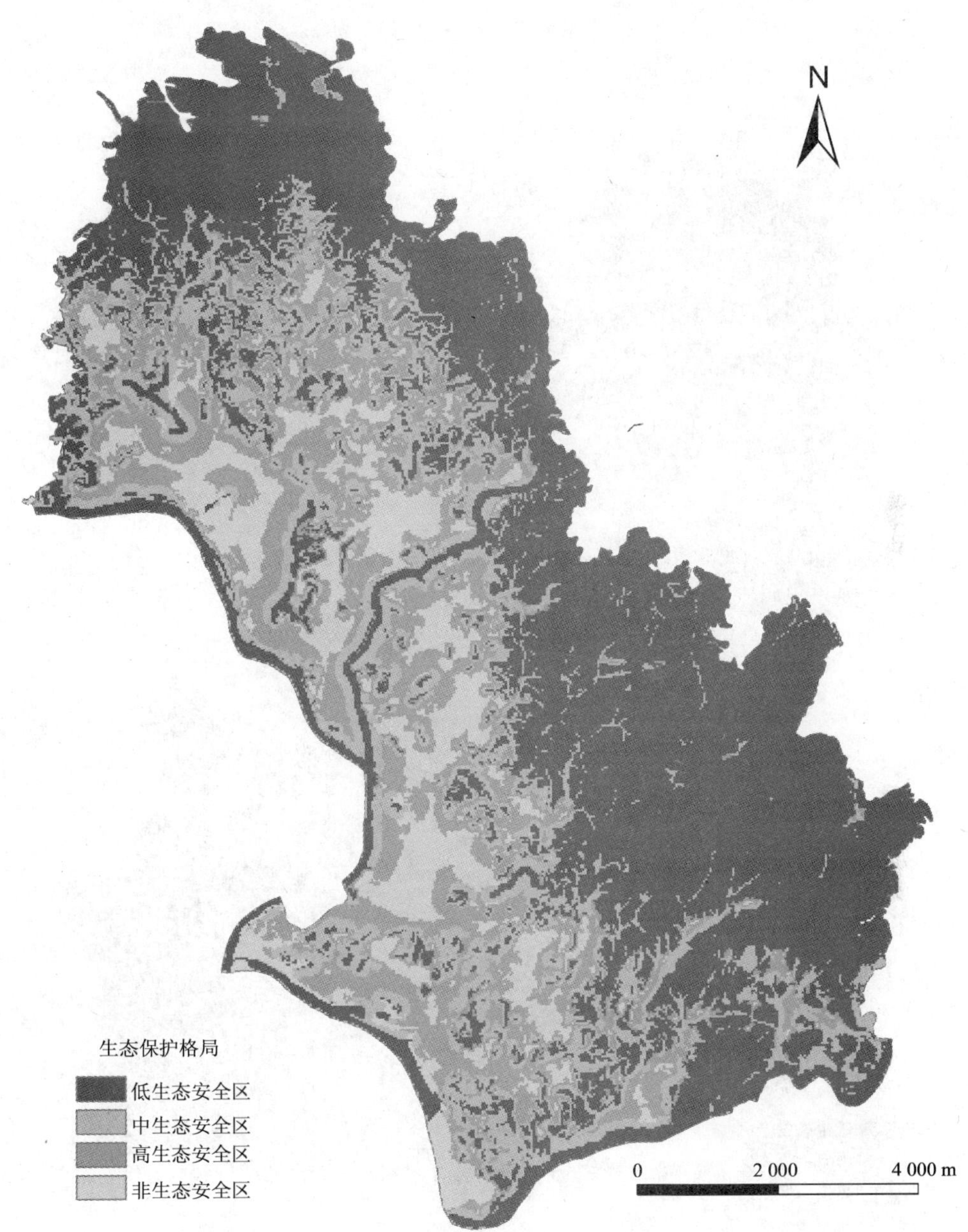

图 10-4　长冈乡生态安全格局

（4）低生态约束下的土地生态安全格局

由上述构建的建成区扩张蚁群优化模型，根据《兴国县土地利用总体规划》（2006—2020 年）方案，确定 2020 年兴国县长冈乡的居民点工矿用地面积为 783.83 hm^2，最终确立长冈乡低生态安全约束下的居民点扩张优化格局，在此基础上叠加生态安全格局，得出低生态约束下的土地生态安全格局（图 10-5），这种情景生态约束条件最低，在低生态安全内禁止布局居民点。

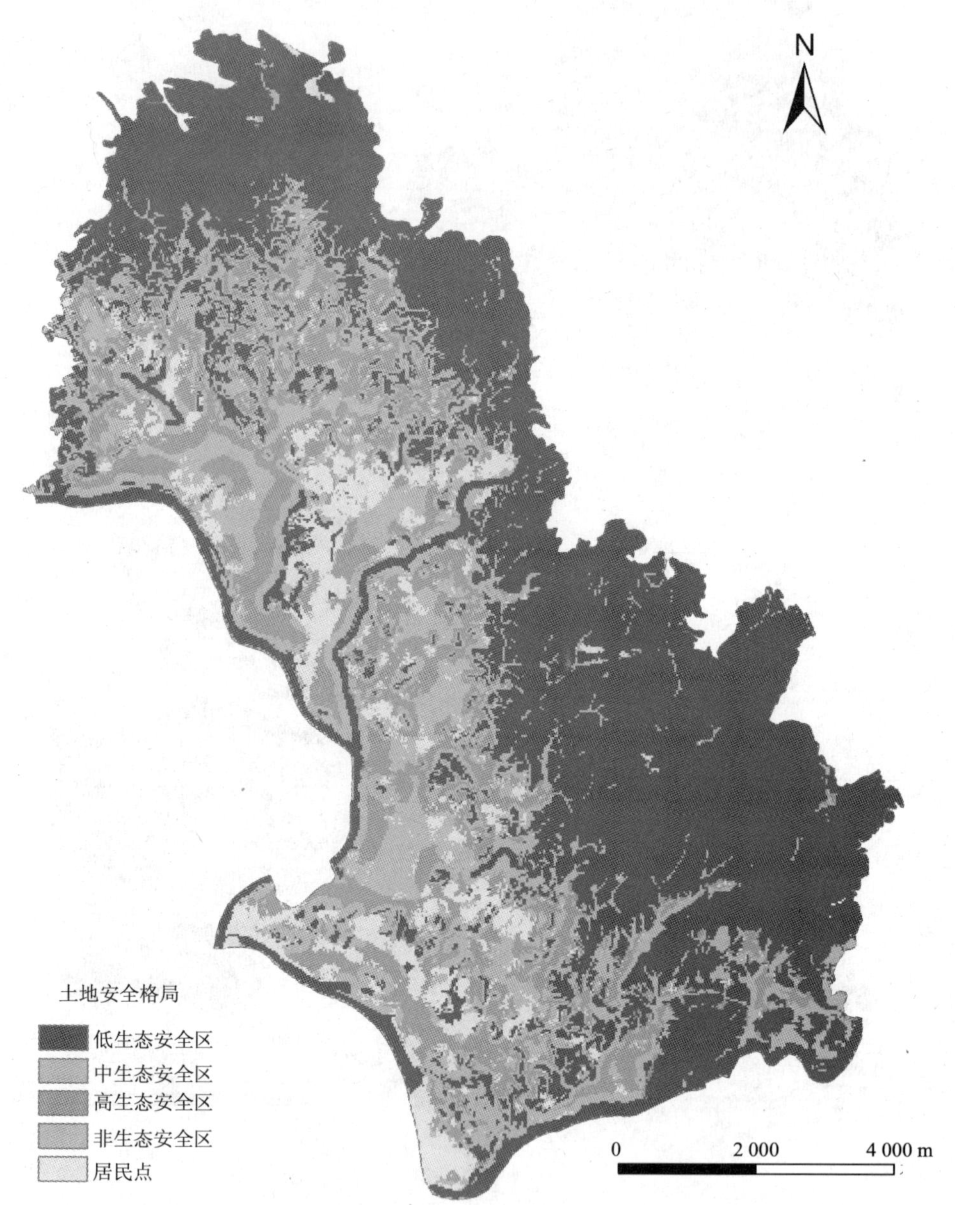

图 10-5 低生态约束下的长冈乡土地利用安全格局

通过图 10-4 和图 10-5 进行对比，可以看出居民点主要布局在生态安全格局的中、高和非安全格局区内，在低生态安全格局区内严格布局了建设用地，并且居民点用地主要成集聚性扩张。

（5）满意水平下的土地生态安全格局

最终确立长冈乡中生态安全约束下的居民点扩张优化格局，在此基础上叠加生态安全格局，得出满意水平下的土地中生态安全格局（图 10-6），这种情景生态约束条件较高，主要在中生态安全区和高生态安全内布局居民点。通过图 10-4 和图 10-6 进行对比，可以看出居民点主要布局在生态安全格局的高和非安全格局区内，并且居民点用地主要成集聚性扩张。

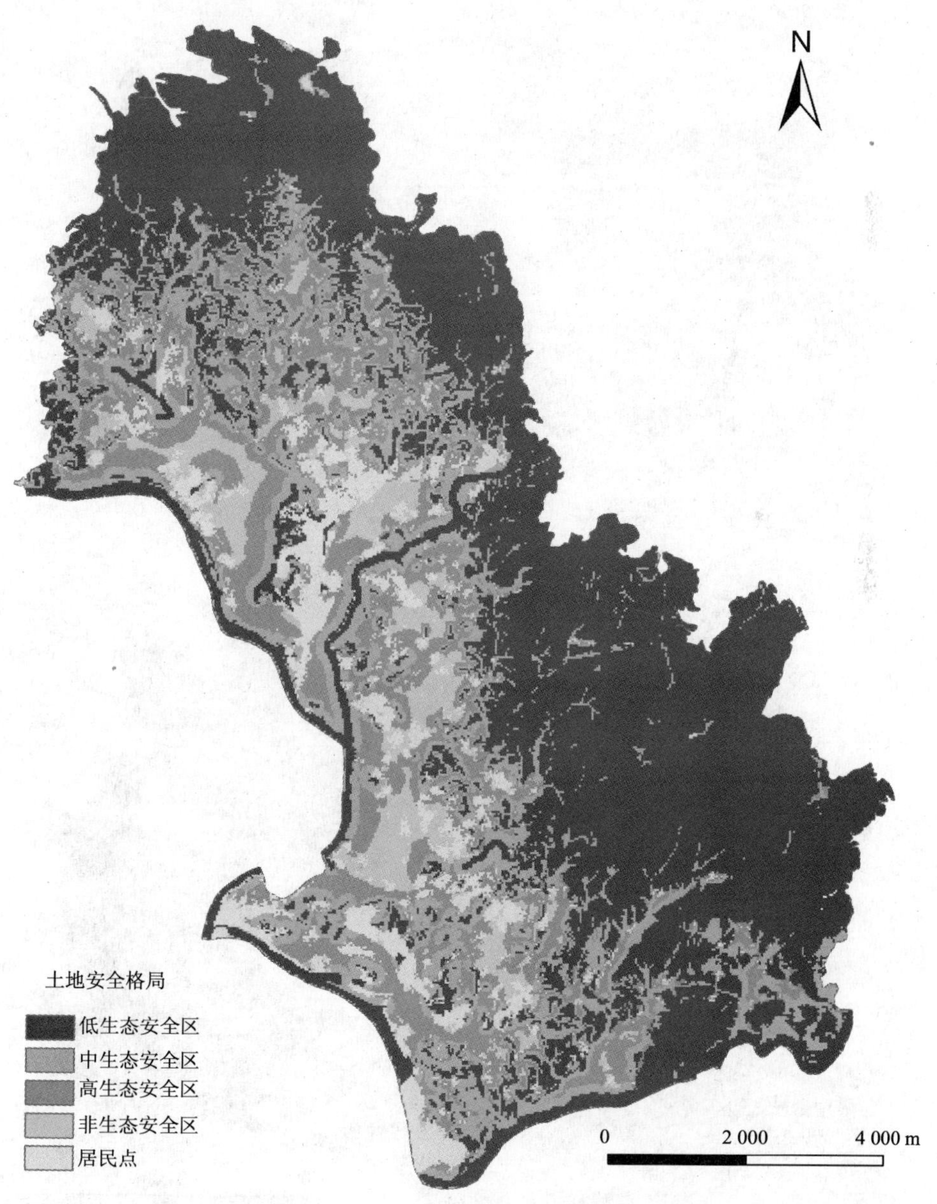

图 10-6　满意情景下的长冈乡土地利用安全格局

（6）理想水平下的土地利用安全格局

最终确立的长冈乡高生态安全约束下的居民点扩张优化格局，在此基础上叠加生态安全格局，得出理想水平下的土地生态安全格局（图 10-7），这种情景生态约束条件最高，在低生态安全区、中生态安全区和高生态安全内禁止布局居民点。通过图 10-4 和图 10-7 进行对比，可以看出居民点主要布局在生态安全格局的非安全格局区内，并且居民点用地主要成集聚性扩张。

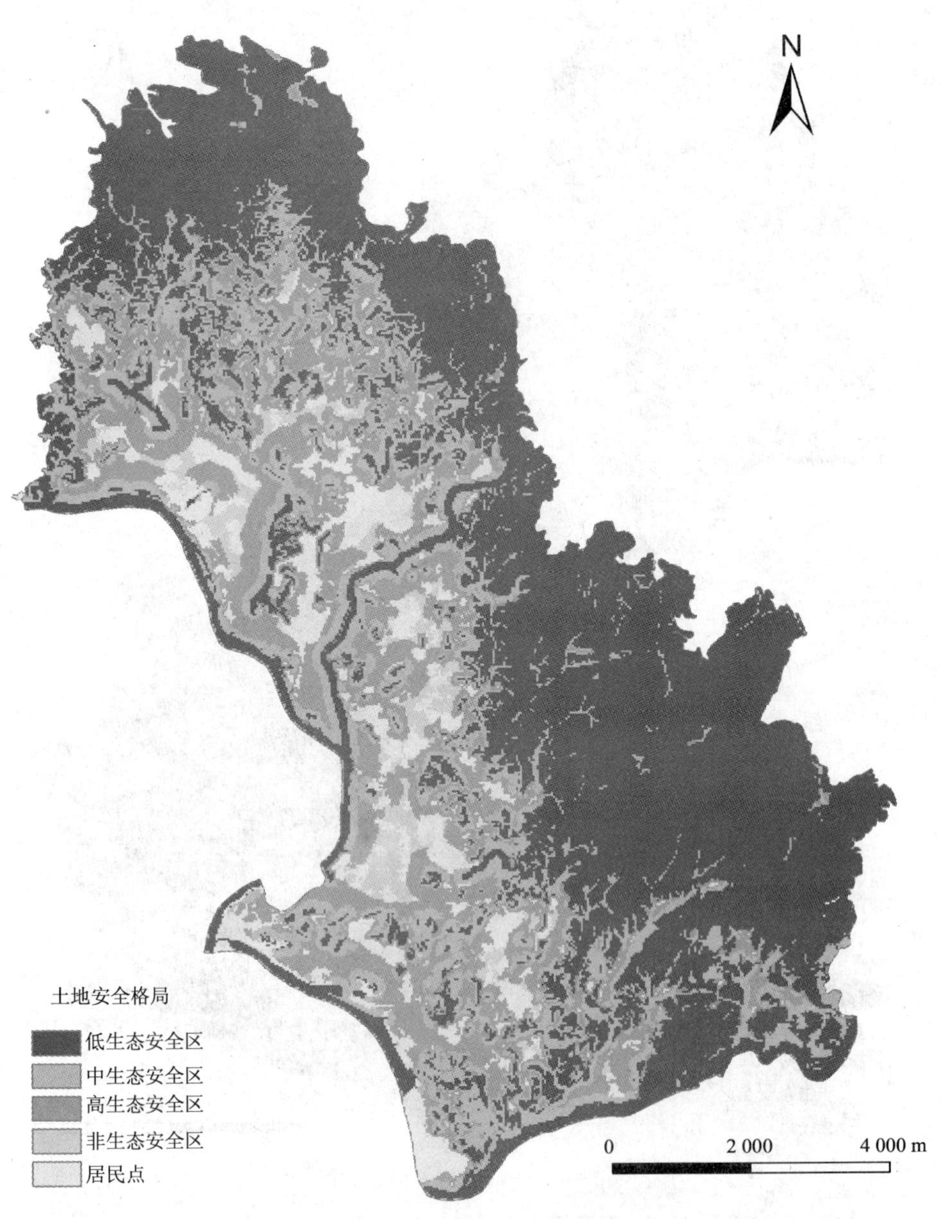

图 10-7　理想情景下的长冈乡土地利用安全格局

10.6 空间分区管制

根据第 9 章的生态重要性空间综合评价结果和土地利用安全格局模拟结果，可将研究区划分为一般地区、较重要地区、重要性地区和极重要性区域。各区域的主要生态与环境问题不尽相同，因此生态保护和生态建设的对策也有所区别。

10.6.1 生态极重要性区的管制

生态极重要性保护区位于长冈乡北部和东北部地区，属于区域内水系和天然次生林保护重点，地表径流环境保护的一级缓冲区域，视觉敏感度高，也是维护区域生态系统服务功能的重要景观骨架。包括生态状况维持较好的林地区域，植被覆盖程度好，生物多样性丰富，抗自然灾害能力较弱，不可承受人为扰动。本区域为禁建区，禁止任何开发建设活动。本区生态保护和建设方向为以生态养护为重点，保护水源涵养功能，建设林业生态工程、净化水源、加强生物多样性建设与保护。

10.6.2 生态重要性区的管制

该区位于河岸带、对外交通道路两侧以及北部和东北部的缓冲区域，为河流水系和生物多样性保护的重要生态缓冲带。这些区域生态脆弱，自我调节能力弱，相对稳定性较差，在人为或自然的干扰因素诱发下可能发生严重的生态退化，并会对整个区域的生态系统带来严重破坏，是生态风险防范的重点地区。因此，本区域为限制开发区，限制干扰强度大的开发建设活动。必须加强该区现有植被的保育，严禁乱垦滥伐等有损生态与环境的活动，并对已遭破坏的植被进行及时有效地恢复或重建。

10.6.3 生态较重要性区的管制

生态较重要性地区主要位于区域中部，主要包括农田生态系统，以及中度敏感区域过渡地带，主要地表径流汇水面，沿河生态缓冲带二级区域。该区域要从保护自然生态系统入手，调整产业结构和布局，形成对环境破坏小、附加值大的绿色产业，建成维系生态安全的生态廊道和生态产业发展区域。

10.6.4 生态一般性地区的管制

生态一般性地区主要集中在已建设区域，主要土地利用类型为居民点和部分产业用地。该区生态系统较为简单，生物多样性较低。本区域为优化开发区，使将来农村的居住建设开发区。该区主要功能为体现农村景观、实现清洁生产和生态人居，因此，该区的保护必须合理控制人口发展规模，调整该区的产业结构，发展生态型产业，杜绝污染严重，能耗大的企业在该区落户。

参考文献

[1] 傅伯杰，陈利顶，马克明，等.景观生态学原理及应用[M].北京：科学出版社，2001，7：173-188.

[2] 黄国平.景观安全格局理论在风景区规划中的应用——以湖南省武陵源风景名胜区为例[D].北京大学硕士研究生学位论文，1999.

[3] 黎晓亚，马克明，傅伯杰，等. 区域生态安全格局：设计原则与方法[J]. 生态学报，2004，24（5）：1055-062.

[4] 俞孔坚.生物保护的景观生态安全格局[J].生态学报，1999，1：8-15.

[5] Yu K-J.Security Patterns in Landscape Planning：With a Case In South China[J].Doctoral Thesis，Harvard University，1995.

[6] Yu K-J.Ecological security patterns of landscapes：concept，method and a case[A].In，Proceedings for International Symposium of Geoinformatics' 95[C]，Hong Kong，1995，396-405.

[7] Yu K-J.Ecological security patterns in landscape and GIS application[J].Geographic Information Sciences，1995，1（2）：88-102.

[8] Harris L D.The Fragmented Forest：Island Biogeography Theory and Preservation of Biotic Diversity[M].University of Chicago Press，Chicago，IL，1984.

[9] Forman R T T.Some general principles of landscape and regional ecology[J].Landscape Ecology，1995，10（3）：133-142.

[10] Forman R T T and Godron M.Landscape Ecology[M]. John Wiley，New York，1986.

[11] Merriam G.Connectivity：a fundamental characteristic of landscape pattern[A].In Brandt J and Agger P（Editors），The First International Seminar on Methodology in Landscape Ecological Research and Planning[C].Roskilde Universitetsfolag GeoRuc，Roskilde，Denmark，1984，5-15.

[12] Knaapen J P，Scheffer M and Harms B.Estimating habitat isolation in landscape planning[J].Landscape and Urban Planning，1992（23）：1-16.

[13] ESRI，Environmental Systems Research Institute，Cell-based Modeling with GRID，Relands，CA 1991.

[14] Warntz W.The topology of a social-economic terrain and spatial flows[A].In：（Thomas M D S），Papers of The Regional Science Associatio[C].University of Washington，Philadelphia，1966，47-61.

[15] Warntz W.Geography of prices and spatial interaction[A].In：Papers and Proceedings of the Regional Science Association[C]，1957，118-129.

[16] Warntz W.Geography and the Properties of Surfaces，Spatial Order— Concepts and Applications[A].Harvard Papers in Theoretical Geography[C]. 1967（1）part 1.

[17] SouléM E.Thresholds for survival：Maintaining Fitness and evolutionary potential[A].In：Soule M E.and Wilcox B A.Conservation Bilology：An Evolutionary-Ecological Perspective[C].Sinauer Associates，Inc.，Sunderland，MA，1980，151-169.

[18] Erwin T L.An evolutionary basis for conservation strategies[J].Science，1991（253）：750-752.

[19] Yu K-J.Security patterns：a defensive approach toward landscape and environmental planning[A].In，Sellis T and Georgoulis D（eds.），Proceedings，Athens International Conference，Urban Regional Environmental Planning and Informatics to Planning in An Era of Transition.National Technical University of Athens，Faculty of Architecture Dept.of Urban and Regional Planning，1997：453-463.

[20] 肖笃宁，陈文波，郭福良.论生态安全的基本概念和研究内容[J].应用生态学报，2002，13（3）：354-358.

[21] 高清竹，许红梅，江源，等.黄河中游砒砂岩地区长川流域土地利用/覆盖安全格局初探[J].农业工程学报，2006，22（3）：51-56.

[22] 谢花林.基于GIS的典型农牧交错区土地利用生态安全评价[J].生态学杂志，2008，27（1）：135-139.
[23] 傅伯杰，陈利顶，马诚.土地可持续利用评价的指标体系与方法[J].自然资源学报，1997，12（2）：112-118.
[24] 陈百明.区域土地可持续利用指标体系框架的构建与评价[J].地理科学进展，2002，21（3）：204-215.
[25] 蔡运龙，李军.土地利用可持续性的度量：一种显示过程的综合方法[J].地理学报，2003，58（2）：305-313.
[26] 李玉平，蔡运龙.河北省土地生态安全评价[J].北京大学学报（自然科学版），2007，2（3）：1-6.
[27] 喻锋，李晓兵.皇甫川流域土地利用变化与生态安全评价[J].地理学报，2006，61（6）：645-653.
[28] 王根绪，程国栋，钱鞠.生态安全评价研究中的若干问题[J].应用生态学报，2003，14（9）：1551-1556.
[29] 徐学选，张世彪，王栓全.黄土丘陵区生态建设中农林牧土地结构优化模式探讨[J].干旱地区农业研究，2001，19（2）：95-99.
[30] 林彰平.东北农牧交错带土地利用生态安全模式案例研究[J].生态学杂志，2002，21（6）：15-19.
[31] 岳耀杰，周洪建，王静爱，等.生态安全条件下亚洲沙区土地利用结构研究[J].地球科学进展，2006，21（2）：131-137.
[32] 刘艳芳，明冬萍，杨建宇.基于生态绿当量的土地利用结构优化[J].武汉大学学报•信息科学版，2002，27（5）：493-498.
[33] 马克明，傅伯杰，黎晓亚，等.区域生态安全格局：概念与理论基础[J].生态学报，2004，24（4）：761-768.
[34] 张虹波，刘黎明.土地资源生态安全研究进展与展望[J].地理科学进展，2006，25（5）：77-85.
[35] 杨子生，王云鹏.基于水土流失防治的云南金沙江流域土地利用生态安全格局初探[J].山地学报，2003，21（4）：402-409.
[36] 牛振国，李保国，张凤荣.基于区域土壤水分供给量的土地利用优化模式[J].农业工程学报，2002，18（3）：173-177.
[37] 张红旗，李家永，牛栋.典型红壤丘陵区土地利用空间优化配置[J].地理学报，2003，58（5）：668-676.
[38] 刘彦随，方创琳.区域土地利用类型的胁迫转换与优化配置——以三峡库区为例[J].自然资源学报，2001，16（4）：334-340.
[39] 陈利顶，吕一河，田惠颖，等.重大工程建设中生态安全格局构建基本原则和方法[J].应用生态学报，2007，18（3）：674 -680.
[40] 张惠远，王仰麟.土地资源利用的景观生态优化方法[J].地学前缘，2000，7（8）：112-120.
[41] 秦向东，闵庆文.元胞自动机在景观格局优化中的应用[J].资源科学，2007，29（4）：85-94.
[42] 邬建国.景观生态学——格局、过程、尺度与等级[M].北京：高等教育出版社，2000.
[43] 刘小平，黎夏，彭晓鹃."生态位"元胞自动机在土地可持续规划模型中的应用[J].生态学报，2007，27（6）：2391-2402.
[44] 杨小雄，刘耀林，王晓红.基于约束条件的元胞自动机土地利用规划布局模型[J].武汉大学学报•信息科学版，2007，32（12）：1164-1167.
[45] 李向丽，杨慧中，魏丽霞.基于退火的蚁群算法在连续空间优化中的应用[J].计算机工程与应用，2007，43（23）：74-76.
[46] 李桂成，赵海英.基于局部禁忌搜索策略的连续空间蚁群算法[J].计算机工程及应用，2009，45（10）：56-58.

[47] 李士勇，王青.求解连续空间优化问题的扩展粒子蚁群算法[J].测试技术学报，2009，23（4）：319-325.

[48] 刘喜恩.用于连续空间寻优的一种蚁群算法[J].计算机应用，2009，29（10）：2744-2747.

[49] 寇晓丽，刘三阳，张建科.一种随机蚁群算法求解连续空间优化问题[J].系统工程电子与技术，2006，28（12）：1909-1911.

后 记

土地利用是人类根据土地的自然特点，按一定的经济、社会目的，采取一系列生物、技术手段，对土地进行长期性或周期性的经营管理和治理改造。由于自然因素与人文社会因素的影响，土地利用结构以及土地资源的质量不断发生变化，从而影响区域生态环境和全球环境的变化。区域土地利用变化的生态效应方法研究涉及的领域较广，是一项复杂的系统工程，希望本书的出版能为目前区域土地利用变化生态效应研究理论和方法的进一步完善奉献微薄之力。

本书的内容是在我主持承担的国家自然科学基金项目“基于约束性CA的红壤丘陵区土地利用安全格局情景模拟——以江西兴国县为例”（40801106）、教育部人文社会科学基金项目“快速城镇化地区土地经济承载力测度和预警实证研究”（08JC790050）、江西省自然科学基金项目“基于生态安全评价的赣南红壤丘陵区土地利用优化模式研究”（2008GQH0057）和江西省教育厅科技项目“赣南红壤丘陵区土地利用安全格局情景模拟研究”（GJJ09557）等项目资助下的前期部分研究成果基础上整理而成的。

我的研究生王金政、胡静，本科生邹金浪参与了部分案例区的研究工作，王金政、胡静、邹金浪参与了书稿的校对工作，在此对他们表示衷心的感谢。

区域土地利用变化的生态效应研究涉及的领域较广，是一项复杂的系统工程，本书引用了大量的文献，在此对文献的作者表示衷心的感谢和诚挚的谢意。

我的硕士导师刘黎明教授，博士导师张新时院士和李波老师以及博士后导师李秀彬研究员，在我求学和工作期间都始终鼎力支持、关心和鼓舞我，对他们表示衷心的感谢。

此外，还要特别感谢我爱人王鹏及其亲人，为了照顾宝贝儿子谢烨东，你们付出了太多的心血和汗水，在此对你们表示深深地谢意和爱意；同时还要谢谢你们的理解和支持。你们的关心、理解和支持是我继续努力工作的前提和动力源泉。

特别感谢江西财经大学鄱阳湖生态经济研究院院长孔凡斌教授，得益于江西财经大学鄱阳湖生态经济研究院专项经费的大力支持，此书才得以正式出版。

由于区域土地利用变化的生态效应研究还处在探索阶段，其理论和方法还不成熟，再加上作者能力有限，书中难免会有欠妥之处，诚请读者不吝斧正。

谢花林

2011年2月22日于江西财经大学蛟桥园